厦门大学百年校庆系列出版物 · 编委会

厦门大学百年校庆系列出版物

百年学术论著选刊

厦门音系

罗常培　著

厦门大学出版社
XIAMEN UNIVERSITY PRESS
国家一级出版社
全国百佳图书出版单位

图书在版编目(CIP)数据

厦门音系/罗常培著.—厦门:厦门大学出版社，2021.3
(百年学术论著选刊)
ISBN 978-7-5615-7943-5

Ⅰ.①厦… Ⅱ.①罗… Ⅲ.①闽南话—方言研究—厦门 Ⅳ.①H177.2

中国版本图书馆 CIP 数据核字(2020)第 203865 号

出 版 人 郑文礼
责任编辑 薛鹏志 林 灿
美术编辑 蒋卓群
技术编辑 朱 楷

出版发行 厦门大学出版社
社 址 厦门市软件园二期望海路 39 号
邮政编码 361008
总 机 0592-2181111 0592-2181406(传真)
营销中心 0592-2184458 0592-2181365
网 址 http://www.xmupress.com
邮 箱 xmup@xmupress.com
印 刷 厦门兴立通印刷设计有限公司

开本 720 mm×1 000 mm 1/16
印张 20.5
插页 3
版次 2021 年 3 月第 1 版
印次 2021 年 3 月第 1 次印刷
定价 82.00 元

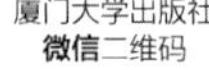
厦门大学出版社
微信二维码

厦门大学出版社
微博二维码

总 序

厦门大学 党委书记 张 彦
校 长 张 荣

2021年4月6日，厦门大学百年华诞。百载风雨，十秩辉煌，这是厦门大学发展的里程碑，继往开来的新起点。全校师生员工和海内外校友满怀深情地期盼这一荣耀时刻的到来。

为迎接百年校庆，学校在三年前就启动了“百年校庆系列出版工程”的筹备工作，专门成立“厦门大学百年校庆系列出版物编委会”，加强领导，统一部署。各院系、部门通力合作，众多专家学者和相关单位的工作人员全身心地参与到这项工作之中。同志们满怀高度的责任感和紧迫感，以“提升质量，确保进度，打造精品”为目标，争分夺秒，全力以赴，使这项出版工程得以快速顺利地进行。在这个重要的历史时刻，总结厦大百年奋斗历史，阐扬百年厦大“四种精神”，抒写厦大为伟大祖国所做出的突出贡献，激发厦大人的自豪感和使命感，无疑是献给百岁厦大最好的生日礼物。

“百年校庆系列出版工程”包括组织编撰百年校史、百年组织机构史、百年院系史、百年精神文化、百年学术论著选刊、校史资料与学生名录……有多个系列近150种图书将与广大读者见面。从图书规模、涉及领域、参编人员等角度看，此项出版工程极为浩大。这些出版物的问世，将为学校留下大量珍贵的历史资料，为学校深入开展校史教育提供丰富生动的素材，也将为弘扬厦门大学“自强不息，止于至善”校训精神注入时代的新鲜血液，帮助人们透过“中国最美大学校园”

的山海空间和历史回响，更加清晰地理解厦门大学在中国发展进程中发挥的独特作用、扮演的重要角色，领略“南方之强”的文化与精神魅力。

百年校庆系列出版物将多方呈现百年厦大的精彩历史画卷。这些凝聚全校师生员工心血的出版物，让我们感受到厦大人弦歌不辍的精神风貌。图文并茂的《厦门大学百年校史》，穿越历史长廊，带领我们聆听厦大不平凡百年岁月的历史足音。《为吾国放一异彩——厦门大学与伟大祖国》浓墨重彩地记述厦门大学与全国34个省级行政区以及福建省九市一区一县血浓于水的校地情缘，从中可以读出厦门大学在中华民族伟大复兴征程中留下的深深烙印。参与面最广的“厦门大学百年院系史系列”、《厦门大学百年组织机构史》，共有30多个学院和直属单位参与编写，通过对厦门大学各学院和组织机构发展脉络、演变轨迹的细致梳理，深入介绍厦门大学的党建工作、学科建设、人才培养、组织管理、社会服务等方面的发展历程，展示办学成就，彰显办学特色。《厦门大学校史资料（1992—2017年）》和《厦门大学学生名录（2010—2019年）》，连同已经出版的同类史料，将较完整、翔实地展现学校发展轨迹，记录下每位厦大学子的荣耀。“厦门大学百年精神文化系列”涵盖人物传记和校园风采两大主题，其中《陈嘉庚传》在搜集大量史料的基础上，以时代精神和崭新视角，生动展现了校主陈嘉庚先生的丰功伟绩。此次推出《林文庆传》《萨本栋传》《汪德耀传》《王亚南传》四部厦门大学老校长传记，是对他们为厦大发展所做出的突出贡献的深切缅怀。厦大校友、红军会计制度创始人、中国共产党金融事业奠基人之一高捷成的传记《我的祖父高捷成》，则是首次全面地介绍这位为中国人民解放事业做出杰出贡献的烈士的事迹。新版《陈景润传》，把这位“最美奋斗者”、“感动中国人物”、令厦大人骄傲的杰出校友、世界著名数学家不平凡的人生再次展现在我们眼前。抒写校园风采的《厦门大学百年建筑》、《厦门大学餐饮百年》、《建南大舞台》、《芙蓉园里尽芳菲》、《我的厦大老师》（百年华诞纪念专辑）、《创新创业厦大人2》、《志愿之光》、《让建南钟声传响大山深处》、《我的厦大范儿》以及潘维廉的《我在厦大三十年》等，都从不同的角度，引领我们去品读厦门大学的真正内涵，感受厦门大学浓郁的人文精神和科学精神。

此次出版的“厦门大学百年学术论著选刊”，由专家学者精选，重刊一批厦大已故著名学者在校工作期间完成的、具有重要价值的学术论著（包括讲义、未刊印的论著稿本等），目的在于反映和宣传厦门大学百年来的学术成就和贡献，挖掘百年来厦门大学丰厚的历史积淀和传统资源，展示厦门大学的学术底蕴，重建“厦大学派”，为学校“双一流”建设提供学术传统的支撑。学校将把这项工作列入长期规划，在百年校庆时出版第一辑共40种，今后还将陆续出版。

“自强！自强！学海何洋洋！”100年前，陈嘉庚先生于民族危难之际，抱着“教育为立国之本，兴学乃国民天职”的信念，创办了厦门大学这所中国历史上第一所由华侨独资建设的大学。100年来，厦大人秉承“研究高深学术，养成专门人才，阐扬世界文化”的办学宗旨，在实现中华民族伟大复兴的征程上书写自己的精彩篇章。我们相信，当百年校庆的欢庆浪潮归于平静时，这些出版物将会是一串串熠熠生辉的耀眼珍珠，成为记录厦门大学百年奋斗之旅的永恒坐标，成为流淌在人们心中的美好记忆，并将不断激励我们不忘初心继承传统，牢记使命乘风破浪，向着中国特色世界一流大学目标奋勇前行！

张彦　张荣

2020年12月

“厦门大学百年学术论著选刊”编纂说明

为反映和宣传厦门大学百年来的学术成就和贡献，挖掘厦大学术丰厚的历史积淀和传统资源，为学校“双一流”建设提供学术传统的支撑，“厦门大学百年校庆系列出版物”丛书下设“百年学术论著选刊”系列，以精选、重刊一批我校学者在校期间撰著的、具有重要价值的学术论著。

为此，学校设立“百年学术论著选刊”编纂组，在以校党委书记张彦、校长张荣为主任的“厦门大学百年校庆系列出版物”编委会指导下具体负责这项工作。编纂组组长：洪峻峰；成员：朱水涌、钞晓鸿、高和荣、蒋东明、石慧霞。

鉴于学校将把收集、整理和重刊我校学术论著列入长期规划，今后分辑继续此项工作，“百年学术论著选刊”系列划定选稿范围，内容为百年来在我校工作过的已故学者在校期间撰写或出版的论著，时间以“文革”之前刊印或完成（稿本）为限；确定刊印形式，为原书、原稿影印出版。编纂组于2019年3月向全校各学院、研究院征集选题，同时利用图书馆及图书数据库检索渠道搜索相关文献、查找合适选题。论著的遴选侧重名家名著，同时关注民国时期稀见版本和未刊稿本，包括未曾正式出版的油印本教材。

经学院推荐、文献检索和专家筛选，学校“百年校庆系列出版物”编委会确定了40种入选论著。我们随即展开对论著影印底本的选择和寻访，工作得到了有关图书馆、藏书家的支持和帮助。同时，约请我校各学科相关专业的专家学者分别为各书撰写出版前言，介绍作者生平学术和论著内容价值，揭示其学术史意义及在我校的学术传承。各书前言还将汇编成集，同时出版。

论著选刊工作得到了原著作者的亲属、弟子多方面的支持。部分作品的著作权尚在保护期内，我们也征得其继承人的支持并签约；个别作品无法联系到著作权继承人，我们将公布联系方式，敬请他们与出版社联系。

本系列丛书从启动到编成历时两年整。在编纂过程中，学校图书馆、社科处和出版社作为这项工作的协作单位，分别承担了大量的繁杂事务；编纂组秘书黄援生、林灿，以及朱圣明、刘心舜和校图书馆古籍特藏与修复部有关人员，做了许多具体工作。

“厦门大学百年学术论著选刊”的编纂，是对我校百年来学术文献资源的一次大规模的搜集、梳理和开发。厦大的学术底蕴和文献资源极为丰厚，第一次选刊难免挂一漏万。经过这次编纂工作的探索，学校今后的分辑整理出版规划将会更加完善。

厦门大学百年学术论著选刊 编纂组

2020 年 12 月

厦门大学百年学术论著选刊(40种)

《中国文学变迁史略》　刘贞晦 著

《教育学原理》　孙贵定 编

《中国古代法理学》　王振先 著

《石遗室诗话》　陈衍 著

《历史哲学》　朱谦之 著

The Development, Significance and Some Limitations of Hegel's Ethical Teaching(《黑格尔的伦理学说》)　张颐 著

《汉文学史纲要》　鲁迅 著

《马哥孛罗游记》　张星烺 译

《闽南游记》　陈万里 著

《厦门音系》　罗常培 著

《教育概论》　庄泽宣 著

《艺术家的难关》　邓以蛰 著

The Li Sao: An Elegy on Encountering Sorrows(《离骚》)　林文庆 译

《老子古微》　缪篆 著

《教育与学校行政原理》　杜佐周 著

《教育社会学》　雷通群 著

《国际私法》　徐砥平 著

《地理学》　王成组 著

《货币银行原理》　陈振骅 著

《文化人类学》　林惠祥 著

《教育之科学研究法》　　钟鲁斋 著
《厦门大学文学院文化陈列所所藏中国明器图谱》　　郑德坤 编著
《因明学》　　虞愚 著
《实用微积分》　　萨本栋、郑曾同、杨龙生 编著
《大学普通化学讲义》　　傅鹰 著
《中国文学史》　　林庚 著
《史学方法实习题汇》　　谷霁光 编
《语言学概要》　　周辨明、黄典诚 译著
《英美法原理》　　[美]阿瑟·古恩 著,陈朝壁 译述
《中国官僚政治研究》　　王亚南 著
《西洋经济思想》　　郭大力 著
《古音学说述略》　　余謇 著
《明清农村社会经济》　　傅衣凌 著
《隋唐五代史纲》　　韩国磐 著
《会计基础知识》　　葛家澍 主编
《文昌鱼》　　金德祥 著
《泛函分析》　　李文清 著
《胚胎学讲义》　　叶毓芬及山东大学胚胎学教研组、汪德耀 编
《浮游生物学概论》　　郑重 著
《海水分析化学》　　陈国珍 主编

前　言

李如龙

一、《厦门音系》的作者罗常培

罗常培(1899—1958)先生,字莘田,出生于北京的满族人。1919年在北京大学文学专业毕业后,又到哲学系学了两年。曾在南开中学任教,当过京师第一中学代理校长。

1926年,厦门大学委托林语堂在北京诚邀知名专家前往任教,罗常培和鲁迅先生先后南下应聘。当年秋季,国学研究院成立。据《厦大周刊》161期(1926年10月30日)所载,他刚来国学院时聘为讲师,立即开了三门课,每周8小时。“经学通论”是“叙述经学之历史及各经之大义,使学生明了经学研究方法”。“文选及文史”“按时代先后叙述散文与骈文之发达转变及作家之生平,各时代大家之代表作”。“古韵沿革”则是他精心研究过的音韵学,当时已经有《汉语音韵学导论》的初稿,自然是得心应手的课。由于有深厚的学术根底和纯熟的北京话,他讲课又能深入浅出、举重若轻,很能使学生理解并引起兴趣。

1927年,他和鲁迅先生同时应聘于中山大学。在广州开设了“声韵学”“等韵学”等课程。1928年,赵元任到广州调查方言,他们共同讨论了许多问题,志趣十分相投,罗常培遂辞去中山大学的教职,到筹建中的中央研究院历史语言研究所任专任研究员(该所不久迁往北平,后又迁南京)。从那时到1934年的7年间,他撰写了20多篇音韵学论文,出版了《厦门音系》《唐五代西北方音》,调查了徽州6县方言,从1931年起,又和赵元任、李方桂合作,翻译高本汉的名著《中国音韵学研究》(后于1936年出版)。1934年,北京大学和史语所商量,请罗常培回母校任教,兼任中文系系主任的胡适知人善任,遂将系务交给他办理。“卢沟桥事变”之后，他一路辗转到了昆明的西南联大，不久，也兼任中文系系主任。在云南期间，他到滇西调查了十几种民族语言（包括白语和贡山俅语），并组织学生做了大量民族语言和云南方言的调查，不少人后来成为研究民族语言的大家（如傅懋勣、马学良、陈士林、高华年），他还把民族语言的调查扩展到民族文化的考察，1943 年在一次文史演讲会上以“文化与语言”为题开讲，初步建构了文化语言学的理论框架。

1944—1948 年，罗常培应邀到美国讲学，先后在加州大学伯克利分校、耶鲁大学和密歇根大学讲课、发表演讲、指导博士论文，受到普遍的赞扬。回到北大之后，他一面整理文稿，出版《语言与文化》，同时以高度的政治热情迎接新中国，参加全国政协第一届全体会议。

1950 年 6 月，刚成立的中国科学院决定建立语言研究所，他受命筹办工作并担任首任所长。之后的几年间，他创办了《中国语文》并担任主编；组建“语法小组”，请丁声树先生主持研究现代汉语语法，从 1952 年开始以“语法讲话”为题在《中国语文》连载，于 1961 年以《现代汉语语法讲话》为题在商务印书馆出版；还设置“民族语文组”调查研究少数民族语言，1956 年扩大为少数民族语言研究所。新中国的语文工作百废待兴，为了加快培养研究人才，他与北京大学中文系商定，于 1952 年开办三年制的“语言专修科”，又于 1956 年和教育部合办“普通话研究班”，这两个班为少数民族语言和汉语方言的调查培养了一批青年学者。在 1955 年一年之内，他主持举办了三个大型的全国性学术会议：全国文字改革会议、现代汉语规范问题学术会议和民族语文讨论会，借此动员和组织全国语言学家为新中国的语言文字事业贡献力量。由于患有高血压还坚持繁忙的工作，积劳成疾，虽住院多次还不放下工作，于 1958 年 12 月病重再度住院，医治无效，与世长辞。他留下的四百万字著作覆盖了大部分的语言学科，许多方面都有划时代的意义，堪称中国现代语言学的奠基人之一。

罗常培先生在厦大中文系任教虽然时间不长，却是展示了他的慧眼，很快就看准了厦门话的特点和价值，用很短时间搜集并记录了厦门话的语料，离开厦门以后又争取机会进行深入研究，写成了《厦门音系》于 1930 年出版，这是他的第一部方言学专著，也是现代汉语方言研究的奠基石之一。离开厦门之后，他还惦记着厦大的语言学事业。据本人了解，1954 年在他任语言研究所所长期间，有一次在北京的会上见到黄典诚教授，就鼓励其研究闽方言，比较泉漳厦的异同,并拨给经费调查莆田方言。黄先生调查了莆田方言后又研究了建瓯方言,这两项研究后来就为福建方言普查、研究闽方言的分区提供了重要的基础。方言普查完成后,在黄典诚先生指导下编成的《福建省汉语方言概况(讨论稿)》于1962年出版。至此,从林语堂、周辨明、罗常培到黄典诚,在厦大中文系形成了以方言学和音韵学为重点的语言学传统,做出了一系列贡献。林语堂的《语言学论丛》、周辨明的《厦语音韵之构造与性质》(德国汉堡大学博士论文)、罗常培的《厦门音系》、黄典诚的《〈切韵〉综合研究》以及《福建省汉语方言概况(讨论稿)》、《普通话闽南方言词典》便是这个学术传统中的耀眼明珠。

二、《厦门音系》的写作过程和出版情况

罗常培在《厦门音系》的自序里说:"1926年秋,余从鲁迅诸先生后,避地厦门。海滨屏迹,端居多暇。授读之余,时与思明林藜光,晋江邱立,龙溪薛澄清诸子,访问语音,察其条贯;并征集当地通俗韵书,里巷谣谚及教士所为罗马字诸书,互相参究。积以半年,略有所得。"他所结交的这几位都是专家名流。分别精通泉漳厦口音。薛澄清是漳州人,曾作《十五音与漳泉读书音》,邱立是泉州人,曾作《闽南方言考》,均刊于历史语言研究所周刊;林藜光是厦门人,厦门大学哲学系毕业,罗常培找他记录了厦门音,后来从广州回北平之后,恰好林氏由厦大国学院戴密微教授(法国人)推荐给北京大学的钢和泰教授(俄国人)当助手,罗常培于1930年初约请林藜光在三个月中用周末时间为他校订厦门音(后来通晓英、法、德、日诸语及梵、藏文字的林藜光得到史语所赞助,赴法跟随印度学大师列维深造,十余年后完成了梵文《正法念处经》的校注)。罗常培先生不但善于交友,而且一开始就开创了研究汉语方言的正确道路:比较邻近方言的异同;搜罗民间流行的方言韵书和歌谣俗谚;利用西洋传教士的方言记录材料;运用传统音韵学的音系理论并吸收西方现代语言学的方法(国际音标和现代实验语音学的语音分析方法)。《厦门音系》的成功正是融合了中西学的理论和方法的结果。

《厦门音系》的初版是1930年作为历史语言研究所的单刊出版的,他在自序中说,该书得到了赵元任先生"恳挚修订"和林语堂先生的"精审校阅",可见他很敬重年长的学者。

1955年的三个大会之后，为了加快推广普通话、改进语文教学、促进语言规范化，急需培养人才开展全国性的方言调查。国务院于1956年2月发出《关于推广普通话的指示》，要求“在1956年和1957年完成全国每个县一个方言的初步调查工作”；国家教育部和高教部则于1956年2月发出《关于汉语方言普查的联合指示》，要求综合大学开设“汉语方言学”课程，语言研究所编辑出版《汉语方言调查手册》和《汉语方言调查简表》；各省市和大学成立方言调查指导组。在中央部门紧锣密鼓地督促之下，作为早期研究汉语方言的名著《厦门音系》于1956年由科学出版社重版。在“再版序言”里，罗常培首先列数了自己的不满意：“偏重语音，忽略了词汇和语法”；“太偏重细微音值的描写，而没有充分按照原则归纳音位”；“没有比较厦门音跟北京音的异同”；语音比较时“列表的方法繁琐累赘”；拟制罗马字采取双字母。接着他又列举了本书“可取的地方”：“用现代语音学的方法来详细分析一个重点方言”；指出了厦门话“几乎各成一个系统”的文白异读的重要性，“对于推进方言研究是有重要意义的”；“长篇故事和民间文艺的记录，对于研究词汇和语法的关系非常重大”。这种实事求是的态度，表现了他对科学事业的负责精神，不论是对于当年的方言普查或是后来的方言研究，都有重大的指导意义。

1957—1958年的政治运动耽误了一些业务工作，但是语言文字方面的工作还是有些重要进展。经过语言研究所的努力准备（出版调查材料、训练调查干部），1958年以后，全国方言普查普遍开展起来了。在福建省，1956年10月，省教育厅就组织厦门大学和福建师范学院的教师参加“方言调查指导组”，着手训练人员，开展调查工作。到1960年完成了一批调查点之后，省教育厅又组织两校人员（还有语言研究所前来协助工作的两位研究人员和几位中小学老师参加）成立了《福建省汉语方言概况》编写组。指导编写工作的黄典诚先生就是按照罗先生在《厦门音系》再版前言里的说法，对福建省内7个区的代表方言的语音和古音及普通话语音进行三向的比较，同时，也加强了词汇和语法的调查，记录了一些语料（标音举例），获得了较好的效果。《福建省汉语方言概况（讨论稿）》出版后，受到了国内外读者的欢迎，一度有较高的引用率。事实证明，罗先生在再版前言里说的“实事求是地批判了它的一些缺点，也肯定了它的一些优点，希望读者们用抱着不以瑕掩瑜的态度来看它，或许对于调查方言的工作还有相当的用处”，这是符合科学道理和历史事实的。

三、《厦门音系》的基本内容

《厦门音系》共有 7 章，各章的基本内容如下：

第一章“绪论”，简要介绍了厦门话是分布在闽南、粤东、台湾、海南及南洋多国的“福佬话”的代表，使用人口约 1500 万。关于闽南方音的研究，则介绍了 18 世纪的《汇音妙悟》和《雅俗通十五音》（泉州音和漳州音的韵书）；19 世纪则有道格拉斯的《厦门白话字典》，甘为霖的《厦门音新字典》；1920 年周辨明办的厦语社出版定期刊物《指南针》也发表过不少拼音读物；还有卢戆章编过《中华新字漳泉语通俗教科书》。但是，前人对厦门话尚未做过细致的音值分析；对于厦门话与《切韵》音系的关系也还没有仔细研究过。有鉴于此，作者住在厦门未足八个月就抓紧记录厦门话语音，并于离厦三年后完成此项研究。本章叙述了这个编写过程。

第二章“厦门的语音”，就厦门话的各类声韵调及其在话语连读中的变化都做了精细入微的描写，而且与前人的说法做了比较说明，堪称方言语音描写的最早精品。例如声母中的[b]说，“两唇接触很轻，破裂的力量很弱”；[l]说，“舌头极软，用力极轻，两边所留的空隙很小，听起来并不像北平的[l]那样清晰，几乎有接近[d]的倾向”（后来的《福建省汉语方言概况》曾据此把厦门话的[l]标为[d]）。他所列的 20 个声母，[b.l.g]和[m.n.ng]是互补的，舌尖音声母[ts.tsh]和舌面音也是互补的，按照音位标音法应该合并，后来作者也发现了不妥。至于 57 个韵母，他归纳为 6 个元音音位，关于塞音韵尾[p.t.k]，他也有准确的描写：“有势无音，并不能听见显著的破裂，所以只能算是截断音。”关于鼻尾韵变为“半鼻音”（即鼻化韵），他指出，“字首的声母也受同样的影响”。在声调部分，他不但用五线谱将 7 个声调及轻声、连读变调的实际调值做了明确的描写，指出“轻声的音值甚短而弱”，还把读轻声的字的范围也举例说明：包括句尾语助词，动词的趋向和结果补语（看见、走出去），有些短语后字轻读重读可以别义（“后日”后字轻声是“后天”，重读是“后来”；“无去”后字轻声是“丢掉”，重读是“没有去”）。关于双音和多音词语的连读变调，在说明了规则后还指出，“都以先轻后重为原则”（即后字为重音）。一个生长于北方从未接触过南方方言的二十几岁青年，在很短时间里，能够把与众不同的厦门音描写得如此精细，全是出于他浓烈的兴趣、有素的语音学训练和敏锐的悟性。

第三章“厦门的音韵”,先是拟制了拼写厦门话的罗马字方案,并与已有的周辨明及四家教会罗马字做对照。而后排列了单字音表,包括 2296 个音节,其中开口 835、齐齿 945、合口 516。接着便是全书最精彩的部分——“厦门字音话音的转变”。他中肯地指出:“各系方言的读书音跟说话音都有些不同,但是很少像厦门音系相差那么远的。厦门的字音跟话音几乎各成一个系统,所以本地人发音时特别要声明孔子白怎么说,解说怎么读,这一点要算是厦门话的特质之一。”他把调查所得的文白异读归纳成三大类,包括“同声异韵”的十七类,例如:沙 sa/sua、带 tai/tua、家 ka/ke、大 tai/tua、临 lim/liam、东 tong/tang、间 kan/king、等 ting/tan,另有大批的鼻尾韵变为鼻化韵和 p、t、k 韵尾变为喉塞尾的(注音略):三、山、天、泉、边、平、横、官,合、接、薄、八、百、节、白、惜。“同韵异声”的两类,例如:手 s/tsh、糊 h/k、富 h/p、筛 s/t。还有“声韵俱异”的也是两类,例如:门 bun/mng、红 hong/ang、园 uan/hng、话 hua/ue、怀 huai/kui、树 su/tshiu、石 sik/tsioh、转 tsuan/tng、反 huan/ping、飞 hui/pe、车 ku/tshia。罗常培先生以锐敏的语言学灵感发现了厦门话的这一特点,并做了初步的分析,给了后人重大的启发。厦门话的文白异读是在不同时代接受共同语的语音和词汇的结果,是一个研究闽方言和古汉语的语音、词汇关系的重大课题。本书所列的厦门话文白异读,缺少了声调对应的文白差异(例如“五”ngo/go、“有”iu/u,除了声韵的不同,还有上声和阳去的声调差异)。有些例字也还未经本字考证而出现差误,例如,lai 应是“里”的白读(不是“内”),hu 的本字是“烌”,而不是“灰”的白读,lang 的本字是“农”而不是“人”的白读。黄典诚先生在五六十年代就为闽南话考订了许多本字(可参考《黄典诚语言学论文集》),他所指导的《福建省汉语方言概况(讨论稿)》关于厦门话的文白异读也有全面深入的发挥。经过几代人的努力,关于文白异读所反映的方言语音的历史层次,已经有许多高质量的新成果,但是我们不能忘记罗先生的开创之功。

第四章“厦门音与十五音的比较”,在简要介绍《十五音》的源流之后,本章用列表的方式对比了厦门话和漳州话的差异,把韵母的不同归纳为 9 项,应该说都是很准确的。

第五章“厦门音跟广韵的比较”,是熟悉古音韵的罗先生的兴趣所在,也是本书的重要内容。声类部分他用一个总表列举了厦门声母与广韵 47 声类的对应,每个音韵地位只列一个例字,并标出所代表的字数。另外是按照唇、舌、牙、喉、齿分列的5个详表，把常用字都列在对应的格子里，字多的主要对应和字少的条件对应以及个别字的例外对应都区分得十分清晰。然后根据这些对应，归纳出厦门话和古声母的差别11条，主要的如：轻唇重唇不分，舌头舌上不分，齿头正齿不分，照系二三等、喻母三四等不分，全浊变入全清比次清多，晓匣心邪审禅清浊无别，心邪审禅少数字变读ts、tsh，等等，都是十分准确的表述。只是少数字只在字下加横，未标明是训读音或白读音，例如：唔/不、转/返、遘/到、下/低、园/藏、团/子，可能是发音人把前者误认为后者，一般的本地人都这样认为。韵类部分则分成阴韵7摄、阳韵和入韵各9摄，共列三个表。把古音的开合四等各韵（附有音值拟测）和厦门的韵母列出对应（如有文白异读则在不同韵类处重现），在对应的每个例字下方注明相同对应的字数。列表之后，把"广韵跟厦韵的重要异同"归纳为15项，对各摄各韵的走向都有明白的说明，有些韵类的今读还有字数百分比的统计。如豪韵读o的占75%，肴韵读au的占51%，阳声韵变为鼻化韵的267字，阴声韵鼻化的只有83字，-p、-t、-k尾界线分明，只有p变t的4字，t变p的1字、k变t的23字。声调方面，厦门话7调和广韵的四声对应比较整齐，书中把主要对应和少数例外列入简表，展示得一目了然。

第六章"标音举例"，包括《北风跟太阳》的"语助词故事"和"龙眼干、草蜢公、阿达子、老鼠干"四首儿歌。故事逐字用罗马字注音，儿歌除了注音之外还请赵元任先生用五线谱标出了调，可以如实地唱出原声来。

第七章"厦门音与十五音及广韵的比较表"及其索引，占了全书过半篇幅，看似多余，实际上是把4636字的厦门音与广韵和漳州音的关系都展示出来了，是全书字音材料的汇总，在当时可供复核实际语音、检验所概括的规律，以后则可作为后人研究厦音演变的依据，是一种很负责任的做法。

四、《厦门音系》的学术价值

1928年，广州成立中央研究院历史语言研究所不久，罗常培就入职了。当年，该所负责人赵元任出版了《现代吴语的研究》的巨著，发表了江浙两省的33种吴方言的2700个字音、1400个词汇和50多个语法例句的语料，成为第一部汉语大区方言面上调查比较的经典之作。在1930和1940这两年，罗常培先后出版了《厦门音系》和《临川音系》两部重要方言的单刊，这对双璧可以说是赵氏经典的补充，都是史语所初创时期的现代汉语方言学的奠基之作。

《厦门音系》的学术价值主要有以下三个方面：

第一，首创重点方言单点研究的理论框架：从音值到音类、从描写到比较，从音节到多音连读、从字音到语料，这是一整套的由表及里、由点到面、由浅入深的推进过程。

音值的描写是古代中国传统语文学所缺，只能引进西方现代语音学的音素、音标分析方法；音类是汉语和汉字相结合之后特有的语音现象，由于广韵在汉语历史上作为官方颁布的标准音已经推行了千年，广韵的声韵调类别系统与历代通语和各地方言都存在一定的对应关系，只有经过音类的比较，才能理解和表述方言语音的共时结构特征和历时演变规律，这就是必须运用传统的汉语音韵学理论来分析方言语音的缘由。罗常培不愧是语音学家和音韵学家，所以对厦门话的音值和音类的分析都为后人树立了范例。

音节是与汉字相对应的语言的自然单位，研究方言语音要从音节入手，分析其声韵调的结合方式。近代汉语以来，多音词语已经占了优势，在实际语流之中，音节进入词、语、句之后又有多方面的变化，各地方言中的变调、轻声、儿化、合音等等就是这类语流音变。罗常培有着敏锐的辨音能力和雄厚的语音学修养，在调查分析厦门话的语音系统时就发现了许多连读音变和变调、轻声等现象并把它表述出来，这在汉语方言调查研究中也是首创的。

语音是语言的物质外壳，调查方言必须从语音入手，由于汉语音韵学比较繁难，以往的方言调查往往集中于语音的研究，拿方言事实去论证音韵学的原理，有些人甚至认为方言研究应该是为音韵学服务的。罗常培的《厦门音系》开创了用音韵学原理来解释方言特点的先例，使方言语音研究走上切合汉语特征的厚今薄古的发展道路。

虽然罗常培把此书限定于"音系"的研究，但是他还是看到了语音是依存于词、语、句的，词汇、语法现象则体现在实际语料之中，所以在"音系"的讨论之余还加入了一批故事和儿歌的语料。他"再版前言"说，"本书偏重于语音，忽略了词汇和语法"，又说，"长篇故事和民间文艺的记录，对于研究方言词汇和语法的关系非常重大"。这是他 25 年后的体会。

可见，《厦门音系》所建构的框架虽然还有畸轻畸重之处，但是他很快就有十分清楚的认识，对于后来者是有启发、引导作用的。

第二，从方言研究的方向和方法上说，《厦门音系》开辟了正确道路，具体表现在:音韵学与方言学相互为用而厚今薄古;立足于调查口语并重视文献的搜集和运用;做到引进西学的先进方法,又能兼容中学传统。

中国古代的语言学是面向古代书面语所做的研究,研究语音的音韵学,只研究字音的音类及其结构和流变;研究词汇的是训诂学,主要是对前代字义异同及其变化的考释;研究汉字字形演变的是文字学,自从晚清发现甲骨文之后,只集中研究先秦的古文字。百姓口里的方言俗语一直是不登大雅之堂的。诚然,中国古典语文学也有其独特价值,例如,探讨汉字的结构原理以及何以能够使用数千年;汉字和汉语的相互适应还能记录千变万化的多种语言,创造一座座文学语言的艺术高峰;透过古文字考订和古籍研究可为考古及了解古代文化做出重大贡献。

自从 19—20 世纪欧洲兴起现代语言学之后,正是第一代的语言学家赵元任、李方桂、罗常培通力合作,历经数年,把高本汉的《中国音韵学研究》翻译成中文,并且在学术界产生广泛影响之后,到 20 世纪 30 年代,才逐渐建立了中国的现代语言学。现代语言学最根本的变化就在于从古代语言研究转向现代语言研究;从书面语的研究转向口头语的研究;在语音、词汇研究的基础上深入语法结构的层面。赵、李、罗三位以及王力、吕叔湘等第一代语言学大师不但传播了西方现代语言学的先进经验,而且精通中国的古典语言学,在调查研究现代汉语及各种方言和少数民族语言上都做出重大贡献,开拓了古今汉语研究的新路。

就罗常培的《厦门音系》而言,他运用音韵学知识来考察方言语音是古为今用,而不像清代一些学者那样,拿方言事实去证明音韵学问题,把方言学作为音韵学的附庸。这是现代语言学和古代语文学的分水岭。在研究厦门方言时,他搜集了明清两代的闽方言韵书、近代以来教会罗马字的资料和民国初年本地学者的有关著作,在分析厦门语音时十分关注现实的方言与前人提供的语料的异同,做到了口语的事实和文献记录相互论证,这也是给后学提供了科学方法的示范。至于如何对待中国古典语文学和西方的现代语言学,晚清以来在学术界曾有过争论,主张全盘西化和坚持维护国粹的各执一端,甚至互相攻击。有幸的是,上述第一代中国现代语言学大师都是真正兼通中西学的精髓,所以不走极端,而是各取所长、实行中西融合,走的是一条实事求是的科学之路。实际上,语言有全人类的共性,也有不同民族的个性,语言的研究既要探讨共性,也应该着重考察个性。西方的文字早已拼音化,现代的物理学、生理学也发达得早，在分析语音的物理属性和生理属性上他们有长处，创建了记录语言的音标；中国的音韵学对于字音的声韵调的分析和音类的区分也有一套精密的理论，《厦门音系》就是最早运用西方语音学和汉语音韵学科学分析单点汉语方言的典范。

可见，《厦门音系》的学术价值不仅因为它最早系统研究厦门话，而且它提供了一整套科学的方向和方法，对方言学的研究有奠基的作用。

第三，《厦门音系》善于发现方言的特征并展示特征，这也是它对方言学的重要贡献。

汉语的历史悠久，分布地域广阔、自然环境多样、灾荒与战乱造成了频繁的移民，在自然经济条件下不同地域交流不畅，于是形成了许多大大小小的方言。在长期的使用过程中，方言和语言一样也形成自己的语音、词汇和语法的结构系统，历史长、使用人口多、文化积蕴丰富的重点方言的系统往往有更多独具的特征。正如研究语言应该善于发现该语言有别于其他语言的特征一样，研究方言最重要的任务也就是要善于发现与众不同的特征并加以论证。罗常培对厦门音系的研究，在这方面为后人树立了完美的标杆。在音值方面，关于几个次浊声母(b、l、g)和鼻化韵、塞音尾韵的精确描写，都是前所未有的。在音类方面，声母系统关于轻唇重唇不分、舌上舌头不分、齿头正齿不分，晓匣、心邪、审禅无别，全浊清化后送气少、不送气多；韵母系统关于文读模侯相混、豪肴有别、之支脂无别、宕江通相混，咸深(-m)、山臻(-n)韵尾守旧，入声韵尾(-p、-t、-k)界线分明，声调方面由于浊上归去，四声分为七调，各方面都表述得十分准确而精炼。在音读方面，关于文白异读的系统而精确的分析，关于多音词语的连读音变(轻声和变调)的条分缕析的说明，都达到了前人所未曾达到的水平。

如果说，《厦门音系》是年轻的语言学家初到厦门时的即兴之作，也是给学界留下的出手不凡的珍品，应该是不过分的。

参考文献：

罗常培：《厦门音系》，北京：科学出版社，1956 年。

中国科学院语言研究所编：《罗常培语言学论文选集》，北京：中华书局，1963 年。

中国语言学会《中国现代语音学家传略》编写组：《中国现代语音学家传

略·罗常培》,石家庄:河北教育出版社,2004年。

[瑞典]高本汉著:《中国音韵学研究》,赵元任、罗常培、李方桂译,北京:商务印书馆,1996年。

黄典诚:《黄典诚音韵学论文集》,厦门:厦门大学出版社,2003年。

《厦大周刊》(1922—1930),厦门大学图书馆藏。

福建省汉语方言调查指导组、福建省汉语方言概况编写组编:《福建省汉语方言概况(讨论稿)》,厦门:厦门大学,1962年。

作者李如龙,厦门大学人文学院中文系教授、博士生导师。

國立中央研究院
歷史語言研究所
單刊
甲種之四

廈門音系

羅常培著

中華民國十九年
北平

罗常培著《厦门音系》，影印底本：国立中央研究院历史语言研究所
1930年版，原书尺寸：190mm × 270mm。

國 立 中 央 研 究 院
歷 史 語 言 研 究 所
單 刊
甲 種 之 四

廈門音系

羅常培著

中 華 民 國 十 九 年
北 平

此書之印費

由

中華教育文化基金董事會

資　助

特此誌謝

國立中央研究院歷史語言研究所白

自序

十五年秋,余從林語堂沈兼士諸先生後,避地厦門。海濱屏跡,端居多暇。授讀之餘,時與思明林藜光,晋江邱立,龍溪薛澄清諸子,訪問語音,察其條貫;並徵集當地通俗韵書,里巷謠諺及敎士所爲羅馬字註音諸書,互相參究。積以半年,畧有所得。嘗欲董理之,以成閩南方音考。未幾,轉從嶺南,事遂中輟,零稿散置行篋久矣。及十八年余隨中央研究院歷史語言研究所自粵遷平,獲與趙元任先生研討語音,析疑辨微,受益匪淺。每思記錄一地方音,以驗個人審音之造詣,並就正於元任先生。適林君藜光應中印文化研究所之聘,自厦來平,從鋼和泰爵士學。於是商請林君於每週之夕來所發其鄉音以資研習。計自十九年一月經始,歷時三月記音甫畢。因更擇取舊稿成厦門音系七章。於聲韵調之審辨,字音話音之比較,均視往昔所治者略精。至於厦音特徵,足以窺見古今流變者:聲母則有舌頭無舌上,有重唇無輕唇,有齒頭無正齒,全濁多混於全清,次濁半轉爲全濁;韵母則宕通相混,梗曾無別,豪肴而同歌,侯侈而入模,"騎""蟻"存支部之故音,鼻韵爲"對轉"之津渡:凡此種種均箸於篇。若夫語源語性之探討,詞彙語法之完成,旣非音系所賅,姑以俟諸異日。

本書之成,承趙元任先生懇摯修訂,林語堂先生精審校閱,林藜光先生始終贊襄,劉文錦先生力疾佐理:箸者均所深謝!儻所詮發於韵學畧有貢獻,固皆諸先生之賜,而疏漏紕繆之處箸者應尸其責焉。

中華民國二十年四月三十日羅常培序於北平國立中央研究院歷史語言研究所第二組。

目 錄

頁數

自序……I
目錄……II
英文敍論……V
I.敍論……1
II.廈門的語音……5
一.聲母……5
二.韵母……10
三.聲調……19
III.廈門的音韵……29
一.方言羅馬字……29
二.各式羅馬字的異同……36
三.廈門單字音表……40
四.廈門字音話音的轉變……41
VI.廈門音與十五音的比較……50
一.十五音的源流……50
二.廈門聲母與十五音的比較……51
三.廈門韵母與五十字母的比較……52
V.廈門音與廣韵的比較……55
一.廣韵四十七聲類與廈門十八聲母的比較……55
二.廣韵十六攝與廈門韵母的比較……57
三.廣韵四聲與廈門七聲的比較……62

VI. 標音舉例……62

一. 語助詞故事—北風跟太陽

國語……63,67,71,75,79

厦語……64,68,72,76,80

國際音標註音……65,69,73,77,81

厦音羅馬字註音……66,70,74,78,82

二. 龍眼乾歌

樂譜及歌詞……83

國際音標註音……84

厦音羅馬字註音……84

三. 草蜢公歌

樂譜及歌詞……85

國際音標註音……86

厦音羅馬字註音……86

四. 阿達子歌

樂譜及歌詞……87

國際音標註音……88

厦音羅馬字註音……88

五. 老鼠乾歌

樂譜及歌詞……89

國際音標註音……90

厦音羅馬字註音……90

附錄周辨明先生所記之厦門音……91

VII. 厦門音與十五音及廣韵比較表……95
索引甲. 韵類索引……247
索引乙. 部首索引……249

附表一. 厦門語音聲母表……9
附表二. 厦門單字音表（甲）舒聲……40—41
附表三. 厦門單字音表（乙）促聲……40—41
附表四. 厦門聲母與十五音比較表……51
附表五. 厦門韵母與五十字母比較表……52—53
附表六. 廣韵四十七聲類與厦門十八聲母比較表……56—57
附表七. 厦音古音對照唇聲字表……56—57
附表八. 厦音古音對照舌聲字表……56—57
附表九. （甲）厦音古音對照牙聲字表……56—57
（乙）厦音古音對照喉聲字表……56—57
附表十. 厦音古音對照齒聲字表……56—57
附表十一. 廣韵陰韵七攝與厦門韵母比較表……56—57
附表十二. 廣韵陽韵九攝與厦門韵母比較表……56—57
附表十三. 廣韵入聲九攝與厦門入聲比較表……56—57
附表十四. 廣韵四聲與厦門七聲比較表……62—63

附圖一. 厦門元音舌位圖……15
附圖二. 厦門聲調譜一……20
附圖三. 厦門聲調譜二……22
附圖四. 厦門聯詞變調譜……25

PHONETICS AND PHONOLOGY OF THE AMOY DIALECT

INTRODUCTION

The Dialect of Amoy is one of the most important among Chinese dialect groups. Taken in a wider sense, it may be considered to cover the region from Southern Fukien, to Ch'ao Chou (潮州) and Swatow (汕頭), Hainan (瓊崖), Formosa, the Philippine Islands, Singapore, and others parts of the South Seas, in so far as Chinese is spoken there. The population speaking it is estimated at about twelf to fifteen million. It goes without saying that in such a vast linguistic area as this, some variations are become to exist among the different parts of this region. But the speech of Amoy and Kulangsu (鼓浪嶼) may be taken as the comparatively most prevailing variety, and the scope of the present study will be confined for the time being to the Amoy Dialect in this narrower sense. For the sake of brevity, we shall simply call this the Amoy Dialect, while the whole dialect group in the wider sense will be known as the Hoklo Speech (福佬話).

The study of the Dialect of Amoy was initiated by foreign missionaries. First of all, Medhurst, in his *Dictionary of the Hokkien Dialect* (福建方言字典), for the first time collected the native sounds of Chang Chou (漳州). But he based his work mainly upon the common native phonological book of Chang Chou (漳州), "Sip-ngo-im" (i.e. Shih wu yin 十五音). Consequently, the main part of his material contains rather the literal pronunciation of Chinese characters than the vernacular sounds. He did put in some of the speech pronunciation of Chang Chou (漳州) or Chang P'u (漳浦), but they are, as Douglas remarks, (1) far

(1) cf. Douglas: preface of the *Dictionary of the Vernacular or Spoken Language of Amoy*.

from being exact. The first dictionary which was based actual living speech was *the Chinese English Dictionacy of the Vernacular or Spoken Language of Amoy* (厦門白話字典), by Carstairs Douglas. This book was written in 1873 and published in 1899. According to its preface, the author arrived at Amoy in 1855. At first he only copied for his own use from the manuscript of J. Lloyd's *Vocabulary of the Vernacular of Amoy* (厦門詞彙), and made some additions according to *the Manuals of the Vernacular of Amoy* (厦門話課本) prepared by Doty and Macgown. Afterwards, he also made use of the manuscript of Alexander Stronach's *Dictionary of the Vernacular of Amoy* (厦門話字典) and various native phonological works, such as "Sip-Ngo-Im" (i.e. the Shih Wu Yin 十五音), and published the dictionary after rearrangement and enlargement to meet the needs of the church. Since its publication, Thomas Barclay(2) and then R. G.(3) made some supplements to it. Finally, in 1913 W. Campbell, making use of all the materials available at the time, compiled a new dictionary bearing the title of *A Dictionary of the Amoy Vernacular* (厦門音新字典). At present day, these two dictionaries are of course the most important ones for the study of the Amoy dialect. But as Douglas's dictionary has only English explanations but no Chinese equivalents, whereas Campbell's has only Chinese equivalents but no English explanations, neither will be quite complete without the other and the most useful way of using them would be to combine the two so that one could supplement the other.

On the part of Chinese scholars, an institute for the study of the Dialect of Amoy under the name "Hagusia" (厦語社) was established in about 1920

---

(2) *Supplement to the Dictionary of the Vernacular or Spoken Language of Amoy*, 1923.

(3) "A Few Petty Additions to Dr. Douglas' Dictionary" *China Review*, VII, pp. 274-276.

by Dr. Chiu Bien Ming (周辨明), Mr. Shao Ch'ing Yüan (邵慶元), among others. Their purpose was "to propagate the use of a practical system of alphabetic writing for Hagu (i. e., the Amoy Vernacular with its kindred dialects).", and "by means of this medium of writing to promote the increase of knowledge and education among the Hagu-speaking people—an initial and necessary step in the movement for universal education". They improved the old system of Romanization which had been and was being used by the missionaries for notating the sounds of the Amoy Dialect. They also published some pamphlets, the "*Hagu Jipp-buun*" (4) (厦語入門 i. e., introduction to the study of the Vernacular of Amoy), the "*Oel-seng Kangr-hoal*" (衞生講話 i. e., Remarks on Health), the "*Hagu Ter-phiⁿ e Siaur-soat*" (厦語短篇小說 i. e., short Stories in the Vernacular of Amoy), and one periodical, "*the Tsilamtsiam*" (指南針 i. e., the compass,). Beside these, an attempt to invent a certain system of Chinese signs for the notation of the Amoy Dialect without resorting to Roman Characters has also been made by Mr. Lu Kung Chang (盧戇章). His system is embodied in his "中華新字漳泉語通俗教科書" (5) (A Common Textbook of the Vernacular of Chang Chou and Ch'üan Chou written in New Characters). He invented a system of simple Chinese letters similar to the western alphabets to spell the native sounds of Amoy and called them "seng" (僧 monk, i. e. the finals with -m -n -ŋ) "ni" (尼 nun, i. e. the final m ŋ) sounds, and "Fu" (夫 husband, i. e. the vowels and diphtongs) "ch'i" (妻 wife, i. e. the nasalized vowels) sounds. This may also be re-

(4) The Roman Characters used here as well as in the following are according to the system of Romanization of the Hagusia.

(5) Published in 1916.

garded as an exotic line in the history of the study of the Dialect of Amoy.

It will perhaps not be out of place to state why a person like myself, not a native of Amoy, should undertake the present work in this field in the fifty-seven years after the appearance of the dictionary of the vernacular of Amoy. In the first place, though the above stated foreign missionaries worked out a system of *classification* of the sounds of Amoy, yet if we look for the exact phonetic *values* of the initials, the finals, and the tones, or for the particular changes of one and the same phoneme in different connections, we are at a loss to find any adequate answer from their results. For instance, for the initial sound of the class 查, 齋, 遭, 租, 珠, both Barclay and Campbell have "ts-", and for that of the class 支, 占, 招, 真, 章, they have "ch-". But, for the aspirated sounds of both "ts-" and "ch-" classes, such as 差, 材, 操, 初, 樞, and 車, 千, 親, etc., they have in both cases "chh". Here the question arises: does the rule that dental affricatives when palatalized become complete palatals apply only to unaspirated sounds, or is it simply due to their unintentional inconsistency? Again, for the finals of words like 邊, 篇, 顛, 天 etc., Barclay has "-ien", while Campbell has "-ian". Is the principal vowel in such finals [e] or [a], or something between the two, that is to say, [ɛ] or [æ]? If we take it to be "a" which seems more probable, still another question arises: is this "a" the front [a] or the back [ɑ], or the middle [A]? Answers to such questions and the like are not to be found in their works. In fact, their works, may be regarded as being of the nature of *phonological study* rather than *phonetic study*, they serve only as reference books for distinguishing the *classes* of sounds, and not as a basis for analysing their *values*.

In the second place, the Hoklo Speech is not only a dialect group covering a very large area of the country, it is also of great value for the study of the ancient sounds of China. For instance, the absence of labio-dental (輕脣) sounds and the failure of the initials 知, 徹, 澄, to become affricates may be considered a living testimony to the theory of Ch'ien ta Hsin (錢大昕 1728-1805) of the Ch'ing (清) dynasty, that the sounds in question were bilabials and pure dentals. Furthermore, the final sounds -m of the spoken sound of the character "熊", by virtue of the principal vowel [y] changing into [i], is still preserved nowadays; and from the colloquial pronunciation of the characters 騎, 寄, 崎, 蟻, etc., we can find some clue to the ancient sounds of the rime 支. For such historical phonological researches, certainly we can not get any light from the works of the former missionaries. As to the ancient sounds of China, the work of Bernhard Karlgren is certainly of great importance. It is therefore all he more pity that among the twenty-six dialects which he compiled in his *Dictionary of Chinese Dialects* (方音字典), he only included the dialect of Swatow and not of Amoy as well. It seems therefore still worth while now to take up the work of comparing this Dialect with the sound system of the Ch'ieh Yün (切韻), with a view to get some clue to the sounds of archaïc Chinese from their relation to each other. There then are the motives which have led me to undertake the present study.

Although I lived in Amoy for about eight months, from the Autumn of 1926 to the Spring of 1927, my memory of the sounds I heard during that period have gradually to faded away, and it would be difficult for me to recall everything quite accurately now. Therefore, a large part of the present work is based upon a new set of recording, taken from the spoken sounds of Mr. L. K. Lin. Mr. Lin was born in Amoy and lived there for more than twenty years though he speaks Mandarin fluently, yet before his arrival at Peiping last Autumn, he had never had any other liguistic environment than that of Amoy. Therefore I believe that his spoken sounds are thoroughly reliable as a model. I prepared two type-lists of single characters one for the "sustained tones" (舒聲) one for the "abrupt tones" (促聲),(6) taking the Chinese characters in Barclay's *Dictionary of the Vernacular of Amoy* (厦門話字典補編) as a basis, and supplemented with *the Dictionary of the Amoy Vernacular* by Campbell and with Shih Wu Yin (十五音). Then Mr. Lin read them over and I recorded the sound value of each class in the International Phonetic Alphabet. At the same time, those characters which did not seem to correspond to any words actually used in the Amoy Dialect were struck out. The system of sound classes and sound values of the initials and finals in the present work are the results of induction from the materials of these two lists. In studying the tones, I availed myself of the tabular forms which Dr. Y. R. Chao had prepared during last Winter in his research of the Canton dialect, only changing those parts which do not suit the Dialect of Amoy. The story text used for the study of Particles, "the North Wind and the Sun", (北風跟太陽) has been com-

(6) In Chinese prosody, the traditional four tones were divided into 平 (even) and 仄 (oblique), which include 上 (rising), 去 (going), and 入 (entering). It is,however, more convenient for phonetic purposes to group the first three tones together, as opposed to the last tone, and in discussing this point with Dr. Y. R. Chao, we proposed to call the two new classes of tones 舒聲 (sustained, or easy-going tones) and 促聲 (abrupt tones). They correspond to the 1st, 5th; 2nd, 6th; 3rd, 7th on the one hand and the 4th, 8th tones on the other, in the Amoy system of tone enumeration.

posed anew by Mr. Lin with the words and expressions of pure Amoy Speech. As to the process recording, apart from the direct recording described above, those aspects which were considered to be essential to the study of the Dialect of Amoy, such as the values of tones of single characters, the changes of tones in combinations, the tones of words in a connected story, etc. etc. studied by having the material recorded into dictaphone twice, which was then investigated and average result was taken.

The first part of this monograph is a Phonetic study of the Dialect of Amoy. On the basis of Mr. Lin's pronunciation I conclude that in the Dialect of Amoy there are twenty initials, fifty-seven finals, and seven tones. Their sound values are represented, with what I feel to be comparatively reliable transcriptions, in the list of initials on page 5, the list of finals on page 10, the table of the positions of articulation of the consonants and vowels on page 9 and 15, and the musical notation of tones on pages 20—22. Assimilation and Absorption of the consonants (see pp. 16, 17) as well as enclities and the changes of tones in combination (see pp. 23—28) are also discussed at some length in this chapter.

The second part is a phonological study of the Dialect of Amoy. In the study of a dialect, if we are concerned only with the classes of sounds (their exact value having already been determined in the first part of the study), it will sufficient now to use a simplified system of notation by using mostly the letters of the ordinary Latin alphabet. For this purpose, I have compared the system of Medhurst, Doty, Douglas, Campbell, and Chou Bien Ming, and applied the principle of the National Romanzation in devising a system of practical romanization in which practically all diacritical marks are dispensed with, and tones are indicated simply by alteration of the letters themselves. A complete list of the sound elements is given on pp. 30—32; for the rules of pronunciation see pp. 33-35. All the sounds which may be produced by the various combinations of these initials and finals are contained in the syllabaries on tables 2 and 3.

The third and the fourth parts are concerned with a comparative study of the Dialect of Amoy with historical phonology. The material of the third part consists of a native phonological handbook of Chang P'u (漳浦) under the title of Shih Wu Yin (十五音), published more than one hundred years ago. The difference between the classification of sounds in this book and the modern Dialect of Amoy are all represented in "the table of comparison of Amoy initials with the fifteen sounds" on p. 51, and in "the table of comparison of Amoy finals with the fifty elementary characters" between page 52 and 53. From this study we can also see more or less the difference between the vernacular sounds on the sea coast and those of inner parts of southern Fukien. The material of the fourth part is Kuang Yün (廣韵)—the golden treasury of sources for the study of Ancient Chinese. The comparative study of this part, of course, is much more complicated than the third part. All the results we have obtained so far are arranged in tables six to fourteen. A complete view of the differences and similarities between the Kuang Yün (廣韻) and the Dialect of Amoy may be had by examining these tables.

The fifth part contains a few examples of practical tranccription. There are one story and four pieces of local songs. The transcription used in this part is an average between broad and narrow transcriptions. In addition to the transcription in the International Phonetic Alphabet, the sound classes are also given with the dialectal Romanzation in parallel text. Dr. Y. R. Chao has been kind enough to prepare the musical notes for the tones and the rhythms of those local songs, which will enable one to reconstruct the only sing-song manner ot recitation.

The last part, the table of the comparison of the sounds of Amoy with the Shih Wu Yin (十五音) and the Kuang Yün (廣韵), is a summary of the two preceeding parts. The words contained in this table are those from the list of words which I prepared with the Shih Wu Yin (十五音) and the dictionaries of Barclay and of Campbell as a basis. It contains, with the exception of rare words, one or two representive characters from each class of initials, finals, and from each kind of medial (including no medial as a special case). The study of sound bein; the main purpose of the present work, our attention is directed more to the completeness of the classification of sounds than to the richness of vocabulary. As for the method of reading the tables and the special marks used in those tables, explanations are to be found in pp. 95, 96.

For the completion of this monograph, I am most indebted to Dr. Y. R. Chao (趙元任). He is the one who has inspired my interest most in the study of phonetics. This book may indeed be called the excercise work of his phonetic class. All through this work, he has consistantly as to give me suggestions and advices, and especially in the estimation of tones and sound values, I dare say, a large part is based on his opinion. My indebtedness to Mr. L. K. Lin is of course more than I can adequately express. He has not only been most generous with his time, but has also given me freely valuable information concerning general aspects of the dialect. I am also very grateful to Dr. Lin Yü T'ang (林語堂) and my assistant Mr. Liu Wên Chin (劉文錦).

Dr. Lin has been kind enough to read through the whole work minutely, and give me many valuable suggestions. Mr. Liu has painstakingly helped me a good deal in the comparative study of the historical phonological part. Therefore, if this small work should prove to be some contribution to the linguistic world, it is all the gift of their cooperation. As to errors and omissions on the author's part, he sincerely wishes that scholars in this line will kindly point them out and correct them.

Peiping, April 30, 1931,

Lo ch'ang P'ei.

厦門音系

I 敍論

厦門話是中國方言裏很重要的一種語系。牠的領域,往廣義裏說,上自閩南,下至於潮汕,瓊崖,台灣,菲力濱,新加坡以及南洋羣島,大約有一千二百萬乃至一千五百萬人能操這種方言。但是在這個大的方言區(linguistic area)裏,各地的方言當然還是大同小異,不能完全一致。其中比較最流行,最普遍的,祗有現在厦門跟鼓浪嶼一般人所說的話算是具有這種資格。本篇研究的範圍暫以後面這種狹義的厦門話爲限。爲對待狹義的厦門話稱述上便利,我們管前面那種廣義的厦門話叫做"福佬話"(Hoklo Dialect)

對於厦門話研究的注意還是從外國傳教士開的端。最初,Medhurst在他的福建方言字典(*Dictionary of the Hok-Kien Dialect*)裏,已經收入漳州的方音。不過他所據的藍本是漳州的通俗韵書十五音,所以大部分材料都是字音,中間雖然也收入少許漳州或漳浦的話音,却是離精確的程度很遠。[1]至於根據活語言作成的第一部字典要算是Carstairs Douglas的厦門白話字典(*Chinese-English Dictionary of the Vernacular or Spoken Language of Amoy*)。這部書成於1873年,出版於1899年。據他的自序說:他在1855年到了厦門後,起先不過把J. Lloyd的厦門詞彙稿本,錄副備用,並且根據Doty跟Macgowan的厦門話課本(*The Manuals of Amoy Dialect*)增加

---

(1) Douglas: preface of *Dictionary of the Vernacular or Spoken Language of Amoy.*

詞頭。後來又拿Alexander Stronach的厦門話字典的稿本跟本地的十五音等書,逐漸校勘增訂,遂應教會的需要公布於世。在這部書出版以後,Thomas Barclay (2)跟R. G.(3)先後有所補充。到了1913年W.Campbell更集各家之大成,作了一部厦門音新字典(*A Dictionary of the Amoy Vernacular*)。我們現在研究厦門話,這兩部字典當然是很重要的參考材料。不過Douglas的書有英文註釋而沒有漢字對照, Campbell的書有漢字對照而沒有英文註釋,"合之雙美,離之兩傷,"必須互相參照,才能適用。至於在本國人方面,當1920年左右由厦門周辨明邵慶元諸君舉辦厦語社(Hagusia),宗旨在"根據語音學制定厦語音字,並推行之"。並且"用厦語音字在厦語區域作文化運動,以謀教育普及,民智增進。"他們對於教會沿用的羅馬字加以改善,並印行厦語入門(Hagu Jipp-bunn)衞生講話 (Oel-seng Kangr-hoal),厦語短篇小說 (Hagu Ter-Phi^{n}e Siaur-soat), 跟定期刋物指南針 (Tsilamtsiam) (4)等書。此外不採用羅馬字拼音的,還有盧戇章所作的中華新字漳泉語通俗教科書(5)自造"僧""尼""夫""妻"等字母以拼切土音,這也是研究厦門話的過程中的一個別派。

像我這樣一個非厦門人,在厦門話字典誕生了五十七年以後,所以還要從事於這種工作的原故:第一,從前教士們的箸作,對於厦門語音的分類,雖然粗具體系,可是要想精密

---

(2) *Supplement to Dictonary of the Vernacular or spoken language of Amoy*, 1923.

(3) "A few Petty additions to Dr. Douglas' dictionary".- *China Review*, VII.PP.274—276.

(4) 這裏附註的羅馬字都用厦語社的系統

(5) 中華民國五年出版

分析每個聲韵調的音值,並且考定同一個音在什末情形之下有什末變化,便不能從他們的書裏邊得到滿意的收穫。例如"查""齋""遭""租""珠"一類字的聲母,Barclay 跟 Campbell 都標作"ts—";"支""占""招""眞""章"一類字的聲母,都標作"Ch—"。但是跟 ts, ch 相對的送氣音如"差""材""操""初""樞"跟"持""車""千""親"等字他們却一律標作"chh"。究竟舌尖破裂摩擦音因顎化而變成舌面破裂摩擦音的現象,祇限於不送氣的音呢?還是他們辨音的疏畧呢?又如"邊""篇""顚""天"一類字的韵母,Barclay 標作"—ien", Campbell 標作"—ian",牠的主要元音究竟是 [e],是 [a],還是介於兩者之間的 [ɛ] 或 [æ]?如果承認 a 音比較近似,那末這個 a 音究竟是前 [a],後 [ɑ],還是中間的 [A] 呢?諸如此類,都不是他們所能解答。所以他們的書,祇算是音韵學的研究 (phonological study) 而不是語音學的研究(phonetic study);祇能作我們分別音類的參考,而不能作辨析音值的依據。第二,厦門話不單在實用上有很廣袤的領域,就是從考證中國古音的觀點講,也有很大的價值。即如清代錢曉徵對於古無輕脣及舌上音的論定,我們還可以在這種方音裏得到口頭上的活證據。並且合口閉口韵的一m 尾,在"熊"字的話音中,因爲主要元音由 [y] 一 [i] 而幸得保存;支韵的古讀,從"騎""寄""崎""蟻"等字的話音還可窺見消息。像這種歷史音韵學的研究我們都不能求之於從前教會人的著作。高本漢 (B. Karlgren) 對於中國古音總算有相當的認識,可惜在他的方音字典所收的二十六種方音裏竟自沒有厦門方音在內!所以拿這種方音同切韵音系比較,希望從牠們的分合異同上得到考證上古音的啓示,直到現在還值得我們自己來作一下。我從事這種工作的動機,就是從這兩個觀點起的。

從1925年秋天到1927年春天,我雖然在廈門住了將近八個月,但是在這個期間所聽到的語音,時過境遷,很難喚起正確的追憶。所以本篇所據的材料,大部分是1930年一月到三月間在北平記載林藜光先生的發音。林先生生長在廈門二十多年,雖然對外方人操著一口很流利的國語,但是在去年秋天來到北平以前從來沒有換過語言環境,所以我信得過他的發音是可靠的。在記音以前,我拿Barclay的廈門白話字典補編所收的漢字作基本,參証Campbell的廈門音新字典跟十五音列成"舒聲","促聲"(6)兩個音表,然後請林先生照表讀音,由我用國際音標記錄各類的音值,並剔除不合地道廈門音的單字。本篇關於聲韵的音值跟音類就是歸納這兩個表的材料所得的結果。此外關於聲調的研究,仍舊沿用前年冬天趙元任先生調查粵語所用的表格,而改訂牠們跟廈門話不合的部分;語助詞故事北風跟太陽則由林先生用純粹廈門白話的詞頭跟口氣重新改作。記音的情形,除去直接聽寫以外,關於重要的部分,如單字的調値,聯詞聲調的轉變,成篇故事的語調等都是收入蓄音機(dictaphone)兩次以上,然後反復審辨,以求牠們的平均標準的。

(6) 向來拿平聲跟上去入三聲對待有"平""仄"兩個簡稱,可是拿平上去三聲跟入聲對待,並沒有相當的名詞。一次我同趙元任先生商量,擬定"舒聲""促聲"兩個簡稱。所謂舒聲包括平上去而言,所謂促聲僅以入聲爲限。

II 厦門的語音

一、聲母

p 悲	p' 披	b 糜	m 盲	
t 知	t' 絺	l 離	n 連	
k 飢	k' 欺	g 宜	ŋ 硬	
ʔ 伊				h 羲
ts 渣	ts' 差			s 紗
tɕ 支	tɕ' 痴	ʥ 兒		(詩)

厦門語音的聲母，精密分析，一共可得二十個音值。牠們的發音部位和方法約如下面所述：—

[p] (7) 是雙唇，不帶音不送氣的破裂音。比較法文的p音稍軟，但是還沒有軟到北平"北"字跟丹陽"旁"字話音的[b̥]音的程度。

[p'] 是雙唇，不帶音，送氣的破裂音。近於英文p字的音跟中國大部分方言的[p']音讀法相同。

[b] 是雙唇，帶音，不送氣的破裂音。但是兩唇接觸很輕，破裂的力量很弱，比英文的b音軟的多。聽得忽略往往有跟[m]音混淆的的危險。

[m] 是雙唇，帶音的鼻音。

[t] 是舌尖中，不帶音，不送氣的破裂音。比較法文的t音稍軟，但是還沒有軟到北平"德"字跟丹陽"同"字話音的[d̥]音的程度。

---

(7) 在[]內的是國際音標但本章列聲母表時省略[]

[tʻ] 是舌尖中,不帶音,送氣的破裂音。近於英文t字的音,跟中國大部分方言的〔tʻ〕音讀法相同。

[l] 是舌尖中,帶音的邊音。但是舌頭極軟,用力極鬆,兩邊所留的通氣空隙很小,聽起來並不像北平的[l]音那樣清晰,幾乎有接近[d]音的傾向。所以廈門人用"老"字音注英文的d母,(8)並且模仿外國語裏用d字起頭兒的字往往用l音來替代牠。

[n] 是舌尖中,帶音的鼻音。

[k] 是舌根,不帶音,不送氣的破裂音。比較法文c字的硬音稍軟,但是還沒有軟到北平"格"字跟丹陽"求"字話音的[g̊]音的程度。

[kʻ] 是舌根,不帶音,送氣的破裂音。近於英文k字的音,跟中國大部分方言的[kʻ]音讀法相同。

[g] 是舌根,帶音,不送氣的破裂音。但是舌根跟軟顎接觸很輕,破裂的力量很弱,比英文的g音軟的多。聽得忽略往往有跟[ŋ]音混淆的危險。

[ŋ] 是舌根,帶音的鼻音。跟廣州"我""牛""危"等字的聲母發音相同。

[ʔ] 是喉部,不帶音的破裂音。也就是喉部的關閉作用。單用的韵母前面,或是話音入聲的韵尾,往往有這個輔音存在。

[h] 是喉部,不帶音的摩擦音跟廣州"海""口"等字的聲母相近。

[ts] 是舌尖前,不帶音,不送氣的破裂摩擦音。跟北平"資"字的

---

(8) 見廈語入門第一課

發音相近，比英文的[ts]音較前。用嚴式標音，應當寫作[ts⊢]式。

[ts‘]是舌尖前，不帶音，送氣的破裂摩擦音，跟北平“雌”字發音相近，比英文的[ts‘]音較前。用嚴式標音應當寫作[ts‘⊢]式，

[tɕ]是舌面前，不帶音，不送氣的破裂摩擦音，略近北平“基”字的發音。用嚴式標音應當寫作[ȶɕ‘⊢]式。

[tɕ‘]是舌面前，不帶音，送氣的破裂摩擦音，略近北平“欺”字的發音。用嚴式標音應當寫作[ȶɕ⊢]式。

上面這兩對聲母，我所聽的音値跟Douglas等不同。Douglas把不送氣的分作“ch”“ts”兩音——ch音用在i,e兩個元音的前面，ts音用在a, o, ɵ, u等元音跟ng韵的前面；但是對於送氣的“chh”音，他雖然也知道在a, o, ɵ, u, ng前面有時接近送氣的ts音，終於認爲不大普通，把牠消納在chh音之內。後來周辨明先生改訂廈語羅馬字，索性把ch. ts併作c，把chh改作ch。據我記錄林先生發音，認爲這四個音劃然不混。並且在[a][ɔ][o][e][u][ŋ]等音前面的一律讀成[ts][ts‘]祇有在i音前面的才因顎化(palatalize)的影響變成[tɕ][tɕ‘]音，若拿英文葉尖混合的ch[ts]chh[ts‘]概括牠們，未免離實際的語言較遠了。

[s]是舌尖前，不帶音的摩擦音。略近北平“希”字的音。用嚴式標音應當寫作[ɕ⊢]式。這個聲母在單純的[i]韵跟[a],[o],[ɔ],[e],[u],[ŋ]等音以前一律讀成[s]音。可是在齊齒的i——類韵母以前，往往接近俄文顎化的s[ʂ]。因爲牠還沒

有變到破裂摩擦音[tɕ] [tɕ'] 那樣全體顎化,所以我把牠歸併到[s]音位裏,遇有單獨討論的必要時,再特別標作[ʂ]音。

[ʤ] 是舌面前,帶音,不送氣的破裂摩擦音。畧近英文 J 母的發音而顎化較爲顯著。這個聲母跟十五音的入母相當。Douglas, Barclay, Campbell 跟周辨明先生改訂的廈語羅馬字都保留牠。但是這次同林先生所記的音,凡是[ʤ]聲的字一律變爲[l]聲,並沒有一個例外。這種音變頗跟泉州音近似。(9)據林先生說:"這個聲母,多數廈門人都讀成[l]音,一部分廈門人跟漳州人讀成[ʤ]音"。這便是漳泉音異的一端。從理論上講,廈門的[l]音讀的本來不甚清晰,所以往往可以拿牠替代[d]音,這在前面已經說過。邊音跟破裂摩擦音的發音方法比純粹的破裂音尤爲接近,那末由[ʤ]→[l]在音理上是可能的。不過我這次所據的材料是個人發音,在沒有得到比較充分的材料以前還不肯毅然廢去這個聲母。所以本篇裏凡是從林先生口中所得到的長篇記音都用[l],但是列音值表跟音類表時仍舊保留[ʤ]的音位。

總括以上所說,可以列成下面一個聲母表:

---

(9) Douglas' Dictionary Appendix III. 2"The dialect of Chin-chew (泉州) city and of the district of Chin-kang, (晋江) *j* is often pronounced very thick so as to change to l. or very nearly

第一表　厦門語音聲母表

部位 方法			上唇 下唇	齒 舌尖	齒齦 舌尖	前硬顎 舌面前	軟顎 舌根	喉
破裂音	不帶音	不送氣	p		t		k	ʔ
		送氣	p‘		t‘		k‘	
	帶音	不送氣	b				g	
破裂摩擦音	不帶音	不送氣		ts		tɕ		
		送氣		ts‘		tɕ‘		
	帶音	不送氣				dʑ		
鼻音	帶音		m		n		ŋ	
邊音					l			
摩擦音	不帶音			s				h

二．韵母

a．陰韵

		a 阿	ɔ 烏	o 窩	e (雞)	ai 哀	au 歐
i 衣	iu 優	ia 爹		io 么			iau 么
u 於	ui 萎	ua 娃			ue (灰)	uai(乖)	

b．半鼻韵

		ã(監)(10)	õ(摸)	ẽ*(嬰)	ãĩ (鏗)	ãũ(蝥)
ĩ 英	ĩũ 鴦	ĩã 纓				ĩãũ(貓)
	ũĩ(梅)	ũã鞍			ũãĩ(杆)	

c．陽韵

	am 庵		an 安		aŋ (江)	ɔːŋ 翁
im 音	iam 淹	in 因	ian 煙	iə̆ŋ 英	iaŋ*(香)	iɔŋ 鴦
		un 溫	uan 宛		uaŋ*(矔)	
	ap 押		at 遏		ak 握	ɔːk 惡
ip 揖	iap 曄	it 一	iɛt 謁	iə̆k 益	iak*(鑠)	iɔk 約
		ut(忽)	uat(佛)			

d．聲化韵

m̩ 姆　　ŋ̩ 秧

---

* 表示不常用的韵母。

(10) 字下加橫線代表話音，以下準此。

厦門語音計有十六個"陰韵"(即無韵尾輔音的單元音或複元音),十二個半鼻韵,二十七個"陽韵"(即有韵尾輔音的附聲韵),兩個聲化韵:一共是五十七個韵母。這些韵母裏所含的元音大體可以歸納成[a],[ɔ],[o],[e];[i],[u]六個音位(phoneme)。但是精密的分析,每個音位裏除去主要的音(principal member)以外還有許多附屬的音(subsidiary members),並不是祇有一個單純的音値而已。若照我這次記錄林先生的發音,可以得出下面的結果來:

[a]含有三個音値:單用或在[ai],[uai],[au],[iau],[ã],[ãĩ],[ũãĩ],[an],[ian]幾韵裏舌的部位比第四標準元音[a]稍後;在[ia],[ĩã],[ũã],[ãũ],[ĩãũ],[uan],[aŋ],[iaŋ],[at],[ak],幾韵裏,近於中性的[A]音;在[ua],[uaŋ],[uat],[am],[iam],[ap],[iap]幾韵裏,便退到中性[A]跟第五標準元音[ɑ]的中間。所以用嚴式標音可以分作[a˧],[A],[ɑ˫]三種。不過在通常談話音裏往往變成一種不明晰的含糊音(Indeterminate Vowel)。

[ɔ]含有兩個音値:單用跟在[ɔːŋ]韵裏,因爲軟顎有點兒擠緊咽頭(Pharynx)所以聽起來似乎比第六標準音[ɔ]靠後,不過在元音圖上並沒有牠的位置,至於在[ɔ̃],[iɔŋ],[ɔːŋ],[iɔk]幾韵裏差不多同第六標準音相當。所以用嚴式標音可以分作[ɔ˧][ɔ]兩種。

[o]比第七標準元音[o]稍前,圓唇的程度也稍減,並且單用時比在[io]韵裏更前一點兒。所以用嚴式標音也可以分作[o˫],[o]兩種。

[e]同第二種標準元音[e]相當。至於入聲[iɛt]韵裏的元

音比牠相對的舒聲[ian]韵高了許多,聽起來比第三標準元音還要較高較後。用嚴式標音應當寫作[ɛ˔˨]用寬式標音也祇能寫作[ɛ],若簡直的用[e],便同實際語音相差太遠了。不過[ɛ]音除去[iɛt]韵以外在厦門音裏並沒有見過第二回,所以我記音雖然還保留[ɛ]音,却祇拿牠當[e]的附屬音,而不分作獨立的音位。

[i]含有四個音值:單用跟在半鼻音[ĩã],[ĩũ],[ũĩ],[ãĩ],[ũãĩ]幾韵裏同第一標準元音[i]相當;在[ĩ]韵裏比標準[i]音稍後;在其他i——類或——i類的韵母跟[im],[ip]兩韵裏,除去[tɕ],[tɕʻ],[s]後邊的i——仍舊保存[i]音,其他都變成鬆的[ɪ]音;並且在[in][it]兩韵裏畧有從高變低,從緊變成鬆的複合趨勢。所以用嚴式標音可以分作[i],[i˨],[ɪ],[iɪ]四種。

[u]含有四個音值:單用跟在[iu],[ĩũ],[ãũ],[ĩãũ]幾韵的韵尾同第八標準元音[u]相似,而唇稍開;在其他u——類或——u類的韵母裏都變成鬆的[ʊ]音,並且在[ue][uai]兩韵裏幾乎有接近第七標準元音[o]的傾向;在[un][ut]兩韵裏比較一般的[ʊ]音稍前,並且從舌後元音[ʊ]過渡到舌尖輔音[n]或[t]的時候,中間似乎還有一種[ə]的流音(glide)。這四種音值的唇形都近於英文長縫式的合口作用,並不是眞正的圓形。所以用嚴式標音可以分作[u˂],[ʊ˂],[o],[ʊ˖˂ᵊ]四種。

此外在[iəŋ],[iək],[un],[ut]幾韵裏,或是聲化的[ŋ]韵同[p],[t],[ts]等系聲母相拼時,舌的變動較大,往往聽見一種類似[ɵ]的流音。牠的部位比中央[ə]音偏後偏高,是一個界乎

[ɵ] [ɤ] 之間的音。因爲元音圖上沒有牠的位置,並且不十分重要,所以不分作一個獨立的音位。遇必要時祇用[ə]字或高起的小[ᵊ]字代表牠。

本來審辨一種語音必須要分清"音值"(Sound value) 跟"音位"(phoneme) 兩個觀念。所謂"音值"指着有固定發音器官形狀(definite organic formation) 跟固定聲學性質(definite acoustic quality) 的聲音而言。所謂"音位"指着一個音群,或音群中的代表聲音而言。從實用的觀點看,在一種方言裡、兩個相近的聲音如果永遠不會在同一地位或同一條件之下發現,我們都可以歸納作一個音位。(11)不過我們若是根據這種理論,完全採用"一音位一字母'(one letter per phoneme)的寬式記音,在比較複雜一點兒的方言裏往往會發生含混的流弊。若是完全採用精密分析的嚴式記音;不但寫起來很瑣碎,對於印刷上也頗感困難。所以我現在參酌韵母表裏所採的寬式,跟分析音值時所採的嚴式,另外列成下面一個寬嚴折衷的方式。後此實際記音就以這種方式作標準:

(11) 參閱. D. Jones: *The pronunciation of Russian*, chapter VIII.p. 49, Principles of transcription.

D. Jones: "Definition of a phoneme" *Le Maitre Phonetique*, troisieme series, No, 28.

a. 陰韵

a 阿　ɔ 烏　o 窩　e(雞)　aɪ 哀　aʊ 歐

i 衣　ɪu 優　ɪa(爹)　ɪo 么　ɪaʊ 么

u 於　ʊɪ 萎　ʊɑ 娃　ʊe(灰)　ʊaɪ(乖)

b. 半鼻韵

ã(監)　ɔ̃(摸)　ẽ* 嬰　ãĩ(鏗)　ãũ(鰲)

ĩ 英　ĩũ 鴦　ĩã 纓　ĩãũ(貓)

ũĩ(梅)　ũã 鞍　ũãĩ(杆)

c. 陽韵

ɪɑm 庵　an 安　ɑŋ (江)　ɔːŋ 翁

ɪm 音　ɑm 淹　in 因　ɪan 煙　ɪə̆ŋ 英　ɪɑŋ*(香)　ɪɔŋ 鴦

ʊn 溫　ʊan 宛　ʊɑŋ* 灌

ɑp 押　at 遏　ɑk 握　ɔːk 惡

ɪp 揖　ɪɑp 嘩　it 一　ɪɛt 謁　ɪə̆k 益　ɪɑk*(鑠)　ɪɔk 約

ʊt(忽)　ʊat(佛)

d. 聲化

m̩ 姆　ŋ̍ 秧

歸納上面所說,我們對於廈門元音的舌位,可以根據國際音標的標準元音圖繪成下面的形式:

第一圖　廈門元音舌位圖

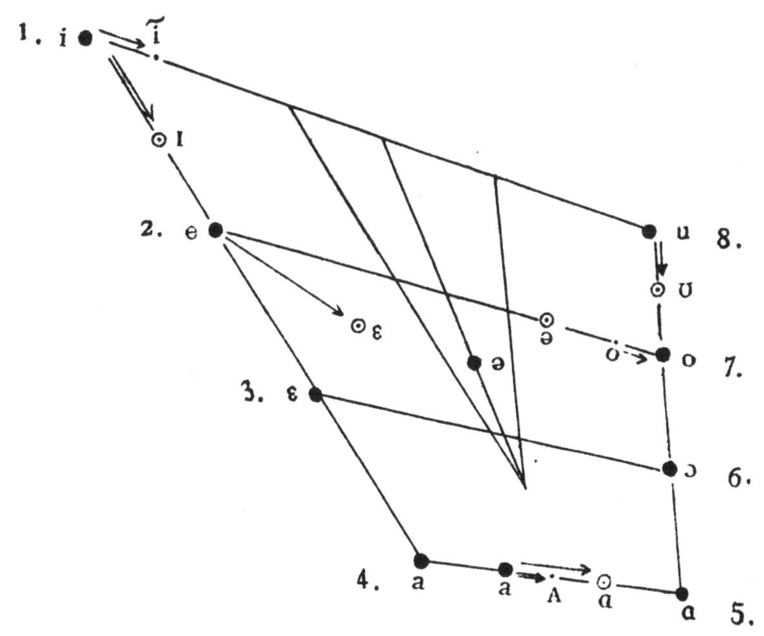

1.圖中1.2.3.4.5.6.7.8等數字代表標準元音之地位

2.大紅點代表廈門元音之地位

3.紅⊙點代表各音位中已經韵母表採用之附屬音

4.小紅點代表各音位中未經韵母表採用之附屬音

5.黑點代表與廈門音不合之標準元音

廈門音的韻頭祇有齊齒的 i 一類跟合口的 u 一類。牠們的"音長"不像北平音那樣短，並沒有變成輔音 [j], [w] 的傾向。所以 [ɪa], [ɪo], [ɪu], [ʊa], [ʊe], [ʊɪ] 幾韻並不是先短後長的二合音，却也跟先長後短的 [aɪ] [aʊ] 兩韻不同，牠們前後兩個元音是長短一致的。關於這一點，我們所得的結果跟 Douglas 頗有出入。(12)

廈門音的韻尾輔音，舒聲有 [-m] [-n] [-ŋ] 三種，促聲有 [-p] [-t] [-k] 三種，同廣州音相似，不過這種韻尾的 [-p] [-t] [-k] 祇達到 [p] [t] [k] 的部位而止，有勢無音，並不能聽見顯著的破裂，所以祇能算是截斷音 (implosive) 而不是眞正的爆發音 (explosive)。這六個韻尾輔音在話音裏 [-m], [-n], [-ŋ] 的大部分有變成半鼻音 [˜] 的傾向，[-p] [-t] [-k] 的大部分有變成喉部關閉作用 [ʔ] 的傾向。其仍舊未變的，在普通談話時 [-m] [-p] 跟 [-ŋ] [-k]，還比較穩固，不大受下字的同化作用 (assimilation)；[-n) 跟 [-t] 則不然。例如：

新婦	[sin‿pu]	→	[sim	pu]
身命	[sɪan‿bɪə̆ŋ]	→	[sɪam	bɪə̆ŋ]
牽亡	[k'an‿baŋ]	→	[k'am	baŋ]
牽馬	[k'an‿be̤]	→	[k'am	be]
眼標	[ŋan‿p'ɪaʊ]	→	[ŋam	p'ɪaʊ]
演武亭	[ɪan‿bu tɪə̆ŋ]	→	[am bu	tɪə̆ŋ]
身軀	[sɪan‿k'u]	→	[sɪaŋ	k'u]
面巾	[bin‿kʊn]	→	[biŋ	kʊn]

(12) Douglas' Dictionary p. XI. Introduction, with Remarks on Pronunciation.

失 味 [sit‿bi] → [sip bi]

發 毛 [hʊat‿mᵊŋ] → [hʊap mᵊŋ]

掘 墓 [kʊt‿bɔːŋ] → [kʊp bɔːŋ]

賊 目 [ts'at‿bak] → [ts'ap bak]

雪 縵 [sʊat‿ban] → [sʊap ban]

發 汗 [hʊat‿kũã] → [hʊak kũã]

這種現象，在厦門話中極爲普遍。並且再進一步，便從聲母的同化變成聲母的消滅。例如：

相及 [sã kaq] →[sã ap]

中國 [tɪɔŋ kɔːk] →[tɪɔŋ ɔːk]

給我 [ka gʊa] →[ka ʊa]

出去 [ts'ʊt k'i] →[ts'ʊt i]

相像 [tɕ'in tɕ'iũ] →[tɕ'in iũ]

剃頭刀 [t'i t'aʊ to] →[t'i aʊ to]

二十三 [dʑi tsap sã] →[dʑi ap sã]

三十四 [sã tsap si] →[sã ap si]

我要出去 [gʊa beʔ ts'ʊt k'i]→[gʊa e ts'ʊt i]

厦門話所以難學難懂，就因爲句中極多變化，而句中變化，聲母的消滅，實在是一個要點。要想學流利的厦門談話音，非得知道這個道理不可。

厦門的半鼻音跟元音同時發出，所以跟法文的[□̃]式相同，跟南京的[□˜]式不同，不容易受下字的同化作用。牠們的來源大部分由於 -m，-n，-ŋ 等韵尾輔音的消變。在厦門話音中，凡 -m，-n -ŋ 等韵尾輔音消變，不單字中的元音完全變成半鼻音，就是字首的聲母也受同樣影響。所以話音"敢"[kã]

字中的k,“餅”[pĩã]字中的p,“山”[sũã]字中的s,都有半鼻化的傾向。至於在半鼻韵前面的[b],[l],[g]三個聲母一律變成[m],[n],[ŋ],尤足爲聲母鼻化的明證。

[m̩][ŋ̍]兩個聲化韵要算是這個音系的一種特殊聲音。[m̩]韵除去同[h]聲相拼的“媒”“茅”[hm]兩個字以外,並不跟其他聲母相拼,而且[hm]的音値,實際上就是[m]的清音化[m̥],所以牠的性質還跟吳語的“嘸”字,粵語的“唔”字,相近。至於[ŋ̍]韵除去不跟[b][l][g][ŋ][ʥ]幾聲相拼,可以不用元音爲介,直接跟其他聲母拼合。不過因爲聲母部位的差異,音値也往往不同。大致前面沒有聲母時畧有喉部關閉作用(如“黃”[ʔŋ]);跟[p][t][ts]三系相拼時,因爲從脣或舌尖變到舌根,部位相距很遠,中間有一種類似[ə̝˔]的流音(如“方”[Pəŋ]“當”[təŋ]“贓”[tsəŋ];跟[k]系相拼時,雖然舌的部位變動不大,可是聽起來也跟[t]等相似(如“光”[kəŋ]“勸”[k‘ əŋ]“荒”[həŋ])。所以我們記音時在聲母跟[ŋ]韵的中間加上一個高起的小[ə]字以狀牠的音勢。

三.聲調

厦門有陰平,陽平,上,陰去,陽去,陰入,陽入七種聲調。這次調查牠們音值的方法,先把下面五類例字:——

1. 剛, 窮, 古, 蓋, 共, 急, 局,
2. 開, 寒, 口, 亢, 害, 曲, 合,
3. 亨, 鵝, 好, 漢, 岸, 黑, 額,
4. 知, 陳, 展, 帳, 陣, 竹, 宅,
5. 超, 娘、 丑, 趁, 助, 敕, 食,

請林先生讀入蓄音機(dictaphone),然後用漸變的音高管(sliding pitch pipe)模擬牠們的發音,反復的聽辨,並且把所聽的結果記在改訂的五線譜上。這個譜是照4,3,3.4的比例製定。因爲要精密的辨析音高,自然應以實在的音程作單位,不應以叫名的幾度幾度音程作單位。舊五線譜的一個缺點,就是牠依CDE……名稱的次序畫出等距離的五線,因此七音之中,雖然像E到G是小三度(三半音),G到B是大三度(四半音),可是在五線譜上都畫得一樣寬。在樂譜上固然有嬰音♯(sharp)或變音♭(flat)兩個記號來表示牠,但在記語音聲調畫時間配音高的軌線時,還是曾有直線變曲曲線變直的毛病,所以現在改訂的譜(在用低音譜時)把F—A跟G—B之間分作四個半音,把D—B跟B—D之間作爲三個半音。至於音的長短在分析聲調上並不是絕對的條件,所以這次除去對於長短懸殊的舒聲(平上去)跟促聲(入)特別分辨外,對於舒聲的平上去之間並沒有十分辨長短。因此下面的譜上是用直線記的並不是用樂音符(note)記的。

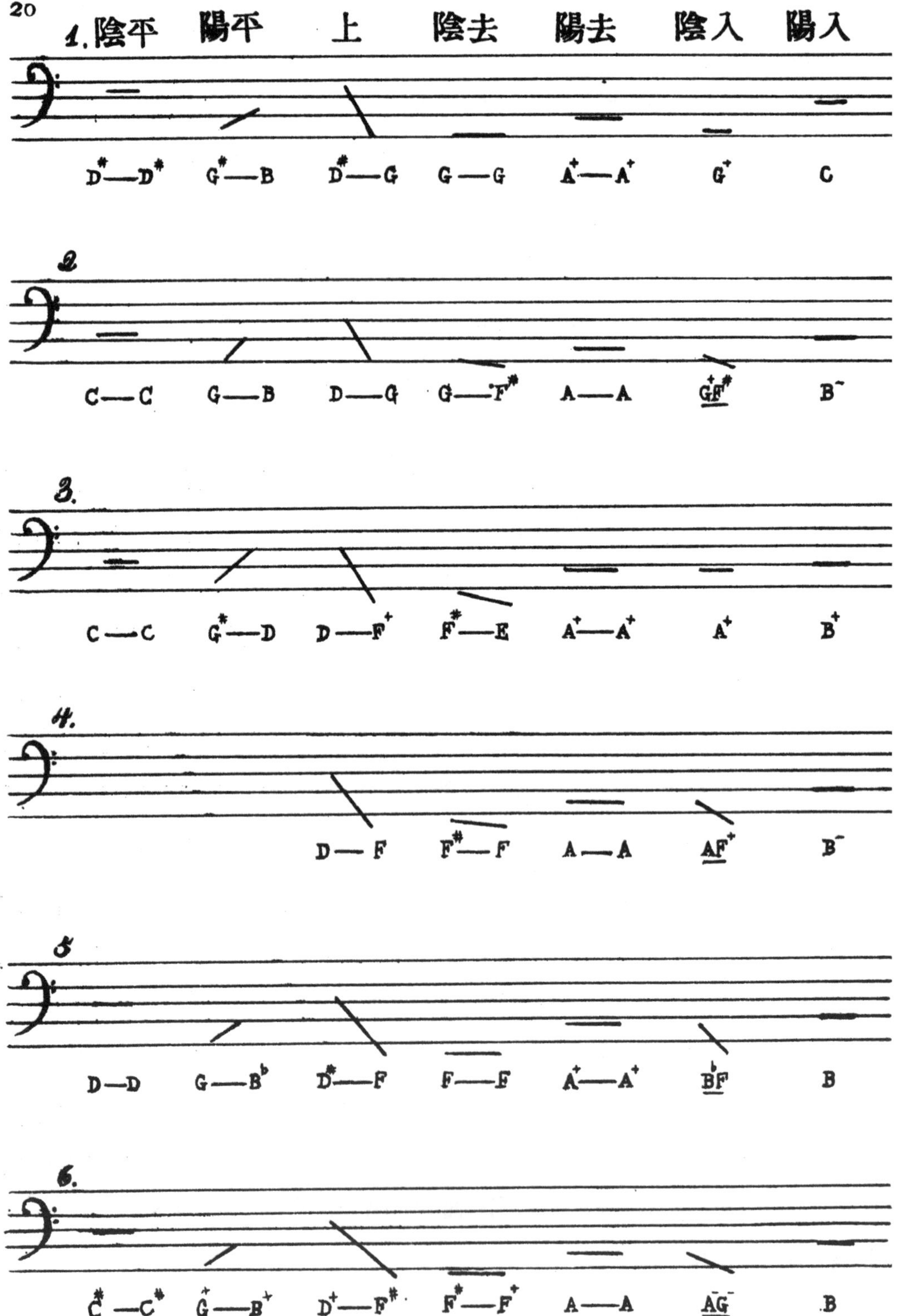
1.陰平 陽平 上 陰去 陽去 陰入 陽入
D#—D# G#—B D#—G G—G A+—A+ G+ C
2
C—C G—B D—G G—F# A—A G+F# B-
3.
C—C G#—D D—F+ F#—E A+—A+ A+ B+
4.
D—F F#—F A—A AF+ B-
5
D—D G—Bb D#—F F—F A+—A+ BbF B
6.
C#—C# G+—B+ D+—F# F#—F+ A—A A-G- B

今以 G = O，每個半音 = 1，則

$E=-3, F=-2, F^{\#}=-1, G=0, G^{\#}=1, A=2, A^{\#}=3, B=4, C=5, C^{\#}=6,$

$D=7, D^{\#}=8.$

據以上五次所得的結果以求厦門聲調的平均音高，則：一

陰平 $=\left\{\begin{array}{l}(D^{\#}+C+C+D)/4=(8+5+5+7)/4=25/4=6.25=C^{\#}\text{强}\\(D^{\#}+C+C+D)/4=(8+5+5+7)/4=25/4=6.25=C^{\#}\text{强}\end{array}\right\}=C^{\#}-C^{\#}$

陽平 $=\left\{\begin{array}{l}(G^{\#}+G+G^{\#}+G)/4=(1+0+1+0)/4=2/4=0.5=G\text{强}\\(B+B+D+B\flat)/4=(4+4+7+3)/4=18/4=4.5=B\text{强}\end{array}\right\}=G^{+}-B^{+}$

上 $=\left\{\begin{array}{l}(D^{\#}+D+D+D+D^{\#})/5=(8+7+7+7+8)/5=37/5=7.4=D\text{强}\\(G+G+F^{+}+F+F)/5=[0+0+(-2.5)+(-2)+(-2)]/5=-65/5=-1.3=F^{\#}\text{弱}\end{array}\right\}$

$=D^{+}-F^{\#}$

陰去 $=\left\{\begin{array}{l}(G+G+F^{+}+F^{+}+F)/5=[0+0+(-1)+(-1)+(-2)]/5=-4/5=-.8=F^{\#}\text{强}\\(G+F^{\#}+E+F+F)/5=[0+(-1)+(-3)+(-2)+(-2)]/5=-.8/5=-1.6=F\text{强}\end{array}\right\}$

$=F^{\#}-F^{+}$

陽去 $=\left\{\begin{array}{l}(A^{+}+A+A^{+}+A+A^{+})/5=(2.5+2+2.5+2+2.5)/5=11.5/5=2.3=A\text{强}\\(A^{+}+A+A^{+}+A+A^{+})/5=(2.5+2+2.5+2+2.5)/5=11.5/5=2.3=A\text{强}\end{array}\right\}=A-A$

陰入 $=\left\{\begin{array}{l}(G^{+}+G^{+}+A^{+}+A+B\flat)/5=(0.5+0.5+2.5+2+2.5)/5=8/5=1.6=A\text{弱}\\(G^{+}+F^{\#}+A^{+}+F^{+}+F)/5=[0.5+(-1)+2.5+(-1.5)+(-2)]/5=-1.5/5=-3=G\text{弱}\end{array}\right\}$

$=\underline{A^{-}G^{-}}$

陽入 $=(C+B^{-}+B^{+}+B^{-}+B)\ 5=(5+3.5+4.5+3.5+4)/5=20.5/5=4.1=B$

上列的第六譜就是據此而定的，若把牠改成舊式的五線譜，則可得下式：

我們爲記音的便利，也可以把這七種聲調改寫作“字母式聲調符號”(tone letter)(13)

陰平	陽平	上	陰去	陽去	陰入	陽入
˥	˨˦	˥˩	˩	˧	˧˨	˦
55:	24:	51:	11:	33:	32:	4:

這七個調類的音高，最高的是D，最低的是F，其間共有九個“半音”，所以聲調符號的一度約當2.25個半音。

厦門話裏除去上面所說的七種基本調類，另外還有一種輕聲(enclitics)。大約句尾語助詞(final particles)呢阿咯嗎之類本來沒有固有的調類可言，自然全部可以歸入這種聲調。此外形容詞或副詞再[tṣaɪ˧]，更[kɪə̆ŋ˧]，裏[ni˥˩]，寡[kũã˥˩或kʊɑ˥˩]，彼意[hia˥]；句尾的疑問否定詞無[bo˨˦]，唔[m̩˧]，不會[bʊe˧]，未[be˧]；名詞年[nĩ˨˦]，月[geʔ˧˨]，日[dʑit˦]，時[si˨˦]，人[lɑŋ˨˦]，面[bin˧]，頭[t‘ɑʊ˨˦]，厝[ts‘u˩]；動詞看[k‘ũã˩]，見[kĩ˩]，來[laɪ˨˦]，去[k‘i˩]，走[tsaʊ˥˩]，到[kaʊ˩]，食[tɕiaʔ˦]，死[si˥˩]，得[tit˧˨]，着[tɪoʔ˦]；動詞短句落來[lo˦ʔ] laɪ˨˦]，落去[loʔ˦ k‘i˩]，起來[k‘i˥˩ laɪ˨˦]，起去[k‘i˥˩ ki˩]，過來[ke˩ laɪ˨˦]，過去 ke˩ k‘ɪ˩]，出來[ts‘ʊt˦ laɪ˨˦]，出去[ts‘ʊt˦ k‘i˩]之類：在特種口氣或特種用法之下，也會受輕讀的影

(13) 參閱趙元任先生：“A System of tone letter,” Troisième Series Du *Maître Phonetique,* No. 30, P. 24-27

響失掉了牠們本·來的調値而變成輕聲(14)。輕聲的音値甚短而弱，聽起來好像介乎陰去跟陰入之間，略與英文 tak*en*, deep*en*, awak*en* 裏面的 *en* 音相似。所以現在對於牠的記音，是在本來的調類符號之後再加一個 ˺ 號。例如：—

牽　來	k'an˥	laɪ˦˺	
徙　去	sʊa˥˩	k'i˩˺	
撲　着	p'aʔ˧	tɪoʔ˦˺	
尋　着	ts'e˧	tɪoʔ˦˺	
流落去	laʊ˦	loʔ˦˺	k'i˩˺
趕出去	kũã˥˩	ts'ʊt˦˺	k'i˩˺
拔起來	pʊɪʔ˧	k'i˥˩˺	laɪ˦˺(15)

輕聲在<u>厦門</u>語調裏，頗爲重要。有許多短句因爲輕讀重讀的不同可以把意思完全改換。例如：—

官　人	kũã˥	laŋ˦˺	人民對於差役的稱呼
	kũã˥˺	laŋ˦	婢妾對於"老爺"的稱呼
細　人	sʊe˩	laŋ˦˺	妾
	sʊe˩˺	laŋ˦	小孩
後　日	aʊ˧	dʑit˦˺	後天
	aʊ˧˺	dʑit˦	後來
大　細	tʊa˧	sʊe˩˺	大小
	tʊa˧˺	sʊe˩	婢

(14) 參閱 Douglas' Dicttonary Appendix v.

(15) 參閱<u>周辨明</u> *Lessèns in Hagu* P. 10-11.

分食	pʊn˥	tɕiaʔ˥˧	分配食物
	pʊn˥˧	tɕiaʔ˧	乞丐
無去	bo˧	kʻi˩˧	丟掉
	bo˨˧	kʻi˩	沒有去
做人	tsʊe˩	laŋ˨˧	女子許嫁於人
	tsʊe˩˧	laŋ˨	行爲

上面所說的七種基本調值祇是一字單讀或是在詞尾句尾跟輕聲字的前面時,才能保持不變。若是用作聯詞的第一個字,就會發生很大的變化,這是因爲上字聲調短促的原故。現在用“多”,“黄”,“好”,“愛”,“賣”,“識”,“覓” 七個字作上字,用“山”“人”“酒”“貨”“路”“竹”“石”七個字作下字,展轉組合,得四十九式,請林先生把牠們讀入蓄音機兩次。所得的平均結果,約如下圖:——

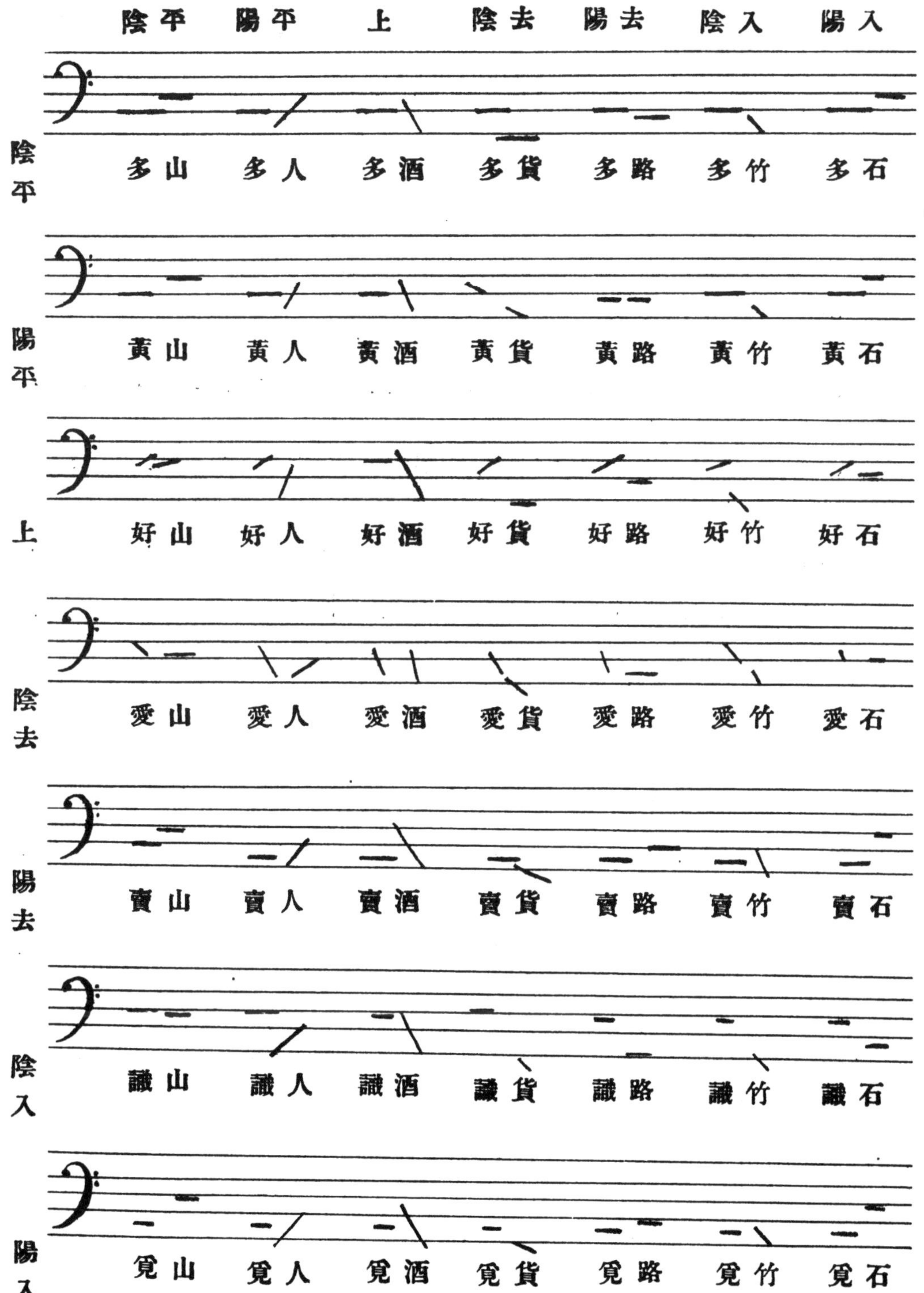
陰平 陽平 上 陰去 陽去 陰入 陽入
陰平
多山 多人 多酒 多貨 多路 多竹 多石
陽平
黄山 黄人 黄酒 黄貨 黄路 黄竹 黄石
上
好山 好人 好酒 好貨 好路 好竹 好石
陰去
愛山 愛人 愛酒 愛貨 愛路 愛竹 愛石
陽去
賣山 賣人 賣酒 賣貨 賣路 賣竹 賣石
陰入
識山 識人 識酒 識貨 識路 識竹 識石
陽入
覓山 覓人 覓酒 覓貨 覓路 覓竹 覓石

拿上圖所得的結果同基本調値比較，關於兩字聯詞的上字聲調轉變，可以歸納出幾個條例來：——

(1.) 陰平變成B—B，比基本調値降低兩個半音，其地位介乎陰平跟陽去之間。

(2.) 陽平由低升的G—B變成中平的B—B，大體跟陰平的變調相近，但是遇到陰去就變成微高而降的C—B；遇到陽去就變成低半音的A#—A#

(3.) 上聲由高降的D—F#變成高而微升的C#—D。但是遇到本聲就變成C#—C#，很像陰平的基本調値。

(4.) 陰去由低而微降的F#—F變成高降的C#—A(或D—B，C#—G#等)。

(5.) 陽去的變調比牠的基本調値微低，所差並不甚遠。祗是遇到陰平升高兩個半音變成B—B

(6.) 陰入大部分變成B，恰好同陽入的基本調値相當。

(7.) 陽入變成A，同陽去的基本調値近似而特別的短促。

據此可知，聯詞上字的變調，除去陰入變成陽入外，其他並沒有跟基本調値絕對相同的。從前周辨明先生認爲聯詞上字的聲調，陰平陽平變陽去，上聲變陰平，陰去變上聲，陽去變陰去，陰入變陽入，陽入變陰去云云(16)恐怕祗是爲分類上的方便；關於音値的分析和描寫似乎還不如Douglas精密(17)不過我們爲記音的方便，也可以把上面所說的七個變調改成下面幾個平均的"字母式聲調符號"：——

陰平變調	陽平變調	上聲變調	陰去變調	陽去變調	陰入變調	陽入變調
˧	˧	˥	˥˨	˨	˦	˧
:44	:44	:55	:42	:22	:4	:3

(16) *Lessons in Hagu* P.12—13.

(17) Douglas' Dictionary: introduciton XIII—XV

至於聯詞下字的聲調,雖然也受上字的影響音高畧有升降,但是牠們變動的極限總沒有超過兩個半音以上,這種現象從上圖可以看的出來,無須再加以敍述。所以本篇記聯詞下字的聲調時,除非有特別理由,都認爲跟原字的基本聲調相同。

上面所說,是根據不成詞的二字聯詞所得的結果。但是厦門話的聯詞變調方法跟蘇州話之類不大相同。凡是二字聯詞,除去下字變成輕聲以外,無論成詞與否,都以先輕後重爲原則,並不是不成詞的先輕後重,成詞的先重後輕。所以我所記的厦語二字成詞的變調跟上面的公式並沒有什末很大的差異。例如:—

	陰平	陽平	上	陰去	陽去	陰入	陽入
陰平	先生 sian˥꜔ siə̆ŋ˥	西洋 se˥꜔ ɪɔŋ˨˦	身體 sin˥꜔ t'e˥˩	書架 su˥꜔ ka˩	兄弟 hɪə̆ŋ˥꜔ te˧	心得 sim˥꜔ tɪə̆k˧	秋葉 tɕ'iu˥꜔ ɪap˥
陽平	銀單・ gʊn˨˦꜔ tan˥	池塘 ti˨˦꜔ tɔːŋ˨˦	門口 bʊn˨˦꜔ k'ɔ˥˩	鹹菜 ham˨˦꜔ ts'aɪ˩	桃樹 to˨˦꜔ su˧	油漆 ɪu˨˦꜔ ts'ɪə̆k˧	蘿蔔 lo˨˦꜔ pɔːk˥
上	手巾 siu˥˩꜒ kʊn˥	好人 hɔ̃˥˩꜒ lin˨˦	飲酒 ɪm˥˩꜒ tɕiu˥˩	主意 tsu˥˩꜒ i˩	姊妹 tɕi˥˩꜒ mũi˧	首飾 siu˥˩꜒ siə̆k˧	火藥 hɔ̃˥˩꜒ ɪɔk˥
陰去	信封 sin˩꜓ hɔːŋ˥	愛情 aɪ˩꜒ tɕiə̆ŋ˨˦	快手 k'ʊaɪ˩꜓ siu˥˩	放假 hɔːŋ˩꜒ ka˩	拜候 paɪ˩꜒ haʊ꜔	絳色 kaŋ˩꜒ siə̆k˧	快活 k'ʊaɪ˩꜓ hʊat˥
陽去	認眞 lin˧꜔ tɕin˥	自然 tsu˧꜔ lɪan˨˦	地板 te˧꜔ pan˥˩	戀愛 lʊan˧꜔ aɪ˩	電話 tɪan˧꜔ ʊa˧	利息 li˧꜔ siə̆k˧	大學 taɪ˧꜔ hak˥
陰入	屋租 ɔːk˦꜓ tsɔ˥	忽然 hʊt˦꜓ lɪan˨˦	竹筍 tɪɔk˦꜓ sʊn˥˩	濕氣 sip˦꜓ k'i˩	失望 sit˦꜓ bɔːŋ˥	屈膝 k'ʊt˦꜓ ts'iə̆k˧	出力 ts'ʊt˦꜓ lɪə̆k˥
陽入	讀書 t'ɔːk˥꜓ su˥	日頭 li˥꜓ t'aʊ˨˦	十九 sip˥꜓ kiʊ˥˩	白菜 pɪə̆k˥꜓ ts'aɪ˩	綠豆 lɪɔk˥꜓ to˧	木蝨 bɔːk˥꜓ siə̆k˧	目錄 bɔːk˥꜓ lɪɔk˥꜓

牠們中間自然也不免有些大同小異的地方,譬如陰陽平的變調有時從 44˦ 降到 33˧;陰去的變調遇到高調的下字就降到中間爲止,不再低落;陰入的變調在陰平跟陽平的下字前面,也有微降的傾向:諸如此類,都跟基本公式所差甚微,所以我們記音時,除非遇到很大的變遷一律應用上面的七個變調符號不再加以分別。

三字以上的聯詞,也可以適用上面所說的條理。例如"豈有此理"單字音值爲"k'iV ɪuV ts'uV liV"聯詞音值變成"kiΓ ɪuΓ tsuΓ iN";"不自量力"單字音值爲"put˧ tsu˧ lɪɔŋ˧ lɪə̆k˧"聯詞音值變成"put˦ tsu˦ lɪɔŋ˦ lɪə̆k˦":其他可以據此類推。

厦門話的形容詞或副詞常常有重說的現象,重說兩次的,含有"更"字或"較"字的意味;重說三次的,含有"最"字或"甚"字的意味。這種"三字同音群"(trihomophonic group)的聲調變化跟一般的變調法則不同。周辨明先生對於這種聲調變化曾經定了一個表,(18)茲迻錄於下:—

		單字	本來的聲調	連讀的聲調
1.	陰平	甜	tĩ˥tĩ˥tĩ˥	tĩ˦tĩ˦tiΓ
2.	上	少	tɕ'ioVtɕ'ioVtɕ'ioV	tɕ'ioΓtɕ'ioΓtɕ'ioN
3.	陰去	細	sʊe˩sʊe˩sʊe˩	sʊeNsʊeNsʊeL
4.	陰入	澀	siap˧siap˧siap˧	siap˦siap˦ siap˦
5.	陽平	鹹	kɪam˩kɪam˩kɪam˩	kɪam˦kɪam˦kɪamΓ
6.	上			
7.	陽去	厚	kaʊ˧kaʊ˧kaʊ˧	kaʊ˦kaʊLkaʊ˦
8.	陽入	密	bat˧bat˧bat˧	bat˦batLbat˦

(18) *Lessons in Hagu* p. 13, 14. 關於厦語之聲調周辨明先生在其近著之 *The phonetic Structure and tone behaviour in Hagu* (Hamburg. 1930) P. 11-35 有甚詳細之實驗報告,惟本書付印後該書始行寄到,故未及採入。

III. 厦門的音韻

一.方言羅馬字

研究音韵若是充分應用"音位"的觀念,祇着眼到聲,韵,調的類別而不注重語音的精微分辨,最好莫過於用方言羅馬字拼音。關於厦門方言羅馬字的系統從前 Medhurst, Doty, Macgowan, Maxwell, Douglas, Campbell 諸人所用的,彼此間互有出入。(19)他們共同的缺點,就是對於聲調的標註都沒能省去附加的辨音記號(diacritical marks),使印刷上感受很大的困難。後來周辨明先生有鑒於此,另創新系統,廢去辨音符號,而用基本的形式表示陰平,重寫主要元音表示陽平,r 表示上聲,d 表示陰去,l 表示陽去,h, p, t, k 表示陰入,重寫 h, p, t, k 表示陽入:(20)比較教會所用的舊式總算有了進步。不過,國語羅馬字既然成了國音字母的第二式,那末製定各地的方言羅馬字似乎有應用牠的原則加以一律化的必要。所以下面所列厦門方言羅馬字的系統,就是根據國語羅馬字的原則而另行改定的。

---

(19) Douglas' dictionary Appendix 1.

(20) 厦語入門第六課及第七課

(a) 聲母

[p]	b	悲	[p‘]	p	披	[b]	bb	糜	[m]	m	盲
[t]	d	知	[t‘]	t	絺	[l]	l	離	[n]	n	連
[k]	g	飢	[k‘]	k	欺	[g]	gg	宜	[ŋ]	ng	硬
[ʔ]	□	伊							[h]	h	義
[ts] [tɕ]	tz	渣$_1$ 支$_2$	[ts‘] [tɕ‘]	ts	差$_1$ 痴$_2$	[dʑ]	dz	兒	[s]	s	詩$_1$ 紗$_2$

(b) 韵母

	陰平		陽平		上		陰去		陽去	
[a]	a	阿	ar	(牙)	aa	仔	ah	亞	arh	(下)
[ɔ]	o	烏	or	胡	oo	虎	oh	(故)	orh	(戶)
[o]	ó	窩	ór	(河)	óó	襖	óh	(個)	órh	禍
[e]	e	(雞)	er	(黎)	ee	(啓)	eh	裔	erh	(藝)
[aɪ]	ai	哀	air	(呆)	ae	隘	ay	愛	ayr	(礙)
[aʊ]	au	歐	aur	(猴)	ao	嘔	aw	(孝)	awr	(候)
[ã]	añ	(監)	arñ	(籃)	aañ	(敢)	aññ	(擔)	arññ	(餡)
[ɔ̃]	oñ	(摸)	orñ	(魔)	ooñ	(火)	oññ	(好)	orññ	(冒)
[ə̃]	eñ	(嬰)	erñ		eeñ	(鯁)	eññ		erññ	
[ãĩ]	aiñ	(耐)	airñ		aeñ	(買)	aiññ	(賣)	airññ	(賴)
[ãũ]	auñ		aurñ	(鰲)	aoñ	(腦)	auññ		aurññ	(貌)
[ɑm]	am	庵	arm	(巖)	aam	(喊)	amm	暗	armm	(陷)
[an]	an	安	arn	(寒)	aan	(眼)	ann	按	arnn	(雁)
[ɑŋ]	ang	(江)	arng	(行)	aang	(講)	anq	(降)	arnq	(巷)
[ɔːŋ]	ong	翁	orng	王	oong	往	onq	甕	ornq	旺

[i]	i	衣	yi	移	ii	倚	ih	意	yih	異
[ɪa]	ia	(爹)	ya	耶	ea	野	iah	(藉)	yah	夜
[ɪo]	ió	么	yó	搖	ióó	(小)	ióh	(叫)	yóh	(轎)
[ɪaʊ]	au	么	yau	搖	eau	窈	iaw	要	yaw	耀
[ɪu]	iou	優	you	遊	eou	有	iow	幼	yow	柚
[ĩ]	iñ	英	yñ	丸	iiñ	(醒)	iññ	燕	yiññ	院
[ĩã]	iañ	纓	yañ	營	eañ	影	iaññ	映	yaññ	颺
[ĩãũ]	iauñ	(貓)	yauñ		eauñ	(裊)	iauññ		yauññ	(尿)
[ĩũ]	iouñ	鴦	youñ	羊	eouñ	養	iouññ	(唱)	youññ	樣
[ɪm]	im	音	ym	淫	iim	飲	imm	蔭	yimm	(任)
[ɪam]	iam	淹	yam	鹽	eam	掩	iamm	厭	yamm	餤
[in]	in	因	yn	寅	iin	引	inn	印	yinn	孕
[ɪan]	ian	烟	yan	沿	ean	演	iann	燕	yann	羨
[ɪə̆ŋ]	ieng	英	yeng	營	eeng	永	ienq	應	yenq	(幸)
[ɪaŋ]	iang	(香)	yang	(涼)	eang	(槳)	ianq	(將)	yanq	(亮)
[ɪɔŋ]	iong	鴦	yong	羊	eong	養	ionq	擁	yonq	樣
[u]	u	於	wu	餘	uu	雨	uh	污	wuh	芋
[ʊa]	ua	娃	wa	(華)	oa	瓦	uah	(化)	wah	(話)
[ʊe]	ue	(灰)	we	(回)	uee	(悔)	ueh	(廢)	weh	(會)
[ʊɪ]	ui	萎	wui	爲	uui	委	uy	畏	wuy	胃
[ʊaɪ]	uai	(乖)	wai	(懷)	oai	(拐)	uay	(怪)	way	(壞)
[ũã]	uañ	鞍	wañ	(鼾)	oañ	碗	uaññ	案	waññ	换
[ũĩ]	uiñ		wiñ	(梅)	uuiñ	(每)	uiññ		wiññ	(昧)
[ũãĩ]	uaiñ	(杆)	waiñ	(高)	oaiñ	(拐)	uaiññ	(慣)	waiññ	(縣)

[ʊn]	un	溫	wun	云	uun	允	unn	慍	wunn	運
[ʊan]	uan	寃	wan	完	oan	碗	uann	怨	wann	援
[ʊaŋ]	uang	嚾	wang		oarg	(鈁)	uanq	(闖)	wanq	
[m̩]	'm		'mr	梅	'mm	姆	'mh		'mrh	不
[ŋ̍]	'ng	秧	'ngr	黄	'nng	影	'ngh	向	'ngrh	暈

	陰入		陽入			陰入		陽入	
[aʔ]	aq	押	arq	匣	[oʔ]	oq	惡	orq	學
[eʔ]	eq	阨	erq	(月)	[aʊʔ]	auq	(博)	aurq	(雹)
[ãʔ]	aq̃	(塌)	arq̃		[õʔ]	oq̃		orq̃	(膜)
[ẽʔ]	eq̃	(激)	erq̃	(喀)					
[ap]	ap	押	arp	匣	[at]	at	遏	art	(達)
[ak]	ak	握	ark	(學)	[ɔːk]	ok	惡	ork	(愕)
[iʔ]	iq	(滴)	yiq	胰	[ɪaʔ]	iaq	(摘)	yaq	(澤)
[ɪoʔ]	ioq	約	yoq	藥	[ɪauʔ]	iaup	(橋)	iauq	(碻)
[ĩʔ]	iq̃	(乜)	yiq̃	(物)	[ĩãʔ]	iaq̃		yaq̃	(嚇)
[ĩãũʔ]	iauq̃		yauq̃	(蠘)					
[ɪp]	ip	揖	yip	(翕)	[ɪap]	iap	曄	yap	葉
[it]	it	一	yit	(日)	[ɪɛt]	iet	謁	yet	悅
[ɪŏk]	iek	益	yek	亦	[ɪak]	iak	(鑠)	yak	(矍)
[ɪɔk]	iok	約	yok	欲					
[uʔ]	uq	(勃)	wuq	(訥)	[ʊaʔ]	uaq	(喝)	waq	活
[ʊeʔ]	ueq	(夾)	weq	(挾)	[ʊɪʔ]	uiq	挖	wiq	劃
[ũãĩʔ]	uaiq̃	蝎	waiq̃	闔					
[ʊt]	ut	(忽)	wut	(佛)	[ʊat]	uat	挖	wat	越

關於這一套羅馬字所要討論的地方:

(a)聲母方面

1. 代表眞濁音的bb[b] gg[g]兩母是國語羅馬字所沒有的,因爲怕跟吳語的假濁音[pɦ][kɦ]相混所以用bb,gg而不用bh, gh.

2. tz, ts在開口跟合口韵前代表[ts][ts‘]音,在齊齒韵前代表[tɕ][tɕ‘]音:同國語羅馬字j, ch, sh三母的原則相合。

3. dz母代表[dʑ]音。因爲怕跟國語羅馬字的j母相混,所以不用教士們所用的j。

(b)韵母方面

1. ó韵跟附有-m,-p,-t,-k,-q,-ũ,-q̃,等輔音韵尾的諸韵都是國語羅馬字所沒有的。

2. 拿ũ跟q̃作半鼻音的記號在音標的用法上並沒有前例,單從託名標幟的觀點看,似乎比舊式的□ⁿ跟□ⁿh比較便利一點兒。但是m,n,ng三聲後面的韵母都有半鼻音或接近半鼻音的性質,所以拼音時仿照Campbell字典跟其他American Reformed Church所印的書一律省却半鼻音的記號,跟Douglas的拼法不同。

3. iou韵的音值本來是[iu],所以不直接寫作iu祇是怕同國語的[y]音混亂。

4. ieng, iek兩韵, Douglas等大都寫作eng, ek;祇有Doty寫作ieng, iek。照這兩韵的音值[iə̆ŋ.][iə̆k]看來,[ə̆]本來是從前元音到舌根輔音中間的一種流音,那末,與其寫作eng, ek,不如寫作ieng, iek較好。

(5)前章分析語音的時候,對於丟掉-pt-t,-k,的入聲,除非主要元音跟平上去不同的,並沒有單立一個音位。羅馬字既然用-q作入聲的符號,所以不能不另外分出十九韵來。但是實際的音素還是跟前章一樣的。

(c) 聲調方面

1. 陰平,陽平,上聲,陰去的拼法跟國語羅馬字的原則相同。

2.陰入,陽入除有-p,-t,-k,-q韵尾外跟陰平陽平的拼法完全一致。

3.陽去的開口韵以加r於陰去的元音後爲原則;齊齒韵除yih, yiññ, yimm, yinn幾韵另加y字,其餘皆改i作y;合口韵除wuh, wuy, wunn幾韵另加w字,其餘皆改u作w.

4. ió, ui, ue三韵的上聲,因爲怕跟[eo],[ue],[œ]等音混亂,並且避免ui韵的上聲跟ue韵的陰平重複,所以改作ióó, uui, uee;而不作eo, ue, oe。

5. 陰平,上聲,陰去,陰入的i-u-兩類單用時仍舊保存原來的形式,不照國語羅馬字的原則改i作y,改u作w.

6. bb, gg, m, n, l, ng, dz七個濁母以讀陽調爲原則,所以都用基本形式,不再加變陽調的記號。

7. 濁母陰調的拼法,適用國語羅馬字的原則加h於聲母後。但bb,gg,dz三母省作b‘,g‘,dz‘。

8. 輕聲字以字前加˙表示之。例如tsueh ˙lang (做人)

(d) 連號(hyphen)的用法

聯詞中間是否要加連號,也是用羅馬字拼立所應當注意的一個問題，本來我們若不單把羅馬字當作音標而看牠作一種拼音文字，自然沒有用連號的必要。不過在一種新定的方言羅馬字還沒有到了"約定俗成"的時候，爲避免含糊 (ambiguous) 起見，似乎不能把連號完全廢除。所以我們現在凡是遇到聯詞分法有兩可的時候，仍舊用連號(—)把牠們分開。例如：—

tzai-eañ	(知影)	soo-ii	(所 以)	du-a	(正在)
syi-tzwunn	(時陣)	kii-tseou	(起 首)	derh-aa	(袋仔)
bboh-aa	(帽仔)	'mrh-ae	(唔 愛)	dwah-weh	(大話)
gin-a lit	(今日)	iing-oan	(永 遠)	yong-iññ	(容易)
dark-er	(逐個)	tzinsiyit-er	(眞實的)	tor-ka	(塗脚)
siim-miq	(甚麽)	an-ni	(這麽樣)	barnn-ggyi	(便宜)
lang-gyinn	(討厭)				

(e) 重字的寫法

對於重字的寫法還是沿用國語羅馬字方法，重一個字的用 x 替代，重兩個字的用 vx 替代。例如：—

bbat tziuqx (密稠稠) tianx (聽聽)， tzyit bor vx (一步一步)

二．各式羅馬字的異同

從前各教會所用的羅馬字，彼此間旣相參差，同新定的系統相去更遠。現在爲習用舊式羅馬字人們的方便，把新舊各式的異點對照於下：—

(a.) 聲母

新式	周辨明式	Campbell式	Douglas 式	Doty 式	Medhurst 式
b	p˙	p˙	p	p	p
p	ph	ph	ph	pʻ	pʻh
bb	b	b	b	b	b
d	t	t	t	t	t
t	th	th	th	tʻ	tʻh
g	k	k	k	k	k
k	kh	kh	kh	kʻ	kʻh
gg	g	g	g	g	g
ng	ng	ng	ng	ng	gn
□					w, y, □
tz	c	ch, ts	ch, ts	ch	ch
ts	ch	chh	chh	chʻ	chʻh
dz	j	j	j	j	j

(b) 韵母

新式	周辨明式	Campbell 式	Douglas 式	Doty 式	Medhurst 式
o	o͘	o͘	ɵ	o͘	oe
e	e	e	e	e	ey
ai	ai	ai	ai	ai	ae
au	au	au	au	au	aou
añ	a^{n}	a^{n}	a^{n}	a^{n}	a^{ng}
oñ	o͘^{n}	o͘^{n}	ɵ^{n}	o͘^{n}	^{n}o
aiñ	ai^{n}	ai^{n}	ai^{n}	ai^{n}	ae^{ng}
auñ	au^{n}	au^{n}	au^{n}	au^{n}	aou^{ng}
aq	ah	ah	ah	ah	ah
oq	oh	o͘h	ɵh	o͘h	oeh
eq	eh	eh	eh	eh	eyh
aq̃	a^{n}h	ah^{n}	ah^{n}	ah^{n}	(ah^{ng})
oq̃	o^{n}h	o͘h^{n}	ɵh^{n}	o͘h^{n}	(^{n}oh)
eq̃	e^{n}h	eh^{n}	eh^{n}	eh^{n}	(eyh^{ng})
i	i	i	i	i	e
ia	ia	ia	ia	ia	ëa
ió	io	io	io	io	ëo
iau	iau	iau	iau	iau	ëaou
iou	iu	iu	iu	iu	ew
iñ	i^{n}	i^{n}	i^{n}	i^{n}	ee^{ng}
iañ	ia^{n}	ia^{n}	ia^{n}	ia^{n}	ëa^{ng}
iauñ	iau^{n}	iau^{n}	iau^{n}	iau^{n}	ëaou^{ng}
iouñ	iu^{n}	iu^{n}	iu^{n}	iu^{n}	ew^{ng}

新式	周辨明式	Campbell 式	Douglas 式	Doty 式	Medhurst 式
iam	iam	iam	eam	iam	e̤em
ian	ian	ian	ien	ian	ëen
ieng	eng	eng	ing	ieng	(eng)
iang	iang	iang	iang	iang	ëang
iong	iong	iong	iong	iong	ëung
iq	ih	ih	ih	ih	eeh
iaq	iah	iah	iah	iah	ëah
iauq	iauh	iauh	iauh	iauh	ëaouh
iq̃	i^{n}h	ih^n	ih^n	ih^n	(eh^{ng})
iaq̃	ia^{n}h	iah^n	iah^n	iah^n	(ëah^{ng})
iauq̃	au^{n}h	iauh^n	iauh^n	h^n	iau(ëaouh^{ng})
iap	iap	iap	iap	iap	ëep
iet	iat	iat	iet	iat	ëet
iek	ek	ek	ek	iek	(ek)
iok	iok	iok	iok	iok	ëuk
u	u	u	u	u	oo, wu
ua	oa	oa	oa	oa	wa
ue	oe	oe	oe	oe	öey
ui	ui	ui	ui	ui	wuy
uai	oai	oai	oai	oai	wae
uañ	oa^n	oa^n	oa^n	oa^n	wa^{ng}
uiñ	ui^n	ui^n	ui^n	ui^n	wui^{ng}
uaiñ	oai^n	oai^n	oai^n	oai^n	wai^{ng}
un	un	un	un	un	wun
uan	oan	oan	oan	oan	wan
uang	oang	oang	oang	oang	wang

新式	周辨明式	Campbell 式	Douglas 式	Doty 式	Medhurst 式
uq	uh	uh	uh	uh	ooh
uaq	oah	oah	oah	oah	wah
uiq	uih	uih	uih	uih	wuih
uaiq̃	oaih	oaih	oaih	oaih	waih
uaiq̃	oai^{n}h	oaih^{n}	oaih^{n}	oaih^{n}	(waih^{ng})
uat	oat	oat	oat	oat	wat
m	m	m	m	m	u^{m}
ng	ng	ng	ng	ng	e^{ng}(21)

(C.) 聲調符號

	新式	周辨明式	Campbell式	Douglas 式	Macgowan式	American Reformed式 church	Doty 式
陰平	□(22)	□	□	□	□	□	□
陽平	□r	□□	□̂	□̂	□̂	□̂	□̂
上	□□	□r	□́	□́	□́	□́	□́
陰去	□h	□d	□̀	□̀	□̀	□̀	□̀
陽去	□rh	□l	□̄	□̄	□̄	□̄	□̄
陰入	□q	□h	□h	□h	□h	□h	□h
陽入	□rq	□hh	□̍h	□̍h	□́h	□̍h	□̮̍h
輕聲	˙□	□h	--□	--□	--□	˙□	□h

各種舊式裏頭祇有 Medhurst 的最特別，其餘的都算是大同小異。不過 Medhurst 的福建方言字典並不是爲厦門方言作的，乃是爲漳浦方言作的，所以他所用的羅馬字特別跟各家不同，一半由於拼法的差異，一半還是方言的差異。

---

(21) 凡各式相同者不舉，其因類推而得之韵母外加括弧以別之。

(22) 口號代表主要元音。

三.厦門單字音表

關於厦門音聲韵調的分類,從上面所列的方言羅馬字表裏已經可以看得清楚了。其次就要研究這些聲韵調拼成的那些可能的音究竟有多少是有字的?下面所列的兩個單字成表,便是對於這個問題的解答:—(參閱第二第三兩表)

* * * * * *

從第二第三兩個表裏,我們可以尋出下面幾條厦門音的通性:——

(a) 聲母

1. 有全濁音 bb, gg, dz 跟次濁音 m, n, ng, l。但 m, n, ng 的大部分都是話音。
2. 沒有齒唇音[f]系跟舌尖後音[tʂ]系。
3. tz, ts 跟齊齒(i—類)韵母拼時,受顎化影響變成舌面前的[tɕ][tɕʻ];但 g 系跟齊齒類(i—類)韵母拼時,仍舊保持本音,不受顎化影響。
4. b 系跟合口(u—類)韵母拼,但除去一個未經發音者承認的"餂"字其餘都不跟 -m,-p 兩類韵母拼。
5. bb,gg 兩母不跟半鼻音及 'm, 'ng 兩韵拼。
6. dz 母不跟開口韵拼。

(b) 韵母

1. 元音 o 有洪[ɔ]細[o]兩類。
2. 複元音 io 跟 iou, ue 跟 ui,各不相混。
3. 有開口,齊齒(i—類)跟合口(u—類)三呼,沒有撮口呼。
4. 有 -m,-n,-ng,-p,-t,-k,-q 七種韵尾輔音。
5. 有 in, ieng 兩韵,沒有 en, eng 兩韵。
6. 有半鼻音跟聲化韵'm ,'ng, 但以話音爲限。

第二表 厦門單字音表(甲)舒聲(共1849字音)

開口(共682字音)

聲 \ 韻(調:陰平 陽平 上 陰去 陽去)	m	ng	a	o	ó	e	ai	au	añ	oñ	eñ	aiñ	auñ	am	an	ang	ong
b		亙 蝗 鉔	巴 爬 把 霸 罷	埔 脯 補 布 步	玻 婆 保 報 暴	飛 爬 把 稗 父	擺 排 擺 拜 敗	包 鮑 飽 暴							班 瓶 板 扮	邦 房 綁 埲 蚌	房 榜 謗 磅
p			壁 把 怕 疱	鋪 普 普 鋪 簿	波 頗 破 抱	胚 皮 帕 被	擘 派	拋 跑 炮 抱	怕			歹†			攀 販 盼	芳 帆 紡 縫	磅 帆 髣 縫
bb			麻 覓	謨 牡 暮	無 嫵 帽	迷 馬 賣	埋 覓	貓 卯						餡×	蠻 挽 萬	濛 忙 蚊 夢	摸 亡 蟒 望
m		門 晚 問	麻 馬 罵	貿					麻 馬 罵	摸 摩 嫫× 冒	咩 猛 罵	覭 買 賣	[illegible] 貌				
d		當 長 轉 頓 丈	焦 查 罩 查	都 途 肚 妒 渡	刀 逃 倒 到 道	低 茶 短 塊 地	獃 臺 歹 戴 代	兜 投 斗 鬥 荳	擔 膽 擔			歹		擔 談 膽 擔 淡	丹 彈 等 旦 但	冬 同 董 凍 重	冬 同 董 凍 洞
t		湯 糖 脫 杖	他 鉈	偷 頭 土 吐	滔 桃 討 套	推 提 體 退 替	胎 臺 體 太 待	偷 頭 敨† 透 毒	他 坦 飾†					貪 痰 毯 探 啗	灘 彈 炭	窗 蟲 桶 疼	通 糖 桶 痛
n		蠰× 卵 軟 兩							籃 那 若	懦	奶	攋 耐 賴	鐃 腦 鬧				
l			拉 蝲 仔† 剌× 撈	樓 努 路	囉 勞 老 糯	絡 犁 禮 例	來 [illegible] 內	撓 留 老 漏					惱	籠 南 覽 濫	蹔 蘭 懶 瀾	人 [illegible] 量	瓏 農 朗 浪
g		光 管 鋼	加 枷 假 嫁 咬	潸 糊 狗 故 估×	歌 果 過 號	家 枷 假 價 低†	該 改 界	膠 猴 九 校 厚	橄 含 敢		鋏×			甘 銜 敢 鑒 艦	干 趕 幹	江 [illegible] 共	公 狂 廣 貢
k		糠 勸	腳 巧 扣 病	呼 糊 口 扣	科 考 課 棵	溪 瘸 啓 契	開 凱 概	敲 口 扣	坩 含			鏗		龕 黔 坎 蓋† 硆×	牽 侃 看	孔 眶 壙	空 孔 空 硓×
gg			參× 牙 迓	訛 五	鵝 厄 餓	牙 詣 藝	呆 騃 礙	贅†						儼× 巖 坎 黯	訮× 顏 眼 雁		昂 [illegible] 戇
ng									雅	鵝 五 誤		刈×	肴 咬× 樂	艦			
□	梅 毋 不	秧 黃 影 向 [illegible]	阿 仔 亞 也	烏 胡 嫗 惡× 芋	荷 蠔 襖 奧	鍋 其† 痖 [illegible] 下	哀 噯 藹 愛	歐 喉 嘔 奧 後	倚 餡† 餡	惡	嬰			庵 頷 泔 暗 頷	安 壓 阿† 按 限	翁 紅 [illegible] 甕	翁 王 往 甕 旺
h	媒 梅	方 園 遠	哈 蝦 孝 下	呼 浮 虎 戶	荷 河 好 禍	灰 蝦 火 貨 下	哈 孩 海 [illegible] 害	囂 傚× 吼 孝 候	哄	火 貨		歡	懸† 好×	蚶 含 喊 闞 餡	預 閒 罕 漢 汗	峯× 行 夯 [illegible] 項	方 紅 訪 放 奉
tz		裝 全 指 鑽 狀	渣 查 早 詐 昨	租 磁 祖 注 字	糟 曹 早 佐 坐	渣 齊 這 制 坐	災 才 滓 載 在	糟 剿 走 奏 [illegible]	[illegible]			宰		簪 嚵 斬 蘸 站	曾 殘 盞 棧 贊	棕 叢 總 糉	宗 藏 總 壯 狀
ts		艙 牀 串	差 查 炒 詫 吵	粗 礎 醋	操 草 錯	差 [illegible] 扯 脆 [illegible]	釵 材 採 菜 [illegible]	操 勦× 草 臭				搽 [illegible]		參 蠶 慘 懺	餐 田 剷	蔥 鬆	蔥 牀 [illegible] 創
s		桑 酸 損 算	沙 耍	梳 所 素	騷 鎖 掃 嗽	西 垂 洗 細 謚	西 使 婿	梢 娋× 掃	衫 [illegible]					三 糝 [illegible]	山 產 散	鬆 松× 送	鬆 爽 宋
dz																	

齊齒(共746字音)

聲 \ 韻	i	ia	io	iau	iou	iñ	iañ	iauñ	iouñ	im	iam	in	ian	ieng	iang	iong
b	悲 脾 彼 閉 被		標 表 鰾	標 表 鰾	彪	邊 平 扁 變 病	兵× 平 餅 併					賓 瓶 稟 殯 [illegible]	鞭 駢 扁 變 便	兵 平 丙 並 病	冰 乒	[illegible]×
p	披 皮 痞 屁 被		[illegible] 票	標 嫖 剽 票		篇 平 片 鼻	兵× 坪 [illegible]					嬪× 品	偏 片	崩 評 [illegible] 聘 並	乒 [illegible]	
bb	微 眉 米 未		描 廟	貓 藐 廟	繆 謬							眠 敏 面	眠 免 面	明 猛 命		
m						冥× 綿 猛 麵	名 命									
d	知† 遲 底 智 稚	爹 地× [illegible]×		潮 釣 銚	凋 朝 銚 釣 調	丟 籌 肘 晝 胄	甜	釘 呈 鼎 碇 定		張 場 長 帳 丈	砧 沉 [illegible] [illegible]	沾 沉 點 店 站	珍 陳 振 鎮 陣	顛 田 典 殿 電	丁 亭 等 訂 定		中 長 長 漲 丈
t	癡 笞 恥 剃 雉		挑 頭 糶	挑 姚 窕 跳 柱	抽 丑	天 [illegible] 撐 [illegible]	聽 程 痛			琛 鴆 朕	添 甜 忝 掭 沈	[illegible] 趁 [illegible]	天 填 腆 瑱	廳 程 艇 聽		衷 蟲 塚 暢
n						拈 年 染 [illegible]	娘 領 [illegible]	猫 鳥 尿	娘 兩 量							
l	哩 璃 里 利		[illegible]	撩 聊 了 料	抽 流 柳					飲 林 凜	拈 廉 斂 念	奶 鱗 [illegible] [illegible] 吝	嗹 連 臉 鍊	奶 鈴 冷 令	凉 亮	良 兩 諒
g	基 棋 己 記 妓	迦 崎× 寄 崎	蕎× 橋 叫 轎	驕 僑 攪 叫 轎	丩 求 九 救 舊	庚 墘 見	驚 行 子† 鏡 件		薑 強	金 錦 禁 噤	兼 鹹 減 劍 [illegible]	今 緊 絹 [illegible]	肩 乾 繭 見 件	京 窮 警 鏡 競		宮 窮 拱 供 共
k	欺 騎 起 氣 忌	奇 騎 豎†	[illegible]	曲 挑† 巧 竅	邱 [illegible] 扭 [illegible] 臼	坑 [illegible]	輕		腔 [illegible] 儉	欽 琴 吟× [illegible]	謙 鉗 欠	輕 [illegible]	牽 虔 犬 譴	輕 瓊 頃 慶	鏗 [illegible]	姜 蛩 恐
gg	疑 宜 擬 義	鵝	撓 [illegible]	撓 [illegible]	牛 扭×					吟 錦 [illegible]	嚴 儼 驗	凝 听× [illegible]×	研 言 研 [illegible]× 研×	凝 眼 硬	[illegible] 齩×	卬 仰 卬× [illegible]
ng						硬	迎		恒							
□	衣 移 以 意 異	爬× 耶 野 壓 夜	幺 搖 [illegible]	么 搖 窈 要 耀	憂 由 有 幼 柚	英 丸 楹 燕 院	營 影 映 [illegible]		鴦 羊 養 樣	音 淫 飲 蔭	淹 鹽 掩 厭 [illegible]	因 寅 引 印 孕	烟 沿 演 燕 莢×	英 營 永 應 用		央 羊 勇 擁 用
h	希 魚 喜 戲 耳	靴 蟻		枵 嬈 曉	休 裘 朽 嗅 [illegible]	[illegible] [illegible] [illegible] 硯	兄 燃 向 [illegible]		香 饗 向	忻 熊 [illegible] [illegible]	[illegible] 嫌 險 [illegible]	[illegible] [illegible]	掀 玄 顯 憲 現	兄 行 悻 興 杏	查 [illegible]	兇 雄 享 向
tz	支 糍 只 志 已	遮 者 借 謝	招 少 [illegible]	招 樵 鳥 照 [illegible]	周 揪 酒 咒 就	爭 前 井 箭 [illegible]	正 情 整 正		漿 [illegible] 蔣 醬 上	斟 蟳 枕 浸	占 潛 枕× 佔 漸	真 [illegible] 振 進 盡	煎 前 剪 戰 濺	爭 晶 井 正 贈	漳 槳 [illegible]	鐘 從 種 眾 狀
ts	癡 持 齒 刺 市	車 斜 扯× [illegible]	[illegible] 燒 笑 [illegible]	鍫× [illegible] 笑	秋 愁 手 [illegible] 樹	青 醒 刺 [illegible]×	清 成 請 倩		鎗 牆 搶 唱 上	深 尋 寢 譖	簽 潛 [illegible] 僭	親 齔 襯	千 田× 淺 茜	清 松 請 [illegible] [illegible]	鎗 傷 [illegible] 唱	沖 償 廠 唱 匠
s	尸 時 始 四 是	賒 蛇 捨 舍 射	燒 裳× 小 [illegible]	消 韶 小 少 紹	修 泅 手 袖 受	生 [illegible] 性	聲 城 [illegible] 聖 盛		箱 常 賞 相 [illegible]	心 尋 審 沁 甚	銛 蟾 閃 滲 贍	身 神 哂 信 腎	仙 蟬 癬 扇 善	生 成 醒 姓 盛	雙 [illegible] 上	傷 常 想 相 上
dz	而 子× 二	[illegible] 惹 [illegible]	[illegible] [illegible]	饒 繞 尿	柔 揉	耳		[illegible]		[illegible] 忍 任	染 媣×	人 [illegible]	然 撚	仍	[illegible]	絨 嚷 [illegible]

聲 \ 韻	u	ua	ue	ui	uai	uañ	uiñ	uaiñ	un	uan	uang
b	孵 匏 富 婦	簸	盃 陪 箄 佩	[illegible] [illegible]× 痱 吠		搬 盤 坂 半 拌			分 噴 本 奮 笨	般 盤 半 叛	
p	噗× 浮 脯 [illegible]×	破	坯× 皮† 配 稗	屁		潘 判 拌			奔 盆 [illegible] 噴	潘 盤 [illegible] 判 伴	
bb	無 母 務	磨	糜 買 賣	微					文 吻 問	瞞 晚	
m						[illegible] 麻 滿	梅 每 妹				
d	株 廚 抵 著 箸	淘 帶 大	兌 底 [illegible] 地	堆 捶 [illegible] 對 墜		單 彈 盞× 旦 段			敦 唇 盹 頓 鈍	端 團 短 斷 段	
t	[illegible] 鋤 貯	拖 [illegible] 導	釵 替	推 錘 腿 退 墜		灘 攤 炭			吞 豚 蠢 褪 填	湍 團 疃 鍛	
n						攔 [illegible] 爛					
l	濾 旅 侶	籮 蕊 賴	犁 [illegible] 內	[illegible] 雷 [illegible] 類					綸† 輪 倫 論	[illegible] 鑾 卵 亂	
g	車 衢 舉 句 巨	瓜 [illegible] 寡 卦	雞 鮭 解 會 [illegible]	閨 葵 鬼 貴 櫃	乖 拐 怪 [illegible]	肝 寒 趕 慣× 汗		關 [illegible] [illegible] 慣 縣	巾 群 滾 棍 近	官 拳 管 貫 倦	光×
k	驅 [illegible] 去 懼	誇 [illegible] [illegible]	[illegible] [illegible]	虧 詭 [illegible]	[illegible]× [illegible] 快	寬 款 看		快×	昆 勤 懇 困	寬 圈 款 勸	
gg	愚 語 遇	我 外	[illegible] 外	危 [illegible] 偽					銀 [illegible]	元 玩 願	
ng											
□	於 餘 雨 汚 芋	娃 瓦 [illegible]† 話	挨 鞋 矮 穢 話	萎 爲 委 畏 胃	歪 [illegible] [illegible]×	鞍 碗 案 旱		檨× [illegible]×	溫 云 允 慍 運	冤 完 碗 怨 換	[illegible] [illegible]
h	虛 扶 府 赴 父	花 華 踝 化 話	灰 回 悔 廢 會	妃 肥 匪 肺 慧	槐 [illegible] 壞	歡 [illegible] [illegible] [illegible] [illegible]		橫	分 魂 粉 訓 恨	番 凡 反 泛 犯	
tz	珠 磁 子 注 柱	遮 蛇 紙 [illegible] [illegible]	齊 最 罪	錐 劑 水 醉 悴	[illegible] [illegible]	[illegible] 泉 盞 煎 濺			尊 存 準 竣 陣	專 全 轉 鑽 鏇	
ts	樞 疵 取 次 娶	[illegible] [illegible]	初 [illegible] 劑	吹 髓 碎		[illegible] [illegible] 門 [illegible]×			春 存 蠢 寸	川 詮 喘 串	闖
s	司 辭 死 四 似	沙 [illegible] [illegible]	[illegible] 洗 稅	綏 隨 水 碎 [illegible]		山 散 [illegible]		檨	孫 旬 損 遜 順	酸 船 選 算 [illegible]	
dz	如 乳 字	若	[illegible] 銳	緌					[illegible] 潤	[illegible] 軟 [illegible]	

合口(共420字音)

表例:凡字下無符號者爲字音,加一橫線者爲話音,右旁加劍號(†)者爲訓讀。至於Campbell厦門音新字典已收之字而未經發音人承認者,於字旁加×號以別之。下同。

7. 除去半鼻音跟聲化韵以外，an, ian, uan, am, iam, im, ong, iong八韵完全是字音；io, iang, uang三韵完全是話音；其餘都是由字音話音混成的。

(c)聲調

1. 平去入三聲皆分陰陽兩調，上聲祇有陰調沒有陽調。

2. 濁母bb, m, n有陰平陰入無陰去；gg, l備具平去入三種陰調：但濁母的陰調大部分屬於話音，或誤讀的僻字。

3. 承陰韵的-q尾入聲全都是話音。

四.厦門字音話音的轉變

各系方言的讀書音跟說話音往往都有些不同，但是很少像厦門音系相差那麽遠的。厦門的字音跟話音幾乎各成一個系統，所以本地人發音時特別要聲明“孔子白”怎麽讀，“解說”怎麽讀。這一點要算是厦門話（至少也可以說是福佬語系)的特質之一。若就我所問過的材料歸納牠們演變的條理，可以得出同聲異韵，同韵異聲跟聲韵俱異三個例來。現在分別舉例如下：—

1. 同聲異韵例

1. 從單韵變複韵的(字音→話音，下同)

a→ua: 沙鯊痧(麻)，　　i→ia: 騎寄崎(支)。

o→au: 偸樓口走(侯)等(23)。　　i→ua: 倚紙(支)。

ó→au: 糟操草掃(豪)。　　i→ue: 底抵(齊)；地(脂)。

ó→ua: 簸破歌(歌)。　　i→ai: 眉利(脂)。

(23) 凡加等字者表示尚有其他例字可參閱厦門音與十五音及廣韵比較表

e → ai：棃(脂)；壻(齊)。

e → ue：雞齊體犂(齊)等；地(脂)；街(佳)。

e → ui：氣(微)；梯(齊)。

u → ai：獅師(脂)；使(之)。

u → ua：徙(支)

2. 從複韻變單韻的

ai → e：袋(咍)。

ai → i：苔戴(咍)。

au → a：膠罩孝(肴)

au → ó：抱(肴)。

ue → e：灰詼(灰)；稅(祭)。

ue → u：灰(灰)。

ui → e：吹髓(支)；閨(齊)；推退(灰)；脆(祭)。

ui → i：肺(祭)。

ui → u：龜(脂)；堆(灰)。

iou → u：邱久牛有(尤)等。

3. 單韻互變的

a → e：琶家芽紗(麻)等。

ó → e：過坐(戈)。

e → i：弟剃(齊)；世(祭)。

i → e：胚(灰)；皮(支)等；未(微)。

i → u：抵(齊)。

u → i：司辭字(之)；死四(脂)；魚(魚)。

u → ó：無(虞)。

(4) 複韻互變的

ai → ua：帶大賴蓋(泰)。

ai → ue：挨改(咍)；疥(皆)；解(佳)。

ai → ui：開(咍)。

ua → ue：花瓜(麻)

ue → ua：外(泰)。

ue → ai：內(灰)。

iau → io：標橋腰焦（宵）等；么吗（蕭）。

iou → au：流留（尤）。

uai → ue：（怪㿪）。

(5) 陰韻變半鼻韻的

ó → uañ：惰（戈）。

ó → auñ：腦（豪）。

i → iñ：肄（脂）；異（支）。

ai → aiñ：滓（之）；彩載欸（咍）。

au → auñ：撓（肴）。

ua → uañ：寡（麻）。

uai → uaiñ：拐（佳）。

(6) -m 尾陽韻互變的

im → am：淋（侵）。

im → iam：臨（侵）。

(7) -n 尾陽韻變的

an → in：饅（桓）。

ian → an：辮牽（先）；棧（删）。

ian → in：眠肱（先）。

uan → in：絹（仙）。

uan → un：拳（仙）。

in → an：瓶（青）；鱗（眞）。

un → uan：喘（仙）。

(8) -ng 尾陽韻互變的

ang → ng：幫（唐）

ong → ng：榜當光（唐）等；莊霜（陽）等。

ong → ang：東翁鰻（東）等；冬鬆（冬）；房璫（唐）等。

ong → ing：筐（陽）。

iong → ng：長腸丈兩秧（陽）。

iong → iang：凉香漳槍上（陽）等。

iong → ieng：中宮胸（東）等；鍾龍（鍾）等。

ieng → iang：氷（蒸）；

ing → ng：影（庚）。

(9) -m 尾變 -n 尾的

am → an: 毯敢(談)。

iam → ian: 鴿(覃)。

im → in: 今(侵)。

(10) -n 尾變 -ng 尾的

an →ieng: 間簡閒(山)。

ian →ieng: 肩先研前(先)。

uan → ng: 斷卵管酸(桓) 等;

磚勸(仙)等。

uan →ieng: 還(刪)；穿(仙)。

un → ng: 頓褪昏損(魂)。

un → ang: 蚊(文)。

(11) -ng 尾變 -m 尾的

iong → im: 熊(東)。

(12) -ng 尾變尾的

ieng → an: 層等(登)。

ieng → in: 輕(清)；應(蒸)。

iong→ in: 雄(東)。

(13) 陽韻變半鼻韻的

am → añ: 擔敢三(談)監(鹽)。

iam → iñ: 添甜拈舐(添)；

鉗鐮(鹽)。

im → aiñ: 怎(侵)。

im →uañ: 怎(侵)。

im → iñ: 擒(侵)。

im → iañ: 甚(侵)。

uan →uaiñ: 關慣(刪)灣(山)：寃(元)

in → iñ: 進(眞)。

in → aiñ: 齦(眞)。

iong→ iouñ: 張薑漿(陽)等。

iong→ iañ: 痛(東)向(陽)。

ing → iñ: 平更生(庚)等; 爭 (耕)等;

棚(登)精(清) 等；星(青)

等；奶(咍)

an →uañ: 單欄安肝(寒)等；山(山)。

an →uaiñ: 杆(寒)。

ian → iñ: 邊天見前(先)等；篇氈院鮮(仙)等。

ian → iañ: 件(仙)。

ian →uañ: 煎(先)；泉線(仙)；盞(山)。

uan → iñ: 丸(桓)；圓(仙)。

uan →uañ: 般端官(桓)；攌(删)。

ieng→ iañ: 平驚兄(庚)等；程城營(清)等。

ieng→uaiñ: 横(庚)；轟(耕)。

(14) 陽韵變陰韵的

uan → e: 短(桓)。

(15) 入聲丢掉-p,-t,-k, 韵尾的

ap → aq: 搭合(合)等；塔(盍)；插(洽)；甲鴨(狎)。

ap →ueq: 瞌(盍)。

iap → aq: 蠟(盍)，疊貼(怗)。

iap → iq: 接碟(葉)。

iap →ueq: 笠(緝)。

at → aq: 叭(黠)。

at →uaq: 煞(黠)；割喝撒(曷)。

at →ueq: 八(黠)。

iet → aq: 截屑(屑)。

uat → uaq: 鉢末(末)；捋熱(薛)；辣(曷)

uat → iaq: 挖(末)。

uat → eq: 雪説(薛)；缺(屑)；月(月)；沫(末)

uat → iq: 缺(屑)。

ok → aq: 撲(覺)。

ok → óq: 薄各落惡作(鐸)等；桌學(覺)

iok → ioq: 着藥(藥)；俗燭。

iok → iaq: 掠削(藥)。

iek → aq: 百拍(陌)；曆(錫)。

iet → eq: 襪(月)。

iet → iq: 鼈裂折(薛)；鐵(屑)。

iet → ioq: 歇(月)。

iet → ueq: 節截(屑)

ut → iq: 物 (物)

iek → iaq: 壁錫(錫)等；亦刺(昔)等；摘(麥)；澤額(陌)；即食(職)。

iek → eq: 伯帛宅(陌)等；擘隔册(麥)等。

iek → iq: 滴(錫)

iek → ieq: 惜(昔)。

iek → ueq: 慼(錫)；塞(德)。

(16) 入聲韻尾互變的

iek → it: 拭鯽穡(職)；脊(昔)。

iek → at: 力(職)；賊塞(德)；踢(錫)。

iet → ap: 屑(屑)

iok → iek: 竹熟(屋)；局綠玉促(燭)等。

(17) 入聲變半鼻韻的

iek → eq̃: 喀(陌)；脈(麥)。

iek → iaq̃: 嚇(陌)

iek → uiq̃: 劃(麥)。

iet → uiq̃: 血(屑)。

uat → uiq̃: 拔挖(末)。

ut → iq̃: 物(物)。

II. 同韻異聲例

(1) 同阻相變的

b → p: 並(並)(話音例爲比並)

h → □: 限楬蝝(匣)。

h → k: 糊(匣)

gg → □: 桅(疑)。

tz → dz: 遮(照章)

s → tz: 水守(審書)。

s → ts: 手(審書)

(2) 異阻相變的

h → b: 富沸分糞(非)；婦肥吠佛(奉)。

h → p: 芙浮(奉)。

tz →d: 株(知)；注 照章)；滓(照莊)。

ts → t: 推(透)； 導(定) 蠢(穿昌)；鈫(穿初) 妾(清)。

s → t: 篩(審生)；倕(禪)。

ts → k: 齒(穿昌)。

III. 聲韵俱異例

(1) 聲母同阻的

梅(明 灰)	mui	→	mr	後(匣 候)	horh	→	awr
姆(明 模)	bboo	→	mm	暈(喻云 文)	hwunn	→	ngrh
不(非 物)	but	→	mrh	黃(匣 唐)	horng	→	ngr
門(明 魂)	bbun	→	m'ng	紅(匣 東)	horng	→	arng
晚(微 元)	bboan	→	m'nng	狹(匣 洽)	hyap	→	weq
問(微 文)	bbunn	→	m'ngh	癮(影 殷)	uun	→	gg'ean
毛(明 豪)	mo	→	m'ng	園(喻云 元)	wan	→	h'ngr
貯(端 魚)	tuh	→	dueh	烟(影 先)	ian	→	hun
夾(見 洽)篋(溪 帖)	giap	→	kueq	樹(禪 虞)	swuh	→	tsyow
蟻(疑 支)	ggii	→	hyah	腮(心 咍)	su	→	tsi
縣(匣 先)	hyann	→	gwaiññ	繩(牀船蒸)	syeng	→	tsyn
懷(匣 皆)	hwai	→	kwi	舌(牀船薛)	syet	→	tzyiq
話(匣 夬)	hwah	→	weh	席(邪 昔)	syek	→	tsyoq
畫(匣 佳)	hwah	→	wuih	石(禪 昔)	syek	→	tzyoq
鞋(匣 佳)	hair	→	we				

(2) 聲 母 異 阻 的

媒(明 灰)	mui	→	hmr	浮(奉,尤)	hwu	→	pwu
知(知 支)	di	→	tzai	芳(敷陽)蜂(敷鍾)	hong	→	pang
陣(澄 眞)	dyinn	→	tzwunn	紡(敷,陽)	hoong	→	paang

蝶(定 怗) dyap → yaq

車(穿昌麻) gu → tsia

飛(非 微) hui → be

父(奉 虞)負(奉尤) hwuh → berh

反(非 元) hoan → beeng

飯(奉 元) hwann → b'ngrh

放(非 陽) honq → banq

麩(敷 虞) hu → pu

蚨(奉 虞) hwu → por

窗(穿初 江) tsong → tang

人(日 眞) dzin → lang

燃(日 仙) dzian → hyañ

染(日 鹽) dzeam → niiñ

縫(奉 鍾) horng → barng

蠅(喻以蒸) yeng → syin

焦礁(精宵) tziau → da

錢(從 仙) tsyan → yn

轉(知 仙) tzoan → d'nng

斟(照章侵) tzim → tyin

築(知 屋) tziok → doq

茶(澄 麻) tsar → der

柱(澄 虞) tsuh → tiaw

篩(審生脂) su → tai

事(牀崇 之) swuh → dayr

殺(審生 黠) sat → tair

塞(德 心) siek → tat

從上面羅列的例證,我們可以看出厦門字音話音懸殊的程度。不過牠們轉變的情形十分複雜,很難用單元的理論說明牠們的原故,即如話音裏面,"騎""奇""崎""蟻"讀成-ia韵;"熊"保留-m尾;"獅""師""死""字""辭""四"不變-u韵;以及"富""沸""婦""肥"保存b聲;"芙""麩""蚨""浮"保存p聲;"株""注"保存d聲;"蠶""茶"保存t聲之類:自然要比字音較早。但是像半鼻韵的變成,入聲韵尾的丟掉,話音又在在有變古之徵。假如我們執其一端就斷定字音古於話音,或是話音古於字音,便不免陷於片面的錯誤了。章太炎先生嘗論文言俗語的讀音不同道:"有誦讀占畢之聲既用唐韵,俗語猶不違古音者;有通語既用今音,一鄉一州猶不違唐韵者;有數字同從一聲,唐韵以來,一字轉變餘字則猶在本部,而俗或從之俱變者:迤陌紛錯,不可究理"。(24)所以我們對於厦門字音話音的轉變,祇能根據已有的現象把可能的條理"如實的"臚列出來;而不願意就著"迤陌紛錯,不可究理"的事實,勉强作臆測的論定。

此外關於厦門音同其他閩南的異同,在本篇的範圍內,也不能多所討論。但是厦門從1842年開作商埠,到現在已經有六十八年的歷史,因爲交通的關係,對於語言的演變當然不無影響。即如厦門音iong韵的字大部分從iang韵變來。iong, iang兩韵在漳州音裏本來分用劃然。並且從沿革上講, iong韵屬於古東鍾韵的三等, iang韵屬於古江陽韵,系統也不相同。現在的厦門音除去"涼","鏗""嚮""奨"等少數字的話音仍舊保持iang韵,其他已經跟iong韵同化。又如"參""并"兩個字Douglas的字典註作som, tom 兩音,仍舊保持 -m尾。但是這次所記的林先生發音,已經從 -om→-oŋ (今漳州音仍未變)。還有dz母的字厦門跟泉州都讀近l音,其例正與bb→m , gg→ng等由全濁變次濁的情形相似:諸如此類,都可以證明海口音比內地音有"變古"的傾向。

(24)新方言序

IV.厦門音與十五音的比較

一.十五音的源流

福建的通俗韵書,最流行的有福州的戚林八音,泉州的彙音妙悟跟漳州的十五音三種。戚林八音是合刊戚繼光的八音字義便覽跟林碧山的珠玉同聲而成。據明史戚繼光傳並沒有著錄八音字義便覽一書,不過,嘉靖四十一年(1562)繼光征倭冦至連江,陳第曾替他定平倭策。後來繼光作福建總兵提拔陳第作三屯車前營遊擊將軍(25)。陳第對於音韵學是研究有素的,那末,八音字義便覽如果不是後人依託,或者受了他不少的薰陶。並且林文英(碧山)是清康熙戊辰(1688)進士(29),珠玉同聲旣是根據八音字義改訂,那末,即使戚書出於僞託,也必是明末人的作品。後來的彙音妙悟跟十五音不過是從牠展轉演生出來的產物罷了。八音字義以"柳,邊求氣低,波他曾日時,鶯蒙語出喜,打掌與君知"等十五字作聲母(末句五字不用);以"春花香,秋山開,嘉賓歡歌須金杯,孤燈光輝燒銀釭,之東郊,過西橋,雞聲催初天,奇梅歪遮溝"等三十六字作韵母(內金同賓,梅同杯,遮同奇,實只三十三母)。因爲牠是根據福州音作的,跟閩南音差的很多,所以清嘉慶五年(1800)泉州黃謙重訂爲彙音妙悟一書。以"柳邊求氣地,普他爭入時英文語出喜"爲"十五音"(即聲母);以春朝飛花香歡高卿杯商東郊開居珠嘉賓莪嗟恩西軒三秋箴江關丹金鈎川乖兼管生基猫刀科梅京雞毛青燒風箱三熋嘐"爲"五十字母"(即韵母)。十五音幾乎完全跟戚書相同,五十字母裏沿用戚書的也有十六

---

(25)明史卷二百一十二

(26)福建通志卷二百三十二清良吏

個字,牠們彼此間蟺蛻的痕跡可以一目瞭然。泉州有了這部因音識字的韵書,於是"農工商賈按卷而稽,無事載酒問字之勞"。(27)不過因爲牠"悉用泉音,不能達之外郡"(28)所以後來謝秀嵐又根據漳州音改編爲增註雅俗通十五音,以"柳邊求去地頗他曾入時英門語出喜"爲"十五音";以"君堅金規嘉干公乖經觀沽嬌稽恭高皆巾姜甘瓜江兼交迦檜監艍膠居丩更褌茄梔薑驚官鋼伽閒姑姆光閂糜嗚箴爻扛牛"爲"五十字母"(29)。聲母方面還沒有很大的變遷,韵母方面已然看不出牠同八音字義的淵源了。但是這三部書,雖然所據的方音不同而根本的性質並沒有兩樣;從聲調的分類看,就叫牠作八音;從全書的"共性"看,就叫牠作彙音;從聲母的分類看,就叫牠作十五音;那不過是定名時的觀點不同罷了。本章比較研究的範圍,祇以漳州的十五音爲跟。

二. 厦門聲母同"十五音"的比較

厦門聲母跟十五音的關係,略如下表:——

第四表 厦門聲母與十五音比較表

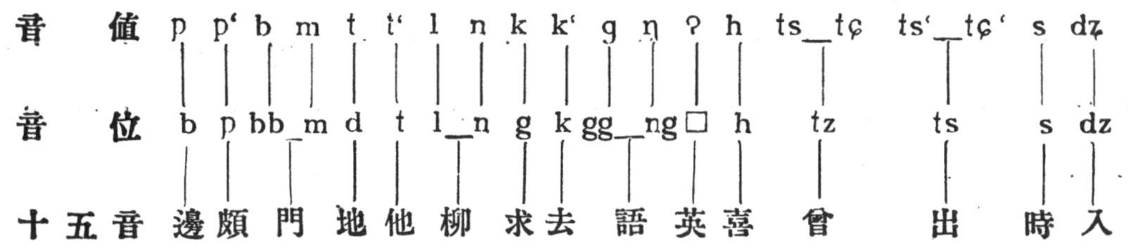

音值	p	p'	b m	t	t'	l n	k	k'	g ŋ	ʔ	h	ts_tɕ	ts'_tɕ'	s	dz
音位	b	p	bb_m	d	t	l_n	g	k	gg_ng	□	h	tz	ts	s	dz
十五音	邊	頗	門	地	他	柳	求	去	語	英	喜	曾	出	時	入

(27)彙音妙悟自序

(28)同上

(29)十五音版本甚多,韵母分類亦頗參差。如漳州素位堂刻本,祇有三十母,上海萃英書局石印本祇有四十母,今所據者爲顏錦華刻本。

對於廈門聲母的二十個音值,新定的方言羅馬字歸納成十八個音位,十五音歸納成十五個音位。牠們不同之點就在[b] [l] [g] 跟 [m] [n] [ŋ] 的劃分與否。本來從沿革上講,[b] [m] 同出於明母,[l] [n] 同出於泥娘來等母[g][ŋ]同出於疑母,彼此間有很親密的關係。並且[m][n][ŋ]大部分用在話音半鼻韵的前頭,而 [b] [l] [g] 却沒有跟半鼻韵拼的:所以十五音把牠們合併作門柳語三音,從音位的觀點看本來很可以講得通。不過,[b] [l] [g] 後面的韵母如果是從"陽韵"消變而成的半鼻音,固然除去本身鼻化而外還可以使前面的聲母鼻化而成 [m] [n][ŋ],可是從"陰韵"消變而成的半鼻音,鼻化的力量並不如"陽韵"的强。牠們不單有時保持單純的口韵,甚至於前面的聲母也不受影響,所以照 Campbell 的拼法,"麻"字就有 ba, ma 兩音:可見 [b] [l] [g] 跟 [m] [n] [ŋ] 比 [ts] [ts‘] 跟 [tɕ] [tɕ‘] 的情形不同,並不是絕對不會在同一情境之下發現的。因此我所定的廈音羅馬字還把牠們分作六個不同的音位。

三. 廈門韵母同"五十字母"的比較

廈門音,不算入聲,一共有四十四韵母,比十五音的五十字母少了六類。牠們的分合情形比較複雜,現在用雙行對照的格式,比較如下:——

第五表　厦門韵母與五字母比較表

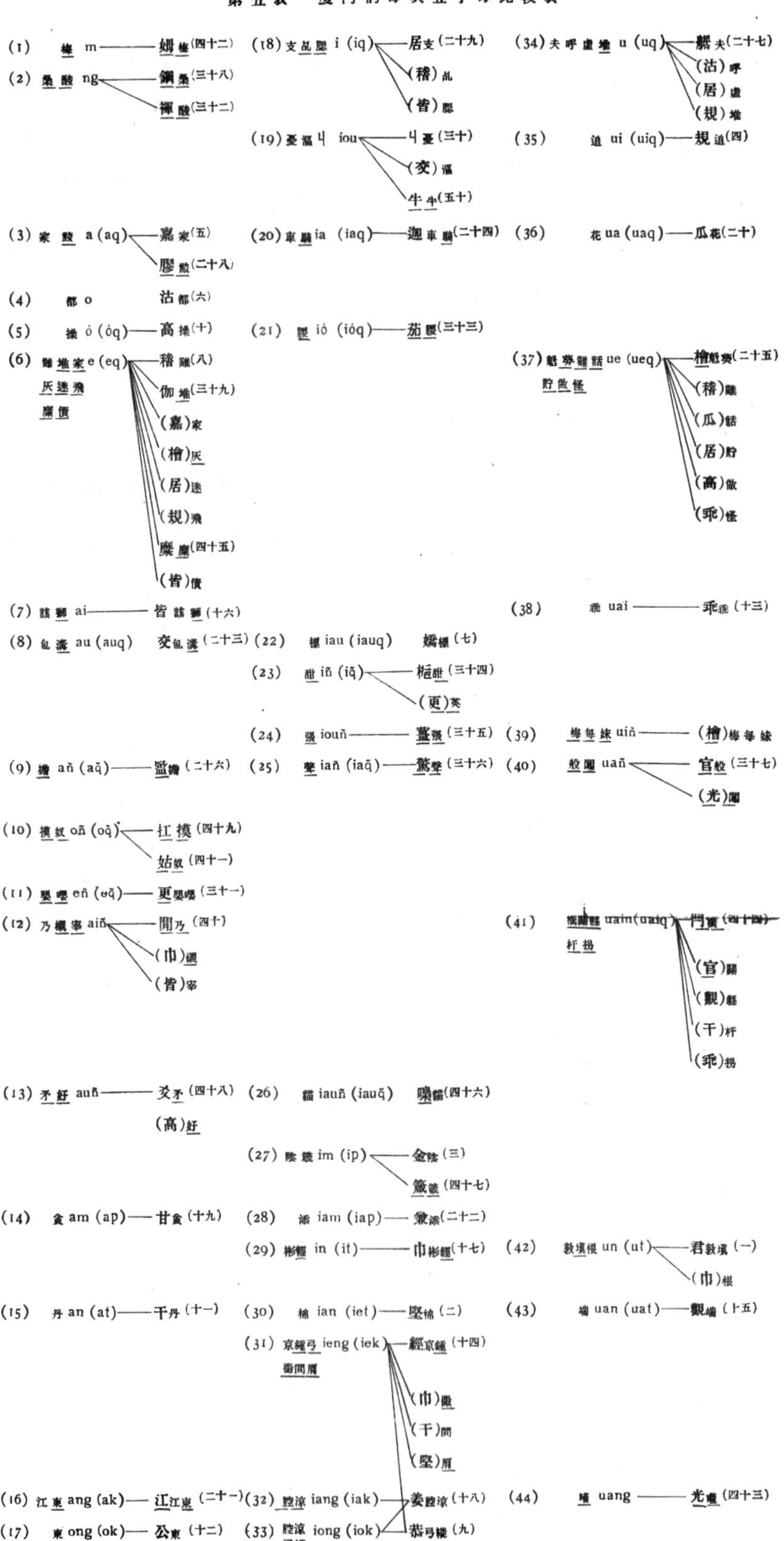

上表每列的左行是厦門音的韵類,右行是十五音的字母,兩旁所註的小字,是藉以窺見分合的例字,凡是參伍錯綜互見各韵的字並外加括弧以別之。經過這番比較,我們可以知道:十五音的鋼褌,嘉膠,稽伽,糜,扛姑,丩牛,金箴六組字母,厦門音都不能分別;厦門音的 uiñ 韵祇是從十五音的檜母分化出來,另外也沒有單獨相配的字母;所以大體的分類上已經相差六韵。至於厦門音 e, ue, ing, uaiñ, 諸韵來源的複雜;以及更姜兩母大部分跟 iñ, iong 同化,祇留少數的字保存原來的蜕形;居母舊屬魚虞韵的字變入 u 韵;巾母求系的字變入君韵之類:更可以看出牠們兩下裏顯著的差異。還有入聲的分配除去本無入聲的十六母誤列入聲的二母以外,大致跟舒聲相同。祇有嘉母的入聲大部分變入 eq韵,更母的入聲全體保留 eq̃ 韵,規驚兩母原無入聲而厦門有 uiq, iaq̃ 兩類;光母原有入聲而厦門不存其音:這都是很可注意的地方。據說十五音所代表的是一百多年前漳州漳浦的方音,那末十五音跟厦門音的不同,也可以說是漳州音跟厦門音的不同。據我現在所知道的厦門音跟龍溪音的重要差別有下列幾點:——

1. e →ue; ue→e。關於這一點,看第五表(6)跟(37)兩韵的分合自明。

2. ng →uiñ。凡 ng 韵從字音 -n 尾跟少數 -ong 尾變來的,龍溪變成 uiñ 韵。這就是十五音分立鋼褌兩母的原故。

3. iong →iang。iong 韵中屬於廣韵江陽諸韵的字龍溪皆讀爲 iang,屬於東鍾諸韵的字不變。換言之,就是十五音姜恭兩母龍溪還有分別,厦門已然混淆。

4. iok →iak。這兩韵就是承 iong, iang 兩韵的入聲。其變化的原故。看上條可明。

5. u →i。u 韵中屬於廣韵魚虞兩韵的字,龍溪皆讀爲 i 厦門"猪"(di)"去"(kih)兩字的話音就是牠的遺跡。(叁閱第五表 34 韵。)

6. iñ →eñ。iñ 韵中從字音 ieng 變來的字龍溪皆讀爲爲 eñ,這就是十五音更梔兩母的區別。現在厦門音祗有"嬰""嚶"幾個字還保存 eñ 音。不過更母的入聲一律保存 eq 音,沒有變作 iñ 音,頗可推見更母沒有演變以前的音値。

7. a →e[ɛ]。a 韵中屬於十五音嘉母的字龍溪皆讀爲 e[ɛ]。現在厦門音雖然變了,可是嘉母的話音讀成 e 韵,嘉母的入聲大部分歸到 eq 韵,仍然可以考見牠的淵源。

8. ieng →an, in, ian。凡 ieng 韵中從廣韵山攝變入的字,龍溪音多讀入 in, an, ian 三韵。(叁閱第五表 37 韵。)

9. ue →ua。ue 韵從中十五音瓜母變來的話音,龍溪仍讀爲 ua 音。(叁閱第五表 37 韵)

拿這幾點回憶同這次比較研究的結果交互證明,那末,在我們沒有系統的調查漳州方音以前,已然可以窺見漳厦方音異同的梗概了。

V. 厦門音跟廣韵的比較

切韵系韵書兼賅古今南北方音,想用全國方音的最小公倍數作爲統一國音的標準。所以無論國内什末地方的方音都不能超越牠的範圍,同時也沒有一個地方的方音能够跟牠恰好相合。厦門音在中國方音裏不能不算是很複雜的一種,但是拿牠跟廣韵比較起來,聲韵調三方面都有很大的出入。現在分别列表比較於下。

一.廣韵四十七聲類與厦門十八聲母的比較

廣韵的聲類據反切上字歸納可得四十七類。牠跟守溫三十六字母不同的地方,就是正齒音照系分爲二等莊組,三等章組;喉音喻母分爲三等云類四等以類;脣音邦系的一二四等跟三等有分别,而三等的重脣輕脣沒有分别;並且見溪疑影曉來六母也從一二四等的格客吾烏呼魯以外,分出三等的紀起玉乙休林六類。我們現在拿廣韵跟厦門音比較,自然應當以四十七類作標準。不過莊組跟章組,云類跟以類,音値相差較遠,往往在同一韵裏會因聲母而異等,跟紀起玉乙休林等祇因顎化的關係而分出者,性質不大一樣。所以我在這裏所列的比較表,對於莊初船生以另外分作五類,對於紀等六類却沒有精密的分析。還有邦系的三等按廣韵的反切開口的必披皮彌跟合口的方芳符武本來沒有分别。但是厦門音邦系三等合口的字音一律變成h音,開口却沒有變的。所以爲方便計,我把開口的三等併入重脣邦系而把合口的三等另外分出非敷奉微四類。這些微細的出入,是要特别聲明的。

厦門聲母跟廣韵聲類的分合異同,看第六表自然可以明瞭。表中的漢字是每類的例字,下面的數字是每類問過字數的統計(第十一,十二,十三,三表準此)。牠們重要的異同,有下面舉所的幾點:

(1)話音輕脣重脣不分,但字音輕脣非敷奉均轉入h母。

(2)舌頭舌上不分。

(3)齒頭正齒不分;照系的二三等也不分。

(4)喻母的三四等不分;但一部分三等字轉入h音。

(5)舌齒兩音往往互變;喉牙兩音往往互變。

(6)全濁並奉定澄羣從牀七母變入全清的比變入次清的多。跟北平音平聲變次清,仄聲變全清的條理不同。

(7)曉匣,心邪,審禪三組,清濁無別。但匣母話音多變純韵,頗與喻母相似。

(8)次濁明微字音變bb,疑變gg,泥娘來變l;但在半鼻韵前仍讀m, ng, n音。

(9)次濁日母字音讀dz;但話音多變入l, n兩母。

(10)牀母三等船類變入s音的比讀tz音的較多;跟禪母有混淆的傾向。

(11)心邪審禪的一小部分從摩擦的s音變入破裂摩擦的tz, ts兩音。

此外一部分話音跟訓讀的音變,離常軌較遠的,我們祇能認爲例外,不再加以討論。現在我把所有問過的字照"脣""舌""齒""牙""喉"的舊分類,列成第七,第八,第九,第十,四個字表,以便參考。

第六表，廣韻四十七聲類與厦門聲母比較表

廣韻聲類 / 厦門聲類	重脣				輕脣				舌頭				舌上				半舌半齒		牙				喉					齒頭					正齒								
	幫	滂	並	明	非	敷	奉	微	端	透	定	泥	知	徹	澄	娘	來 魯林	日	見 格眡	溪 苦起	羣	疑 吾玉	影 烏乙	喻 云	喻 以	曉 呼休	匣	精	清	從	心	邪	照 莊	照 章	穿 初	穿 昌	牀 崇	牀 船	審 生	審 書	禪
	p	p'	b'	m	pf	pf'	bv'	ɱ	t	t'	d'	n	ȶ	ȶ'	ȡ'	ȵ	l	nʑ	k	k'	g'	ŋ	ʔ	j	○	x	ɣ	ts	ts'	dz'	s	z	tʂ'	tɕ	tʂ'	tɕ'	dʐ'	dʑ'	ʂ	ɕ	ʑ
b	布 125	舖 5	步 108	模 1	方 18	沸 2	飯 14						啻† 1																												
p	圖 15	葩 73	菩 53	沬 3		芳 6	帆 7															乏† 1																			
bb				麻 125		撫 1		忙 35															罌† 1																		
m				馬 51				問 3																																	
d	底† 1			埋† 1	返† 1				都 124	他 9	徒 128	那 2	爹 46	敕 2	治 87				今† 1	塊† 1			懕 1					礁 3		在 1	褐 2		簪 1	砥 3		矚 2	寧 1	脣 1			瞻 1
t									搥 3	偸 103	頭 43		衷 4	詑 28	程 18														妾 1		塞 1				笛 2	蠢 2	鋤 1	眉 1	殺 2	翅 1	銖 1
n				貓 1						塌 1		泥 19	肘 1			黏 6	涼 19	耳 6															爪 2								
l									搨 1			弩 36	摘 2	抽 1		娘 15	羅 204	人 9					欽 1		簷 2		緩 1													攝 1	
g									低 2										見 378	枯 11	奇 67	齡 7	絹 1				下 21	子 2						梔 2							
k																			攏 26	起 183	語 28					呼 3	糊 11		淺 1	藏 1						齒 1	棒 1				
gg																		蛾 2	箇 2	迄 3		牙 107	俺 1			戇 2	挾 2														
ng																			夾 2			雅 14					肴 3														
□				棒 2	不† 1						蝶 2								鍋 5			阮 4	鴉 215	爲 50	異 102	呵 9	胡 39	仔 1		錢 1		涎 1									
h				媒 2	廢 28	肺 22	妃 45							稀 2				燃† 1	係 3	墟 2	噤 1	蟻 9	雍 5	雄 9	融 2	喜 125	瑕 154			磁 1	歲 1	繇 1								餉 1	
tz									椿 1	蹟 1	罩 1		楮 21	偵 1	椎 6								閘 2		蠅 1			贊 148	促 4	昨 92	僧 1	謝 6	鄒 36	蔗 106	差 3		渣 15	蛇 6		水 5	誰 6
ts										推 1	導 2		籀 1	癡 5	查 2				串 2									帽 12	娶 103	噪 20	笑 16	席 8	側 2		楚 39	車 50	柴 12		栓 4	試 8	市 3
s												嬲 1			峙 1										蠅 1			甑 3	嗆 1	眢 1	絮 179	隨 42		甄† 1		塑 1	豺 6	射 22	沙 81	教 74	垂 62
dz												嫩 4				賃 2		惹 54						盒 3	銳 1			子 2		字 3		祥 1	爪 1	遮 1							

第七表　厦音古音對照唇聲字表

古聲 / 厦聲	幫	滂	並	明	非	敷	奉	微
	p	p‘	b‘	m	p_f	p'_f	b'_v	ɱ
b	幫豹播貝祕表扁褊稟兵鉢鉢駁 榜駁簸鼈庇裱變扁殯冰粕筆伯 巴晡報背痺標班貶本丙朴必百 羓逋臕狽閉餅斑變幫秉檗畢壁 疤補表碑彪丙頒偏邦餅八扒逼 把布把卑擺併版窆崩屏鼈北 把皤背悲包般板般綁柄八剝 飽褒耙彼胞半扮半擘叭叭駁 霸保杯比飽邊鞭彬榜百鼈卜 灞寶盃臂臕匾邊賓謗壁撥北	怖 醅 霈 噴 勃	傍爬牌便棚步被辦畔並別(仄) 琶賠炰瓶平捕避版叛病拔 琵賠鮑便朋部婢辯臏並殍 爬陪匏撥棚暴備辦臏鈸愎 爬脾平貧(平)幣比卞牝薄鼻 葡琵撥蘋斃敗便笨白勃 蒲鼙盤屏傍薜爊辯傍帛僕 裒匏棚瓶耙陛稗辨礴拔薄 婆葡平憑爸倍鉋辮棒被白 琶排坪旁罷佩病阪併別帛	榠	不腹 坂坂分蕃枋放反發 方枋楓風傅飛斧富	沸拂	吠婦佛佛縛伏縛(仄) 房馮縫房馮(平)飲父	
p	圖奔壁 波繃 跛崩 鄙博 標博 柄爆 編碧	葩鋪票陂脬篇盼坪烹潑 拋剖漂丕炮偏偏繽娉撇 脬舖胚坏粟片篇品聘匹 耙坡配胚漂扳騙噴拍扑 怕頗批屁姍攀片噴癖撲 破破配派潘販潘磅潑粕 普剽披拋判襻　胖撇	菩坪膨(平)被皰播蹩(仄) 瓢坪彭被疱甓餢 皮枰澎皰痞伴甓曝 皮彭坪疱否鼻拔曝 邳盤評簿瞥伴泊辟 皮盆萍部被伴雹甓 疲蓬鵬抱抱拌甓	帕帕沫		藩芳蜂捧紡仆	衶縫覆(仄) 麵浮帆帆(平)	
bb				麻墓迷枚弭眉饅勉民旻忙盟抹密沒麥 貓暮迷買美卯鰻愍眠蚊盲名末滅木脈 乜茂糜賣米貓閩面饅悶莽冥奠蔑目覓 磨母糜糜母苗慢麵敏忙蟒猛麥抹墨墨 摸磨馬彌拇藐棉瞞閔芒夢皿乜末木默 摹帽碼眉繆廟眠瞞黽尨墓茗麥沫目 謀描袂楣謬妙緡滿面夢盲孟篾密莫 姥廟糜靡埋蠻免珉門蒙明命貿蜜陌		撫		無誣挽望物 尾武文網韈 尾舞聞亡物 未務吻忘 未晚問網 微輓紊妄 未萬網望 無晚蚊襪
m				門罵罵摸明謎眼鶩乜 毛麻名毛冥枚買貌哶 麻痲命摩棉梅賣麼麽 痲馬饅冒彌每邁膜 馬媽痲猛猛妹孑哶 媽碼滿盲麵味蝥脉				晚 問 物
h				媒 茅	福 封風諷倣放髮發法弗 富反販分芬粉糞鈁方 方缶廢非匪芾夫府付	蜂芳捧紡拂沸 副仆番翻汎泛忿豐 肺俳費肺孚敷撫赴	罰乏佛佛復復負(仄) 犯範憤份悖俸俸奉鳳伐 附父伏婦復飯飯梵梵范 礬緊棼墳逢防妨(平)吠 防浮妃符扶芙浮播煩凡	
d	庇†			埋†	返†			
n				貓				
□				梅 姆	不†			

第八表　厦音古音對照舌聲字表

古聲 / 廈聲	端	透	定	來	泥	知	徹	澄	娘	日
	t	t'	d	l	n	ȶ	ȶ'	ȡ	nj	nʑ
d	的滴德得 姐褫得咄啄琢督篤 碇釘嘚搭掛剟滴答 當檔丁登燈頂鼎等 東多當董黨鐙凍棟 敦頓堵東冬董稽凍 簦顛巔典鎮端短斷 擔點店墊井丹單旦 鼎豐旦段戥湍擔臉 雕弔釣擔當雕打擔 丟紙番戴兜斗屬貂 戴堆搥對隊堆抵貯 帝底抵貯對邸底抵 到倒釣低堤短短彘 斗妒門多刀朵島倒 當當噸斷蕾都肚賭	搭踏 他貸沾燉蕩町踏	笛特(仄) 突梃毒毒獨度鐸敵 碟沓蹋蝶疊達垤秦 慟動宕定掟鄧滌纏 田段緞鈍遁洞動洞 憚誕但蛋蛋綻電殿 彈情淀淡禪淡簟恬 殆怠豆脰痘調碇定 遞馳地弟歹大代袋 導盜道代第遞地代 度渡杜肚豆痘情舵 庭亭騰藤(平)舵大 豚同銅同臺疼唐棠 譚談壇彈田塡藤屯 投骰調調條塘糖甜 陶題啼頹兌題蹄臺 唐臺徒塗投骰駝逃		那† 訥	綴惴竹築摘竹 中徵中摘桌啄柱哲 揕展珍鎮陣中忠張 張帳漲沾佔秥站戳 置智追蛛蛛株著朝 轉罩爹住知豬智致	瞠 敷	(仄) 卓逐著燸澤擇鄭軸 輒值轍秩直蟄濁逐 仲重仗瞪擇擇燸著 篆重擢長仗帳澂帳 召召兆鄭長丈朕傳 治痔墜筯晝宙胄紂 丈撞趙滯滯豸稚雉 重長腸瞪呈澄重(平) 場沉沉陳纏纏陳塵 除籌稠朝潮呈程纏 長腸潮茶池遲持廚		
t	搥疸鍛	踢鐵脫禿剔踢忒 貼拓鐵榻塔帖貼闖 桶統儻痛墩聽聽搭 疃瞰吞碨通桶通湯 坦毯炭歎天腆瑱湍 貪毯探添忝㮇灘攤 蠍插攤攤炭天添探 偸透挑刁騣痰他聽 推梯腿退胎泰太態 替退退體退替替剃 挑鞭胎梯推推胎體 透佗叨滔安討唾套 湯湯捲拖偸土兔吐	(仄) 塡疼挺艇提疊讀讀 繝待窕跳袒殄盾鈍 停膛騰(平) 痰甜恬塡團豚桶糖 撞頭餘蜓闐騰覃壜 糖塗頭桃提隄苔苔			肘冢竟吏	怵畜敕飭 暢暢樓退撐坼徹撤 謟琛疢蟶趁趁趁寵 詫絺笞恥攄抽丑撐	沈鴆宅宅(仄) 程(平)豸滯擬柱樓 傳紬鏟程瞪傳蟲蟲		
l	搨			曆力勒祿 轆犖落六陸錄綠掠略栗 列劣捋埒捋用律捋六鹿 笠粒朧蠟獵立粒揀栗力 蠑纜磨掠揀落略笠裂拉 諒亮鈴棱陵綾龍領冷令 朗弄浪隆龍欄良櫟壟兩 論論礱朗龍涼亮籠郎壟 鄰鱗憐綾吝論倫輪崙崙 聾臉竦檁鑾戀孿卵亂戀 閾爛轔峇爛爛嘍連聯蓮 磟斂殮臉殮林淋臨廉褸 料了嵐藍籃淋覽攬濫簾 留老老濾陽燎僚繚療瘵 流駱栁溜來梨賓利樓流 壘嘔累淚濾旅縷盧侶留 遛膢里鯉犛利捌吏雷鑘 例厲鴟麗例荸離璃莉釐 老邏澇螺螺黎璃籬禮㑩 露滷漏陋靦螺羅鑼勞牢 籮糲蘆爐臚鏤樓魯滷路	躡捏捺訥諾溺 膿弄農囊奶寧能佞捺納 拈捻念難難年撚煖您囊 敵弩猱惱嫩餒內內男南	摘 逓	抽		聶撻忸匿搦 女鈕紐鬧喃黏赧儂濃娘	蕊汝汝輭忍閏潤 人讓
n		塌		攔欖南 莉涼棟量 岭欄爛連 藍嚨攬領 郎榔兩卵	柰耐儜鳥 年你泥乃妳 惄獳拈奶泥 那那奴娜努	肘×			撓躡 黏尼娘鐃	耳讓 輭若撚染
tz		鞮				窒 住拄趙宙 蹍踏斵劄 砧枮轉珍 住拄知站 株諸主楮	偵	擲朮濁(仄) 茶持椎(平)		
ts		推	田 鳴			筌	檉坼 癡春闖	查查		
dz										日肉辱若弱 讓熱顳入爇熱爇 閏冗戎絨攘冗壤 然輭人仁恁認認 爾染壬飪忍任刃 汝柔蹂橈擾繞耳 爾耳二如儒乳乳 惹若橈惹芮兒而
s					躡			峙		
p						窋†				
g	低 到									
gg										
h							郗絺			爇†
□			黕蟫							

第九表(甲)　廈音古音對照牙聲字表

古聲 / 廈聲	見	溪	群	疑
	k	k'	g'	ŋ
g	岡卷稜蓋笱膏加過疥紀閨舉皆拐狗監赶徑拐彖姦間館緊均絳廣拱間簡各甲吉較隔 扛家痎卦故果誡傀怪幾鬼句該枴九敢礦見慣緘艱堅館謹鈞降礦機肩敬閣頰橘鑾激 樺嘉檟掛顧稾閨檜奇寄季據改夬教髒寨囊甘檢間肩卷絹斤光管供弓徑腳刧括谷棘 光佳假怪構過鮭街妓羈貴鋸解怪較京灌荊疳誠趕蹇捲靳筋公貢更宮亙格夾刮郭匊 菅傀嫁沽媾箇枷雞飢記桂丩丂交校驚頸彊柑劍簡見貫褌袞功証京警供隔胛決國 捲膠數孤夠告假瓜期窶龜久蓋膠驕鏡更間監今柬建纏菌滾光弓驚景勁撟急訣幗 卷鮫迦鈎詁膏粿鮭基規居九槩鮫攪官更關鑑金繭官慣君艮剛宮經憬頸袚級桔菊 鋼痂窖溝戈叫計圭機龜車糾介溝矯棺庚杆感錦敢觀眷軍江昆恭局耿涇鋏割骨腳 槓枷瓜古哥街繼改乩歸痾究界鈎繳肝耕高敢禁幹關絹根工扛供耕剄合撟結滑格 貫假過鼓歌雞假解几傀俱救疥絞叫杆經桿橄干襇綶狷跟講肛姜兢頰甲噭結角戟 車賈歌狗高家嫁膾己圭久該乖痎橄乾骾稈監乾諫管仝巾港觥疆供襇割鴿潔覺革		奇其橋崎拒鍵屐(仄) 岐旗強橋具件及 橋祈揖蕎柩倦及 茄葵權妓舊僅傑 礹毬拳技臼郡竭 葵渠拳跽轎群橛 畿衢狂跪健近咉 奇求窮櫃件共局 祁仇强舊噤共劇 岐虯窮舅健競極 耆僑(平)巨建競局	齩 蝴 蟻 擬 硬 逆 謣
k	脚茄溉講梏 攫詭闞袷虢 笴軋襟夾 徼拘矜閣 茄鳩昆蓋 痂覡崑汲	康跨寇課詠企虧祛凱口欵坎欠看譴壑曠腔澄盔闊碻渴乞麴客曲 勸袴卸蔻魁起開驅楷躐看勘欽愆寬困壙孔腔匡客喀揭窟哭喀 呿苦科溪溪豈傀去慨巧坑闊捦牽欵豳腔控鏗傾缺磕契屈酷隙 巧口坷科契器愧丘塊窾腔嵌刋鏗勸空鏗曠恐頃瞌恰詰確廓喫 扣庫可啟敏棄氣開快掐堪謙牽快輕孔空抗卿肯篋磕闊恪麴閬 誇袴考契欺氣邱揩敲慶龕歉侃遣坤孔康穹輕慶缺怯闕殼曲克 刳扣栲恢綺去祛愷巧寬嵌歉肯譴困炕匡蹺傾罄磁泣缺礐卻刻	騎鉗拳(平)誩噤 騎鈐圈悸大 蜞琴勦臼寠 球擒芹懼菌 鉗虔蛩儉(仄) 擒乾瓊儉	
gg	箇 夾	迄 矻 矻		牙吳臥睆儀僞語獸樂驗彥元銀顒迎孽岳虐 衙五餓叉疑魏遇涯堯吟言原斷仰硬臬咢額 訝訛傲藝蟻牛遇騃巖顏鬇玩慭迎月月蕚逆 我俄倪毅擬愚御礙巖眼研阮昂凝業兀愕玉 外鵝牙外義娛禦顏嚴岸頑願昂眼岌仡玉獄 吾遨衙宜危語牛嶢儼雁刓垠印研齧屹獄
ng	夾 激			雅忤刈岋 迎耦齩蝦 我五樂 午硬藕
□	鍋檍輒 鍋泔			阮玩 瓦阮
h	係 係 撽	墟 跬	噤	蟻岸 魚硯 魚硯 漁額 艾
p				歹↑
bb				
d	仝↑	塊↑		
l				
tz				
ts	串串			
s				
dz				

第九表(乙)　厦音古音對照喉聲字表

古聲 廈聲	影	喻云	喻以	曉	匣
	?	j	○	x	g
g	綰				糊猴銜挾 估厚蠍峽 鎬行棍猾 下塞壑 會汗脛 懷縣合
k				呼 許 殼	糊虹挾 苛癰 蓋闔 鐶盍 寰袷
gg	俺			戇 轍	匣 鵠
ng					爻 肴 挾
□	央亞謳壓矮倚萎優曖漚要椀闇揜鞍姻彎印隱坱甖鴦惡押謁億益 秧啞塢猗穢椅尉幽愛媼纓案闍厭鴨鴨冤應癰甕鞅鷹約厭咽熨約 彎啞嫗禈伊懿於漚陰拗贏嬰黯淹按偃盎溫揾块盎癰厄闇斡鬱啞 影哇嘔奧醫意瘀鷗縊噎影嚶暗陰案蝘碗瘟愠雍映影扼邑挖握厄 鴉娃惡腰噫薉郾幼歪妖映英淹音晏堰腕氳翁央英膺挖挹軋沃益 啞蛙倭么依萎污哀黯腰翳燕厭飲煙燕怨恩甕殃嬰甕闉揖乙吃臆 阿倚窩煨衣威飫挨坳么安鴦鴨蔭烟宴因殷翁鴦瘦鴨壓遏一屋抑 亞烏阿倭緊委憂謳歐窈鞍庵掩安淵烱姻穩汪擁鷃押鴨握壹惡	暈位豫圓援運詠 芋胃芋院遠韵韡 衛汙尤炎遠王 爲盂鄖院瑗枉 洧羽有員騕往 韋雨友圓孕榮 葦羽又袁雲雄 爲有員園殞永	笐搖飴輿搖洋熔衍庸養役逸腋 也窰以愉耀鎔淫寅羊盈釋聿役 椰移易由營養鳶引陽贏藥育疫 耶姨異猶楹酉延脩勇營葉欲弋 爺夷惟酉肄樣橡勻養穎悅慾欲 也維遺誘異鹽沿尹用用閱藥浴 野惟余柚羊琰緣允漾易佾亦 夜怡與謠楊艷鉛容樣亦悅繹	向轟 呵劃 蒿 鬩 朽 嚏 蕘	黃下餚限閒畫 胡鞋賺丸狎盒 湖話換完匣盍 荷畫旱緩活畫 蠓號丸紅學 會喉領螢狹 禍後閒閒劃
h	恚 唉 筊 烟 郁	園雄 遠熊 雨域 雄 雲 暈	融 葉×	荒化好驍希毀休害馨火好險漢援薰烘向興嚇血畜 荒呼醯花稀虛朽哮向好憨歆軒歡訓荒醺興翕肸赫 昏虎灰誨喜呼嗅吼歡貨蚶欣掀喚楥况享喝喝忽黑 孝吼火犧戲灰咍孝哥香喊㖃顯釁烘胸馨歇瞎霍嚇 靴蒿貨犧撝許海朽蒿向闞頊憲昏香鄉兄血豁壑郝 花訶灰禧揮煦駭兄好歔闞罕獻塤馨享衢血歇旭	圂踝侯戶河何和茴孩邂壞橫函憾寒限縣幻混項隍哄行洽活學 瑕華猴估禾號懸會頰懈效弦涵陷韓賢桓眩恨紅獷行杏狹核鶴 蝦畫喉後和皓會潰諧蟹校橫咸餡閒玄幻魂杭航弘橫幸曷紇核 下話蛞厚和攜下匯桂懷候懸鹹嫌翰紘換痕行行宏刑鶴黠學獲 夏弧互豪禍畦繫惠亥槐戲酣銜喊汗眩換很降黃汞形合穴斛 樺狐護蠓貨蝦回慧械頸惶含撼熊旱現患圈巷皇晃還協絜涸
p					
bb	要+				
d	壓+				
l	飲		彙 篷		艦
tz	閘 一		蟫		
ts					
s			蠅		
dz		榆愈論	銳		

第十表 厦音古音對照齒聲字表

厦聲＼古聲	精	清	從	心	邪	照莊	照章	穿初	穿昌	牀崇	牀船	審生	審書	禪
	ts	ts'	dz	s	z	tʂ	tɕ	tʂ'	tɕ'	dʐ	dʑ	ʂ	ɕ	ʑ
tz	足爵積脊績則即鯽卒作 接嗜節節睫攝脊[illegible]市浹 甑脊即作借績節僂井蔫 綜葬將蔣縱將精增總穢 將樓鏤宗借[illegible][illegible]藏總變 鑽律進尊進俊樓總稷廌 浸資贊讚贊煎[illegible]剪箭醬 進桑將借[illegible]宰醬尖尖箭 精[illegible]精[illegible]讚[illegible]精晶井醮 宰載精孟[illegible]走[illegible]奏焦災 贊咨茲滋蕉子恣酒栽贊 最作做[illegible]槩姊子嘴醉濟 雎蕉椒災[illegible]姐際祭霽竈 奏遭精瘥左早棗佐做[illegible] 賊鑽早嗟姐借租祖組走	造湊皴促	嚼籍寂賊(仄) 截雜集截捷絕疾萃族昨 層存賤畫從淨賭靜漸截 最漬目聚就在賤靜[illegible][illegible] 祚驟坐座漕早嚌坐坐罪 層嵴剪(平)[illegible][illegible][illegible][illegible]沮 秦存[illegible][illegible][illegible]層[illegible][illegible]情 鍱晴前[illegible][illegible][illegible][illegible]從全泉 藝慈前[illegible][illegible][illegible][illegible]前殘泉 昨徂鋤晉情[illegible]齊擠齊[illegible]	僧	謝已[illegible][illegible][illegible]	仄札[illegible]榨責仄[illegible][illegible]莊壯爭 斬燕簪簪譜蓋[illegible][illegible][illegible]爭 淄齋箔滓債找[illegible]爭爭 莊裝渣許炸鄒阻詛渣債	粥燭囑酌跖燭[illegible]質[illegible][illegible] 隻搢汁執折拙[illegible]證[illegible][illegible] 征錘[illegible]腫種正[illegible][illegible][illegible][illegible] 終錘章種[illegible]掌準稚準[illegible] 真珍診揉震諄[illegible]戰專氈 占[illegible][illegible][illegible][illegible][illegible]障[illegible]詹 照正正[illegible]章枕[illegible]帶咒蛀 諸褚煮注鑄舟[illegible]志誌錐 旨指止這至贅志脂之紙 遮這製還支枝[illegible]脂之紙 甑指遮這者蔗拓紙招照只珠招	芻篩差		驟棧棧饌撰狀舌(仄) 鉏勳讒崇(平)饌狀乍助	蛇繩船食射舌		守水燵春舂	銖誰成上石十
ts	縱縱湒[illegible]雀 菁儀識殲借浸暴	戢緝促鶴刺感戚七簇促錯 蜻請擦漆切攝感憾妾青萬 慈倉槍[illegible]蒼寸槍槍青 叢[illegible]村村參千[illegible]淺[illegible] 寢沁[illegible][illegible][illegible]僉[illegible]僉 搶採彩[illegible]慘[illegible]淺侵 草悄精[illegible]採淺[illegible]則 湫猜采彩[illegible]青菜操 此取眉次趣刺秋 妻脆脆刺瑾翠[illegible] 操草剉[illegible]錯[illegible][illegible] 倉槍村參[illegible]醋瑳[illegible]	鑿鑿[illegible]匠從匠賊 噪噍瀧[illegible] 殘存從[illegible](平) 崔疵材栽[illegible][illegible]	粟粟 笑嘴星鮮醒癸[illegible] 笑髓腮髓碎羞鬚	斜飼徐祀[illegible][illegible]松席	捉側		察[illegible][illegible][illegible]冊策[illegible][illegible]利 [illegible]創窗創[illegible]刪[illegible] 叙[illegible]抄炒砂砂[illegible][illegible] 礎嵯挫差又初差愁 瘡差又炒[illegible][illegible]初楚	出[illegible]尺尺 銃唱稱秤[illegible]赤尺[illegible] 舛[illegible]喘唱充衝昌倀敞 蒿[illegible]唱闖川穿喘釧秤 炊揣處處[illegible]臭臭穿[illegible] 川穿車哆吹[illegible]侈齒吹	讒巉床(平)寨(仄) 牀柴柴豺讒攙斬		悻生趚霎	拭 翅試鼠手深瞬伸	市樹慎
s	旌蕉躁	哨	酋	塞息索速索肅宿粟削昔惜 塞郞屑[illegible]卅[illegible]撒薛屑雪悉 醒辞姓[illegible]削撒[illegible]激惜雪屑 爽性相錫鑲[illegible]燦[illegible]想相星 筍嵩巽箱[illegible]繖[illegible]熱[illegible]送宋 選[illegible][illegible]選[illegible]送先信顯孫荀損 先蒜算新辛先信[illegible]瘦宜 心鮮[illegible]鍊洗線先信[illegible]仙鮮 性[illegible]散散傘傘[illegible]線[illegible][illegible] 性姓相箱[illegible]想相[illegible]三[illegible][illegible] 埽[illegible]消[illegible]小[illegible]三散散[illegible] 筍思絮修羞秀[illegible]西[illegible]賽 司思[illegible]胥精須死顯[illegible]賜四 細絲司[illegible]死四[illegible]綏祟[illegible]私 螋[illegible]燥小[illegible]洗洗細塲洗[illegible] 搜溯叟素訴嗽莎梭騷[illegible]鎖 桑酸[illegible]孫損[illegible]寫卸徙蘇穌	席俗汐習[illegible]俗續夕席 涎旋羨[illegible][illegible]巡殉頌誦松象 飼似叙飼[illegible]袖袖祀[illegible]尋[illegible] 斜邪謝辭隨遂穗祠詞辭兕		顫t		犨	牀僎(平)串士[illegible]事(仄)	乘閃[illegible]舌實食術[illegible]食射 蛇射麝謚示屎船神剩純繩乘	帥率數朔縮色穡瑟蝨 [illegible]殺[illegible][illegible][illegible][illegible]殺煞[illegible]刷穡 [illegible]產瘦訕疝[illegible]莘雙霜雙爽省 山產生[illegible][illegible]衫[illegible]參刪山 獅史使使獅師使[illegible]使梢衫 所數數瘦紗砂衰梳蔬師師 [illegible][illegible]沙紗[illegible]傻[illegible]沙[illegible]妻疏梳	[illegible]東叔釋[illegible]飾識[illegible]室 擊升[illegible][illegible][illegible][illegible][illegible]說失式拭 貪閃[illegible]扇[illegible]身紳[illegible][illegible]商傷貫 戍收手首守獸[illegible]燒少[illegible][illegible][illegible] 時失始屎施試世勢水[illegible][illegible]庶 [illegible]春捨[illegible]舍燒勢世稅稅設[illegible]戶	石熟 上成城承涉十[illegible]淑熟獨屬植 [illegible][illegible][illegible][illegible]善辰承[illegible]慎順尚上 受紹[illegible][illegible][illegible][illegible][illegible][illegible]忱甚 睡瑞銖殊樹署[illegible][illegible]酬[illegible]授 闍垂[illegible][illegible]時氏是視侍侍垂誰
dz	子遶		字字		祥	爪	遮							
d	焦 津 礁		在	裼裼		[illegible]	砥注 寘		鷄獨	事	唇			贍
t		妾		塞				窗鐯	蠢銃	鋤	盾	殺篩	翅	銖
l													攝	
n						爪抓								
g	子囝						枕揹							
k		淺	蟹						齒	柿				
h			砸	歲	鮭								餉	
□	仔		鏈		遂									

第十一表　廣韻陰韻七攝與廈門韻母比較表

廣韻＼廈韻	攝	假			果			遇			蟹																止							效				流		
	呼	開		合	開	合		合											合								開				合			開				開		
	等	二	三	二	一	一	三	一	三	三	一	一	二	二	二	三	三	四	一	一	二	二	二	三	三	四	三	三	三	三	三	三	三	一	二	三	四	一	三	四
	部	麻加	麻邪	麻瓜	歌	戈鍋	戈靴	模	魚	虞	咍	泰蓋	皆諧	佳街	夬寨	祭例	廢刈	齊雞	灰	泰外	皆懷	佳蛙	夬快	祭銳	廢穢	齊圭	脂夷	之	支移	微衣	脂追	支爲	微歸	豪	肴	宵	蕭	侯	尤	幽
	音值	a	ĭa	wa	ɑ	uɑ	ĭuɑ	uo	ĭwo	ĭu	ɑi	ɑ:i	ai	a:i	a:i	ĭæi	ĭɐi	iei	uɑi	uɑ:i	wai	wa:i	wa:i	ĭwæi	ĭwɐi	wei	i	i:	ĭě	ĕi	wi	wĭě	wĕi	ɑu	au	ĭæu	ieu	ə̆u	ĭəu	iəu
a		巴 40	也 1	傻 1	阿 1	爸 2								罷 4														仔 1						早 1	拋 19	焦 2		扣 1		
ia		迦 1	車 36				靴 1																						奇 6											
uɑ		瓦 2	蛇 2	瓜 13	歌 5	過 4		[illegible] 2		住 1		大 4		豸 3						外 1	怪 1	卦 3	話 1											導 1						
o								都 88	初 13	芻 11																												偸 42	鄒 6	
ó			[illegible] 1		多 32	波 37		錯 1		無 1																			徛 2					褒 72			繳 1	母 1		
iȯ																																			搖 1	蕉 27	挑 7			
e		茄 20	遮 5		鍋 3	和 11	瘸 1				胎 6			街 1		滯 18	乂 1	雞 47	推 10	會 2				脆 4		閨 4			皮 8	毅 1		吹 4	尾 5							
ue				瓜 2	作 2				貯 4		改 2		挤 1	街 5				雞 11	杯 28	檜 10	怪 1		話 1	稅 7	穢 2	圭 2					葵 3	倭 2								
i			[illegible] 1						豬 4		鰓 5							來 12	胚 2								悲 60	基 55	披 69	衣 12	維 2		徽 2							
ui ✓											開 1							梯 1	堆 15	蕞 1	壞 1	畫 1		歲 2	肺 3	圭 6		磁 1		氣 1	追 30	規 25	歸 17							
u								呼 6	諸 55	株 78									灰 2								師 11	思 26	貲 6		龜 1				鮑 1			輸 4	邱 15	
iou										鬚 3																												溫 2	抽 85	幽 7
ai											該 51	藹 10	皆 15	釵 11	寨 1			西 4	內 1	糲 1		派 1					師 8	事 8	知 1											
uai											賴 1								塊 2	膾 1	乖 7	拐 2	夬 2																	
au																																		糟 14	交 38	燒 1	曉 1	偷 30	兜 5	
iau										柱 1																									蹺 4	驕 55	挑 25			
añ		麻 6			他 3																														酵 1					
iañ			置 1									艾 1																子 2												
uañ		麻 1		寡 1		惰 1																																		
oñ					我 2	摩 3		摸 7																										毛 4				耦 2		
iñ											奶 1							泥 4									尼 4	耳 4	梔 4											
iouñ																																				翁 1				
aiñ											乃 5		懈 2	翶 2	邁 1		刈 1																							
uaiñ																						拐 1	快 1											高 1						
auñ																																		皰 2	矛 8			耦× 1	鼇 1	
iauñ																																			爪 2	貓 1	鳥 1			
m								姆 1											梅 2																茅 1					
ng																											指 1							毛 1						
an																																							瘦† 1	
ong								慕† 1																																

第十二表　廣韻陽韻九攝與廈門韻母比較表

廣韻／廈韻	攝	咸								深	山												臻							宕				江	曾			梗										通			
	呼	開							合	開	開						合						開				合			開		合		開	開		合	開					合					合			
	等	一	一	二	二	三	三	四	三	三	一	二	二	三	三	四	一	二	二	三	三	四	一	二	三	三	一	三	三	一	三	一	三	二	一	三	一	二	二	三	三	四	二	二	三	三	四	一	一	三	三
	部	覃	談	咸	銜	鹽	嚴	添	凡	侵	寒	刪	山	仙	元	先	桓	刪	山	仙	元	先	痕	臻	真	欣	魂	諄	文	唐	陽	唐	陽	江	登	蒸	登	庚	耕	清	庚	青	庚	耕	清	庚	青	東	冬	東	鍾
	音值	ɑm	ɑm	am	am	ĭæm	ĭɐm	iem	ĭwɐm	ĭəm	ɑn	an	an	ĭæn	ĭɐn	ien	uɑn	wan	wan	ĭwæn	ĭwɐn	iwen	ən	ən	ĭěn	ĭən	uən	ĭuěn	ĭuən	ɑŋ	ĭaŋ	wɑŋ	ĭwaŋ	ɔŋ	əŋ	ĭəŋ	wəŋ	ɐŋ	æŋ	ĭæŋ	ĭɐŋ	ieŋ	wɐŋ	wæŋ	ĭwæŋ	ĭwɐŋ	iweŋ	uŋ	uoŋ	ĭuŋ	ĭwoŋ
am		坩 33	擔 29	讒 19	監 11	尖 2				淋 2																																									
iam		鵪 2	坍 2	緘 7	巖 1	沾 38	嚴 3	添 19		簪 6																																									
im		蕈 1								金 56															忍 3	欣 2										矜 1														熊 1	
an		鵪 1	毯 2		芟 1						丹 55	班 20	艱 18	便 4		牽 4	饅 4				晚 4				陳 5										曾 5							瓶 3									
ian		鵪 2				貶 2				蟬 1			堅 1	愆 61	軒 11	邊 40				蔫 7	援 1	淵 4			姻 4											凝 1			鏗 1												
uan									凡 8			販 1				羨 2	般 60	關 10	鰥 4	捐 34	藩 29	涓 1																													
in										稟 5				淺 1		先 1	饅 1			絹 1		眩 1		臻 2	彬 60	謹 2									藤 1	憑 12				輕 1		屏 2								雄 1	
un																烟 2				拳 4	殞 1		吞 10		巾 7	斤 1	敦 55	菌 29	君 31																						
ang									帆 1																人 1				蚊 1	幫 13	雙 1	礦 2	芳 7	邦 12	崩 1													東 29	冬 5	蟲 5	蜂 4
iang																															涼 9			腔 2					鏗 1												兇 1
uang										闖 1							嚾 1															光 1	紡 1																		
ong									帆 1								管 1													當 46	莊 8	光 20	芳 20	腔 8			弘 1	盲 2					礦 2	宏 1				東 36	冬 9	風 7	封 10
iong																														映 2	將 74			[illegible] 2					鏗 1									[illegible] 2		弓 24	重 37
ieng													間 2			肩 4		還 1		穿 1	反 1				襯 1								筐 1		增 21	徵 26	薨 1	更 14	耕 10	征 37	京 25	丁 38	橫 1	轟 1	傾 7	兄 6	扃 3	[illegible] 2		弓 7	供 16
ng																	酸 8	[illegible] 4		栓 11	關 8						褌 10	[illegible] 1	問 1	當 25	莊 12	荒 4	方 4	扛 2							影 1									風 2	
aⁿ			擔 9	[illegible] 2	監 2					今 1																				當 1								打 1										[illegible] 1			
iaⁿ			[illegible] 1							[illegible] 1				燃 2	健 1															行 1	向 1	惶 1			增 1				爭 1	精 15	京 13	聽 7			營 1	兄 1		痛 1			
uaⁿ										[illegible] 2	單 29		山 4	煎 4			般 19	[illegible] 1		[illegible] 3	坂 1																						橫 2								
eⁿ																																						[illegible] 2		嬰 2											
iⁿ						[illegible] 4		甜 4		擒 1				鮮 10		天 4				員 3					進 1										膺 1	證 1		更 22	耕 5	精 8		經 8									
iouⁿ						儉 1																								黨 1	張 45			腔 1							荆 1										鎔 1
aiⁿ										怎 1															襯 1																										
uaiⁿ											杆 3							關 2				縣 2																					橫 2								
e										尋 1							短 2																																		

第十三表 廣韻入聲九攝與厦門入聲韻母比較表

廣韻 攝	咸入								深入	山入												臻入						宕入				江入	曾入				梗入									通入			
呼	開							合	開	開						合						開			合			開		合		開	開		合		開					合				合			
等	一	一	二	二	三	三	四	三	三	一	二	二	三	三	四	一	二	二	三	三	四	二	三	三	一	三	三	一	三	一	三	二	一	三	一	三	二	二	三	三	四	二	二	四	四	一	一	三	三
部	合	盍	洽	狎	葉	業	帖	乏	緝	曷	黠札	鎋	薛列	月歇	屑結	末	黠滑	鎋刮	薛悅	月越	屑決	櫛	質	迄	沒	術	物	鐸落	藥略	鐸郭	藥縛	覺	德得	職織	德國	職域	陌格	麥	昔益	陌	錫歷	陌	麥	昔役	錫	屋谷	沃	屋六	燭
厦韻 音值	ɑp	ɑp	ap	ap	ĭæp	ĭɐp	iep	ĭwɐp	ĭəp	ɑt	at	at	ĭæt	ĭɐt	iet	uɑt	wat	wat	ĭwæt	ĭwɐt	iwet	ĭĕt	ĭĕt	ĭət	uət	ĭuĕt	ĭuət	ɑk	ĭak	wɑk	ĭwak	ɔk	ək	ĭək	wək	ĭwək	ɐk	ɐk	ĭæk	ĭɐk	iek	wɐk	wɐk	ĭwæk	iwek	uk	uok	ĭuk	ĭwok
aq	合3	搨3	袷2	甲5	獵1		貼2				叭1				截1															擭1							百2				歷1								
iaq							鑷1																						掠2					卽2			拆3	摘2	赤9	屐2	壁6			役1					
uaq										喝6	殺2		熱1			抹9																																	
óq																												各11			钁1	朴4					擇1		射2							嗽1			
ióq					葉1									歇1															約5										尺3										俗1
eq				壓1												沫1			說4	月2	屑1													仄2			格6	厄8	汐1		錫2								
ueq		瞌1	夾3				挾2		笠1		八2				節2						血1											啄1	塞2								戚2								
iq					接2		蝶1						舌4		鐵2						缺1						物1							蝕1							滴1								
uiq																拔2					血1																						畫2						
uq																				發1					訥2	[illegible]1	沸1																						
auq			歃1																									博1				雹1																	
iauq												[illegible]1																																					
aq̃		塌1		煠1	喢2																																												
iaq̃																																					嚇1												
oq̃																												膜1																					
eq̃			夾1				挾1																														喀1	脈1			激1								
iq̃					躡1																						物1																						
iauq̃	[illegible]1								[illegible]1																																								
uaiq̃										[illegible]2		閘1																																					
ap	答14	盍10	恰3	甲6	厭1		浹1		十2																																								
iap	拉1	臘2	峽6	胛1	妾12	業3	怗10		汁4												捏1																												
ip									及23																																								
at										渴13	札8	剎2			結2	豁1			別1			蝨1	[illegible]3										塞1	力1							踢1								
iet					鑷2								列16	歇4	切16				悅3	蹶1	穴2	櫛1	吉4			橘1																							
uat								乏2		辣1	軋1		熱1		決5	末17		刮2	劣10	伐7						絀1																							
it									蟄1						桔2								七20	乞2		率1	佛1						得1	直14					擲2										
ut											扒1				屑1	捋1	猾1							仡2	沒16	出21	不10																			禿2			
ak																												恪2			縛1	角12	北2								鶂1					木3	沃3	目7	觸2
iak																												膊1	矍2			爆1																	
ok																												作20		郭4	縛1	卓6	北1		國1								幗1			谷17	篤6	福5	束1
iok																													卻16		削1	捉2					劇1		益2									竹22	曲22
iek																						瑟2	悉3					索3				搦1	克13	食23		域1	宅16	麥11	石22	逆3	寂18	白3	畫2	役2	闃1			菊5	玉10

二.廣韻十六攝跟廈門韻母的比較

廣韻陰韻七攝三十九部,陽韻九攝五十部(30).跟廈門韻母的分合異同,比聲母更要複雜。現在把陰韻,陽韻,入聲分別列成三個比較表,以便推求牠們參伍錯綜的狀況。(參閱第十一,第十二,第十三表)

* * * * *

廣韻跟廈韻的分合異同,在第十一,第十二,第十三,三個表裏已然清清楚楚的擺列出來。若再詳細加以討論勢必得把簡單明瞭的表格,重新演繹成拖沓冗長的文字而後可,那未免有點兒不憚詞費了。所以這裏祇能提出重要的幾點,畧作概括的說明:

1)假攝各部廈門字音大分部讀作 a, ia, ua 三韻,開合口跟二三等的分界都很清晰,同高本漢假定的廣韻音(以下簡稱高音)相合。果攝歌[ɑ]戈[uɑ]兩部廈門字音大部分都讀成 o 韻,不單開合無別,而且音值也跟高音不同。所以單從字音看,假果兩攝似乎各不相涉。但是果攝裏有一小部分話音轉到 a, ia, ua 三韻去;並且這兩攝的話音都有朝着 e 韻轉變的傾向,可見牠們還是同源異流的。

---

(30)這裏所謂"部"指着異呼異等相承的平上去三韻類而言(入聲附隸陽韻,例如麻$_{\text{加}}$部賅括麻$_{\text{加}}$馬$_{\text{賈}}$禡$_{\text{駕}}$三類言,東$_{\text{紅}}$部賅括東$_{\text{紅}}$董送$_{\text{貢}}$屋$_{\text{谷}}$四類言)。不過這裏專爲比較韻部的分合異同,所以凡是韻部本同但受莊組或云類聲母的影響而分等的,不另分爲一部,跟後面兼綜聲韻的總表稍有不同。

2）遇攝模部［uo］的百分之八十四，厦門字音讀作o，跟流攝侯部［əu］的大部分字音混成一韵。據韵鏡第十二轉模虞乃是"開合"韵，跟第三轉江同；跟其他純粹合口韵不同。高音標江作［ɔŋ］，而標模作［uo］，標虞作［ĭu］，跟韵鏡的系統不合。從音理上講［ɔ］［o］的圓脣程度本來界乎開合之間，如果模的音値是［ɔ］，那末，韵鏡拿牠同江一律看待，都標作"開合"韵，未嘗沒有道理。並且模部的字高麗安南跟日本的漢音都讀作［o］音，也跟厦門的o韵相近。專從這兩點講，那末廣韵模部讀［ɔ］的可能性，不見得比［uo］少。不過，三等虞魚兩部厦門字音除去受莊組聲母影響的讀成o韵外，其他大部分字音讀作u韵，跟一等模部不甚相應。

3）蟹攝開口一等咍［ai］泰［ɑːi］跟二等皆［ai］佳［aːi］夬［aːi］，三等祭［ĭæi］廢［iɐi］跟四等齊部［iei］，厦門字音也跟別處方言一樣，看不出什末顯著的差異來。並且合口一等灰部［uai］跟四等齊圭部［iwei］也有跟止攝合口混淆的傾向。不過，泰佳夬各有一部分話音轉到a韵或ua韵去，很可以作高音標泰作［ɑːi］標佳夬作［aːi］的佐證。

4）止攝支［iĕ］脂［i］之［iː］三部除去受tz系聲母影響的開口韵變入u韵外，其餘大部分字音都讀作i韵或ui韵。這三部的沒有分別，厦門字音也跟別處方言一樣。不過支部裏從"奇""義"聲符得聲的字，厦門話音變到ia韵的很多。這一點同上古音支歌互通的例甚合。

5）效攝一等豪部[ɑu]的百分之七十五厦門字音讀作6，二等肴部[au]的百分之五十一厦門字音讀作au，牠們彼此間雖然有分別，可是豪部同果攝的歌戈兩部又混成一韵。不過從豪歌互通，跟肴部話音轉入a韵兩點看：高音拿主要元音[ɑ][a]作爲豪肴的分界，是可以承認的。至於三等宵部[iæu]跟四等蕭部[ieu]部厦門音也沒有分別。

6）流攝一等侯部[əu]厦門字音跟遇攝模部混合，話音跟效攝肴部混合，本身並沒有獨立的音值。三等尤部[ĭəu]的百分之七十五跟四等幽部[iəu]所有問過的字，一律讀作iou韵，所以看不出牠們的差別來。

7）咸攝除去合口三等凡部[ĭwɐm]受異化作用（dissimilation）的影響變入uan韵外，其他各部的字音都能保持-m尾沒有多大變化。不過一等覃[ɑm]談[ɑm]，跟二等咸[am]銜[am]部沒有分別，三等鹽[ĭæm]嚴[ĭɐm]跟四等添部[ĭem]也沒有分別。這一點厦門音也跟多數的方音相同。

8）深攝侵部[iəm]的百分之七十二厦門字音讀作im韵。不過通攝東融部[iuŋ]的“熊”字，曾攝蒸部[iəŋ]的“矜”字，厦門的話音也轉入深攝，讀作im韵。從諧聲的偏旁看，本來“熊”從“炎”聲，“矜”從“今”聲，讀作-m尾恰跟上古音相合。並且“熊”字的韵母在上古音，應當讀作[ium]，在別處方音因爲異化作用變-m尾爲-ŋ尾，而厦門音因爲沒有撮口音的關係不受異化作用的影響，-m尾反倒幸得保存,也算是一種很有趣味的現象。此外十五音裏還收了臻攝的"欣""焮","疢""刃"四字,這許是受了"歆""任"等字的類化。

9)山攝開口一等寒部[ɑn]跟二等刪顏部[an],山艱部[an],三等仙延部[ĭæn],元言部[ĭɐn],跟四等先前部[ien]厦門字音都不能分别。至於合口各部除去四等先玄部[ĭwen]因爲沒有撮口音的關係完全混入先前部外,其餘一二三等各部的字音大都讀作uan韵,各等間的分界比開口更爲寬泛。

10)臻攝開口大部分讀作in韵,合口大部分讀作un韵。祇有開口痕部[ən]問過的字跟眞部[ĭen]欣部[ĭən]g系的字,一律轉入un韵,算是一種例外。

11)宕江通三攝厦門音不能分别,宕攝除去唐岡部[ɑŋ]的百分之十五話音讀作ang韵,陽良部[iaŋ]的百分之七話音讀作iang韵外,其他一等開口唐岡部合口唐光部[wɑŋ]跟三等合口陽方部[iwaŋ]的大部分字音都轉入ong韵,跟通攝的一等相同;三等開口陽良[iaŋ]的大部分字音轉作iong韵跟通攝的三等相同。而通攝的話音也有一大部分轉入ang韵,又跟宕攝的話音混合。至於江攝的字音讀作ang的佔百分四十四,讀作ong韵的佔百分之三十,當然併入宕通兩攝,沒有獨立的必要。

12)曾梗兩攝開口的字音轉入ieng韵的佔大多數。至於合口的字音祇有曾攝登肱部[wəŋ]的一個字,梗攝庚横部

[weŋ] 的兩個字跟耕宏 [weŋ] 的一個字，轉入 ong 韵，其餘大部分都跟開口相同。所以這兩攝除去梗攝轉入 iñ, iañ, 兩韵的話音比曾攝的較多以外，並沒有什末顯著的分別。

13)半鼻音相對的字音，雖然陰韵陽韵都有，可是從第十一第十二兩個表的統計數看，由陰韵變來的共有八十三字，由陽韵變來的共有二百六十七字，畧近 1 與 3.2 之比。而且由陰韵變來的大部分是受鼻音聲母的影響。可見陽韵韵尾丟掉一半兒鼻音比在陰韵後另外加上一半兒鼻音較爲容易。

14)m 韵字數很少並且完全屬於明母，所以我們可以斷定牠是受聲母的影響。ng 韵的字大部分由宕江兩攝，梗攝的庚京部 [ĭeŋ] 通攝的東融部 [iuŋ] 跟山臻兩攝的合口韵變來。至於脂夷部 [i] 的"指"字豪部 [au] "毛"字，爲數既少，並且都是訓讀，跟音轉的關係較遠，所以若推溯 ng 韵的來源，還應當把陽韵 ong, uan 作濫觴。

15)入聲的字音 -p, -t, -k 的韵尾界限很分明，除去話音有由 p 變 t 的四個字，由 t 變 p 的一個字，由 k 變 t 的二十三個字，此外完全跟廣韵的分類相合。至於丟掉韵尾的話音入聲，-p -t, -k 的分界完全混淆，各部出入極爲參差。所以很難尋出一個有系統的條理來。

以上所說的十五點是廣韵跟厦韵的重要異同。至於細微的出入，參閱第十一，第十二，第十三等表，跟第七章的總表，自然可以明瞭，這裏不再贅述。

三.廣韵四聲跟厦門七聲的比較

廣韵調類跟厦門調類的異同,比聲母韵母簡單的多,據我歸納的結果,厦門的平上去入大體跟廣韵的分類相當,牠的陰調屬於廣韵全清次清的聲母,陽調屬於全濁次濁的聲母。因爲全濁上聲變成陽去所以上聲祇有一類。至於四聲彼此的出入,跟濁母陰調清母陽調等現象,那祇能算是例外。所以下面所列的比較表凡是跟原則相合的但註"十"號不舉例字;凡是跟原則不合的,完全塡入表中:那末,所有的例末,閱表便可瞭如指掌了。(參閱第十四表)

* * * * *

VI. 標音舉例

本篇硏究以音系爲主,所以關於詞彙語法及語調的研究,當另以專篇討論。現在祇就所記的材料裏選出語助詞故事一篇,歌謠四首用第二章擬定的音標跟第三章的厦音羅馬字對照標註於下,以爲實際記音的參考。其中語助詞故事一篇並對譯國語,以便解釋。

第十四表　廣韵四聲與厦門七聲比較表

廣韵四聲 / 厦門七聲	平		上			去		入	
	清	濁	清	濁		清	濁	清	濁
				全濁	次濁				
陰平	+	徂鉏麴皤覼苛荷翎闍邳蕘槌汙銖紬蕺苫恖憔稠攙鏇甜拈貓纖沾便編捐藩播屯論橤蛩從莖檜	稽挨橄孔瘻	鮑	奶	栅檜鴂湩趸	剃		
陽平	彎痂枷蛙拖他訶瘥鮭箠酷圭狽穡涯堋高噴囷荀菰傾	+	桅捧	圈	縩橈	箇	瘵跂戀殉	殺	
上	阿唉拐泔鈎	韋擱研蟫敥	+	踝㸝沮鎬夥倍豸褫痞歹宛甚長撼橤版祖阪飯臆壓搖盾很豖嗱晃長仗梃艇仍	+	溯詛謳瘦婁藹蒯夬笡怎闍俺堰館腕轉喘睤銃統倅裀	睆兌顫忤灉趁碾健玩研		
陰去	夠票漂韆探竣檣疼	跳層衶飩撐	算鉬燥抓暴坱聳享	豸蹥楪瓚棧		+	藏鐍華續誥噪滯斃幣緆會嘗睡悖濆與袖碇贍捻賊鴆譖蛋輸荐佯拌換幻梵並併靗	帕蕯	蓋↑
陽去	低爭巠穿	崎蕃岭莉田恬槾畚群虹		+	兩卵也皺蟻滷弩五額艾網	娶膏造係耙字著恚仕害貸我兆闞段斵按溉譜樸站墊贊扮靳闒戇蕩藏臓徑勁頸涇飯盛	+		不↑昨拂
陰入			拄		麽咩乜	要↑　顫↑	仆	+	叠擇甓抹挾扐納合闔盍褡及輒磊佛覆隔復卓涸毌淑嗝辟栗裼劃
陽入	差播	提↑	壁			磤嗷	乜賀儙鼻曝	踏閘牐碻夾激闌磕攝二滑砭殼壳爆矍	+

1. 語助詞故事

北 風 跟 太 陽 (國 語)

有一回，北風跟太陽兩個人在那兒爭論誰的本事大。

北風說："我的本事大極了。世界上的東西沒有不怕我的。船碰見了我就會翻，房子碰見了我就會坍，樹碰見了我就會倒，什麼貓阿，狗阿，花阿，草阿，他們見了我，更是怕得不得了了。你要是眞惹動了我的氣阿，哼！那我的氣才大吶！我能吹得滿天都是黑雲，把你臉密密地蒙起來，弄得你什麼都看不見。世界上本來是我的主人嘿，你知道嗎？"

太陽說："哈哈！你簡直糊塗極了，人人都管我叫老爺兒，世界上本來是我的主人嘿，怎末會是你的主人吶？你想拿雲彩就蒙得住我的臉嗎？這簡直是不自量力嘿！那怎末做得到吶？我說老北阿，你這個傢伙阿，你不過就是會吹罷了。你

I. 語助詞故事

北風跟太陽(厦語)

有一幇音,北風及日頭兩個人在deq相爭看是誰的本事較大。

北風講:"我的本事甚大,天脚下的物件無一項無驚我。船若遇意着我就會翻,厝若遇意着我就會坍,樹若遇意着我就會倒,什麽貓哪,狗哪,花咯,草咯,伊們二合若遇意着我,goqkat驚到不會二合講咧!汝若呼我起性地阿!哼!我的性地者是大咧!我會吹到滿天gehx是烏雲,將汝的面蓋意到密稠稠,變弄到汝無看見半項。天脚下本底是我做主人,汝知影嗎?"

日頭講:"哈哈!汝眞正糊塗!逐個都呌我做日頭公。天脚下本底是我做主人,按音怎是汝做主人呢?汝想用雲就會蓋意我的的面嗎?這者音是不自量力!bbeq gaan有路用呢?我講老北阿,汝這個!汝gian da會講大話.niahx呢!汝

pak˧˦ hɔːŋ˥ kap˦˦ lit˦˦ t'aʊ˨˦

u˧ tɕit˦˦ paŋ˥ ‖ pak˧˦ hɔːŋ˥ kap˦˦ lit˦˦ t'aʊ˨˦ nᵊŋ˧˦ e˨˦ laŋ˨˦ ti˧˦ teˀ˦ sio˥˦ tɕĩ˥ k'ũã˩˦ tɕi˧˦· tsʊɪ˨˦ e˨˦ pʊn˥˦ su˧˦ k'aˀ˧˦ tʊa˧ ‖

pak˧˦ hɔːŋ˥˦ kɔːŋ˥˩ ‖ gʊa˥˦ e˨˦ pun˥˦ su˧˦ tɕin˧˦ tʊa˧ ‖ t'ĩ˥˦ k'a˥˦ e˧˦ e˨˦ mit˦˦ kĩã˧ bo˨ tɕit˦˦ haŋ˧˦ bo˨ kĩã˥˦ gʊa˥˦ ‖ tsʊn˨ nã˧˦ tu˩˦ tɪoˀ˦˦ gʊa˥˦ tɕiu˧˦ e˧˦ pɪə̆ŋ˥˩ ‖ ts'u˩ nã˧˦ tu˩˦ tɪoˀ˦˦ gʊa˥˦ tɕiu˧˦ e˧˦ t'ap˧ ‖ tɕ'iu˧˦ nã˧˦ tu˩˦ tɪoˀ˦˦ gʊa˥˦ tɕiu˧˦ e˧˦ to˥˩ ‖ sim˥˦ mĩ˦ nĩãũ˥ nã˦ ‖ kaʊ˥˩ la˦ ‖ hʊe˥ la˦ ‖ ts'o˥˩ la˦ ‖ iːn˥ nã˧˦ tu˩˦ tɪoˀ˦˦ gʊa˥˦ koˀ˧˦ k'at˦ kĩã˥˦ kaˀ˧˦ bʊe˧˦ kɔːŋ˥˩ le˦ ‖ li˥˩ nã˧˦ hɔ˧˦ gʊa˥˦ k'i˥˦ siə̆ŋ˩˦ te˧˦ a˦ ‖ hɐ˥˩ gʊa˥˩ e˨˦ siə̆ŋ˩˦ te˧˦ tɕia˦ si˧˦ tʊa˧˦ le˦ ‖ gʊa˥˩ e˧˦ ts'ə˥˦ kaˀ˧˦ mũã˥˦ tĩ˥ ke˦ ke˦ si˧˦ ɔ˥˦ hʊn˨ ‖ tɕiɔŋ˧˦ li˥˦ e˨˦ bin˧ k'am˩˦ kaˀ˧˦ bat˦˦ tɕiu˨˦ tɕiu˨˦ ‖ pĩ˩˦ laŋ˧˦ kaˀ˧˦ li˥˦ bo˨˦ k'ũã˩ kĩ˩ pũã˩˦ haŋ˧ ‖ t'ĩ˥˦ k'a˥˦ e˧˦ pʊn˥˦ tʊe˥˦ si˧˦ gʊa˥˦ tsʊe˩˦ tsu˥˦ laŋ˨ ‖ li˥˦ tsaɪ˥˦ ĩã˥˩ ma˦ ‖

lit˦˦ t'aʊ˨ kɔːŋ˥˩ ‖ ha˥˦ ha˥˦ ‖ li˥˦ tɕin˥˦ tɕĩã˩˦ hɔ˨˦ tɔ˨ ‖ tak˦˦ e˨ to˥˦ kɪo˩˦ gʊa˥˦ tsʊe˩˦ lit˦˦ t'aʊ˨ kɔːŋ˥ ‖ t'ĩ˥˦ k'a˥˦ e˧˦ pʊn˥˦ tʊe˥˦ si˧˦ gʊa˥˦ tsʊe˩˦ tsu˥˦ laŋ˨ ‖ an˥˦ tsũã˥˦ si˧˦ li˥˦ tsʊe˩˦ tsu˥˦ laŋ˨ ni˦ ‖ li˥˩ sĩũ˧˦ ɪə̆ŋ˧˦ hʊn˨ tɕiu˧˦ e˧˦ k'am˩˦ gʊa˥˦ e˨˦ bin˧˦ mã˦ ‖ tse˥˦ tɕia˦ si˧˦ put˧˦ tsu˧˦ lɪaŋ˧˦ lɪə̆k˧ ‖ be˦ kan˥˦ u˧˦ lɔ˧˦ ɪə̆ŋ˧˦ nĩ˦ ‖ gʊa˥˦ kɔːŋ˥˦ laʊ˥˦ pak˦˦ a˦ ‖ li˥˦ tɕi˥˦ kɔ˥˩ ‖ li˥˩ kɪan˦ ta˦ e˧˦ kɔːŋ˥˦ tʊa˧˦ ʊe˧ nĩã˦ nĩã˦ nĩ˦ ‖ li˥˦

Bakhong garp Littaur

Wuh tzyit bang, Bakhong garp Littaur n'ngh er lang dyihdeq siotziñ kwaññ tzyih tzwui er buunswuh kaq dwah.

Bakhong goong: "Ggoa er buunswuh tzyinndwah. Tiñka erh er mitgyaññ bbo tzyit harnq bbo giañ ggoa: tzwun nah duudyoq ggoa, tzyuh erh beeng; tswuh nah duudyoq ggoa, tzyuh erh tarp; tsyuh nah duudyoq ggoa, tzyuh erh doo; siim-miq nhiau nah, gao lah, hue lah, tsoo lah, In nah duudyoq ggoa, goqkat giañ gaq bweh goong leh. Lii nah horh ggoa kii sienqderh ah, hañ! ggoa er sienqderh tziasyih dwah leh. Ggoa erh tse gaq muañtiñ gehx syih o-hwun, tzionq lii er bbinn kamm gaq bbat tzyoux, biñlanq gaq lii bbo kwaññ-giññ buaññharnq, tiñka erh buundoesyih ggoa tzueh tzuulang, lii tzai-eañ mah?"

Littaur goong: "Hax! Lii tzintziaññ hordor! dark-er do gioh ggoa tzueh Littaurgong, tiñka erh buundoesyih ggoa tzyuh tzuulang, antzoañsyih lii tzueh tzuulang nih? Lii syuññ yenq hwun tzyuh erh kamm ggoa er bbinn mah? Tze tzeasyih but tzwuh lianq liek; bbeqgaan wuh loh yienq nih? Ggoa goong, lao Bak ah! lii tziqgoo! lii gianda erh goong dwah-weh nialıx nih! Lii

那兒有什末眞本事阿?"

北風說:"那末你呐,你的本事在那兒呐?你也吹給我聽聽阿。"

太陽說:"我阿!我是不愛吹的。"

北風說:"是嗎,你不歡喜吹嗎?"

太陽說:"是的,我從來不吹的,我阿,我…………………………"太陽就接着說他的本事。說着說着,北風又起來跟他打岔,他們倆就又是你一句我一句的吵了起來。正在吵得利害的時候兒,他們看見了一個走道兒的人,身上穿着一件棉袍子,頭上戴着一頂毡帽,一步一步地慢慢兒地走來。太陽說:"有了!咱們就這末着罷!你不是看見那個走道兒的人嗎?咱們看誰能夠先教這個人把帽子跟袍子脫下來阿,就算誰的本事大你說怎末阿?"

北風說:"哈哈!這還不容易嗎?那不用說就是我贏的咯!"

太陽說:"那末誰先起

那意有什麼真本事?"

北風講:"你呢,你的本事在那裡意?汝也講來我聽聽咧。'

日頭講:"我阿!我是不愛講大話的。"

北風講:"眞實的?汝不愛講大話?"

日頭講;"眞實的!我們二合永遠不會意講大話。我阿!我……………………"日頭接落去講伊的本事。正在講,北風又再起來及伊打岔。伊們二合二個又再汝一句我一句爭來爭去,duu-aa爭到怒衝衝的時陣音,看見一個行路的人。身軀穿一領棉袍,頭殼戴一頂毡帽,一步一步穩穩aañ行。日頭講:"有咯!咱們意就按怎生音!汝無看見那個行路的人麼?看是誰會先使意那個人將帽仔及袍脫起來,就是大本事,汝想怎樣?"

北風講:"哈哈!這敢不容易!不免講一定是我贏的。"

日頭講:"是誰在先起

kan˨˩˥ u˧ sim˨˩˥ mĩ˥ tɕin˥ pʊn˨˩˥ su˧‖

pak˧˥ hɔːŋ˥˥ kɔːŋ˥˩ ‖ li˥˩ nĩ˨ ‖ li˥˩ e˧˥ pʊn˨˩˥ su˧ ti˧

to˥ lo˦ ‖ li˥˩ a˩ kɔːŋ˥˩ laɪ˧˥ gʊa˨˩˥ tĩã˥˥ tĩã˥ le˨ ‖

lit˨ t'aʊ˧˥ kɔːŋ˥˩ ‖ gʊa˥˩ a˨ ‖ gʊa˥˩ si˧ m̩˧ aɪ˨˩˥

kɔːŋ˨˩˥ tʊa˧ ʊe˧ e˧˥ ‖

pak˧˥ hɔːŋ˥˥ kɔːŋ˥˩ ‖ tɕĩã˥˥ sit˧˥ e˧˥ ‖ li˥˩ m̩˧ aɪ˨˩˥

kɔːŋ˨˩˥ tʊa˧ ʊe˧ ‖

lit˧˥ t'aʊ˧˥ kɔːŋ˥˩ ‖ tɕĩã˥˥ sit˧˥ e˧˥ ‖ gʊn˥˩ ɪəŋ˧˥ ʊan˨˩˥

m̩˧ bat˩ kɔːŋ˥˩ tʊa˧ ʊe˧ ‖ gʊa˥˩ a˨ ‖ gʊa˥˩ a˨..............‖

lit˨ t'aʊ˧˥ tɕiap˧˥ lok˨ ki˩˧ kɔːŋ˨˩˥ i˥˥ e˧˥ pʊn˨˩˥ su˧ ‖

tɕi˧ teʔ˧˥ kɔːŋ˥˩ ‖ pak˧˥ hɔːŋ˥˥ ɪu˧ koʔ˧˥ k'i˨˩˥ laɪ˧˥ kap˨

i˥ tã˨˩˥ ts'a˩ ‖ iːn˥˥ nəŋ˧ e˧˥ ɪu˧ koʔ˧˥ li˥˩ tɕit˨ ku˧

gʊa˥˩ tɕit˨ ku˩ ‖ tɕĩ˩˧ laɪ˧˥ tɕĩ˩˧ k'i˩ ‖ tu˥ a˥ tɕĩ˩˧

kaʔ˧˥ lu˧ tɕ'iaŋ˨˩˥ tɕ'iaŋ˦ e˧˥ si˧˥ tsʊn˧ ‖ k'ũã˩˧ kĩ˩˧

tɕit˨ e˧˥ kĩã˧˥ lɔ˧ e˧˥ laŋ˧˥ ‖ siɪŋ˥˥ k'u˥ tɕ'iəŋ˧ tɕit˨

nĩã˨˩˥ mĩ˧˥ p'aʊ˩ ‖ t'aʊ˧˥ k'ak˧˥ ti˩˧ tɕit˨ tɪəŋ˨˩˥ tɕĩ˥˥

bo˧ tɕit˨ pɔ˧ tɕit˨ pɔ˧ ʊn˨˩˥ ʊn˨˩˥ ã˥ kĩã˧˥ ‖ lit˨ t'aʊ˧˥

kɔːŋ˥˩ ‖ u˧ la˨ ‖ lan˥˩ tɕiu˧ an˥ nĩ˥ sĩ˥ ‖ li˥˩ bo˧˥ k'ũã˩˧

kĩ˩˧ hit˧˥ e˧˥ kĩã˧˥ lɔ˧ e˧˥ laŋ˧˥ mĩ˨ ‖ kũã˩˧ tɕi˧ tsʊi˧˥

e˧ siaŋ˥˥ hɔ˧ hit˧˥ e˧˥ laŋ˧˥ tɕiɔŋ˧ bo˧ a˥˩ kap˨ p'aʊ˩

t'əŋ˩ k'i˥˩ laɪ˧˥ ‖ tɕiu˧ si˧ tʊa˧ pʊn˨˩˥ su˧ ‖ li˨˩˥ sĩũ˧

tsãĩ˨˩˥ ĩũ˧ ‖

pak˧˥ hɔːŋ˥˥ kɔːŋ˥˩ ‖ ha˥ ha˥ ‖ tse˨˩˥ kã˥˩ m̩˧ ɪɔŋ˧˥ i˧‖

m̩˧ bɪən˨˩˥ kɔːŋ˥˩ tɕit˨ tiəŋ˧ si˧ gʊa˨˩˥ ĩã˧˥ e˧˥ ‖

lit˨ t'aʊ˧˥ kɔːŋ˥˩ ‖ tɕi˧ tsʊɪ˧˥ taɪ˧ siaŋ˥˥ k'i˨˩˥

gaan wuh siim-miq tzin buunswuh?"

Bakhong goong, "Lii nih? Lii er buunswuh dyih doloo? Lii arh goong lai ggoa tiañx leh".

Littaur goong, "Ggoa ah, Ggoa syih 'mrh ae goong dwah-weh er."

Bakhong goong, "Tziañsyit-er? Lii 'mrh ae goong dwah-weh?"

Littaur goong, "Tziañsyit-er, gguun eeng-oan 'mrh bbat goong dwah-weh. Ggoa ah, ggoa.............." Littaur tziaplokkih goong ler buunswuh. Tzi deq goong, Bakhong yow goq kiilai garp I daañtsah. In n'ngh er yow goq lii tzyit guh, ggoa tzyit guh, tziñlai tziñkih. Duu-aa. tziñ gaq luh tseangx er syi-tzwun, kwaññ-giññ tzyit er gyañloh er lang, sinku tsieng tzyit neañ mipawr, taurkak dih tzyitdeeng tziñ-bboh tzyitborhxv uunx añ gyañ. Littaur goong: "Wuh lah, laan tzyuh an-ni-siñ, lii bbó kwaññ-giññ hit er gyañloh er lang mih? Kwaññ tzyit-tzwui erh siang horh hit er lang tzionq bboh-aa garp pawr t'nq kiilai, tzyuh syih dwah buunswuh. Lii syuññ tzae youññ?"

Bakhong goong: "Hax! Tze gaññ 'mrh yong-iññ! 'mrh bbean goong. tzyitdyenq syih ggoa yañ er."

Littaur goong: "Tzyihtzwue dayrsiang kii

頭兒吶!要是讓你先來罷,又太便宜了你;要是讓我先來罷,回來你輸了又要賴。"

北風說:"咳!你這末儍!這本來很容易辦的嘿!只要兩個一塊兒起頭兒就行了,不是嗎?"

太陽說:"好罷,就這末樣罷!"

北風說:"預備好拉了阿!我等着你那吶阿!不要回頭輸了怪我不等你阿!你好了嗎?

太陽說,"等一火兒,讓我暖一暖。"

北風說:"快點勒!快點勒!還等什麻末阿?好了沒有?"

太陽說:"好了你也好拉了阿?"

北風說:"我早好了。現在起頭兒拉了阿!(警告)起頭!(命令)"

他們倆就一個晒一個吹。北風仗着他會吹的本事,一吹吹得太陽被黑雲遮住了,再一吹把那個人的帽子吹到地下了。那個人剛剛追着了他的帽子,北風又一吹,把他的袍子的紐子又吹開了。北風看見了得首，若讓汝在先，又再使意汝太便宜，若使意我在先，少停汝輸咯，汝又再要皮面。”

北風講：”咳！汝 hia 戇！這不較快甚麼！若使兩個平平起首，就會使哩！着不？”

日頭講：“好！按怎意好！”

北風講：“預備 gyih 好，我聽候汝！不可意少停輸咯，講我無聽候汝。好咯麽？”

日頭講：“且聽候咧？聽候我少熱一下！”

北風講：“較緊咧！較緊咧！猶在聽候甚麽？好咯嗎？”

日頭講：“好咯！汝也好咯！麽？”

北風講：“我好老久咯現在意起首咯！yih 咯！”

伊們二合兩個就一個曝，一個吹。北風靠伊會吹的本事啊，吹到日頭被烏雲遮着。再一下吹，將那個人的帽仔吹在塗脚裏。那個人 duu-aa 在 deq 追伊的帽仔，北風又一下吹，將伊的袍的紐仔也吹落去咯。北風看了眞正得

tɕ'iu˅ ‖ nã˧˫ niũ˅˹ li˅˹ taɪ˧˫ siaŋ˥˹ ɪu˧˫ ko'˧˧ hɔ˧˫ li˅˹ t'aɪ˩˫ pa̤n˧˫ gi˧ ‖ nã˧˫ niũ˧˫ gua˅˹ taɪ˧˫ siaŋ˥ ‖ k'a'˧˧ t'ɪə̆ŋ˧ li˅ su˥ la˫ li˅ ɪu˧˫ ko'˧˧ be˥˫ p'i˧˹ bin˧ ‖

pak˧˧ hɔːŋ˥˹ kɔːŋ˅ ‖ hai˫˅ ‖ li˅˹ hia˅ kɔːŋ˧ ‖ tse˅˹ m̩˧˫ k'a'˧˧ k'ʊaɪ˩˫ sim˅˹ mi˫ ‖ nã˧˫ saɪ˅˹ nᵒŋ˧˫ e˧ pĩ˧˹ pĩ˧˹ k'i˅˹ tɕ'iu˅ tɕiu˧˫ e˧˫ saɪ˅ li˫ ‖ tɪo'˥ m̩˧˫ ‖

lit˥˫ t'aʊ˧ kɔːŋ˅ ‖ ho˅ an˫ nĩ˹ ho˅ ‖

pak˧˧ hɔːŋ˥ kɔːŋ˅ ‖ u˧˫ pi˧ ki˫ ho˅ ‖ gʊa˅˹ t'ɪə̆ŋ˩˫ haʊ˧ li˅˫ ‖ m̩˧˫ t'aŋ˥˹ k'a'˧˧ t'ɪə̆ŋ˧ su˥ la˫ kɔːŋ˅ gʊa˅˹ bo˧˹ t'ɪə̆ŋ˩˫ haʊ˧ li˅˫ ‖ ho˅ la˫ ma˫ ‖

lit˥˫ t'aʊ˧ kɔːŋ˅ ‖ tɕ'ĩã˅˹ t'ɪə̆ŋ˩˫ haʊ˧ le˫ ‖ t'ɪə̆ŋ˩˫ haʊ˧˫ gʊa˅˫ siaʊ˅˹ liɛt˥ tɕit˥˫ e˧˫ ‖

pak˧˧ hɔːŋ˥˹ kɔːŋ˅ ‖ k'a'˧˧ kin˅ le˫ ‖ k'a'˧˧ kin˅ le˫ ‖ ɪaʊ˧˹ ti˧˫ t,ɪə̆ŋ˩˫ haʊ˧ sim˅˹ mi˫ ‖ ho˅ la˫ mĩ˫ ‖

lit˥˫ t'aʊ˧ kɔːŋ˅ ‖ ho˅ la˫ ‖ li˅ a˧ ho˅ la˫ mã˫ ‖

pak˧˧ hɔːŋ˥˹ kɔːŋ˅ ‖ gʊa˅˹ ho˅˹ lʊa˫ ku˅ la˫ ‖ tɕi˅˹ tsʊn˧ k'i˅˹ tɕ'iu˅ la˫ ‖ i˫ la˫ ‖

iːn˹ nᵒŋ˧˫ e˧ tɕiu˧˫ tɕit˥˫ e˧˹ p'ak˥ ‖ tɕit˥˫ e˧˹ ts'e˥ ‖ pak˧˧ hɔːŋ˥˹ k'o˩˫ i˥˹ e˧˫ ts'e˥˹ e˧˫ pʊn˅˹ sʊ˧ a˫ ‖ ts'e˥˹ ka'˧˧ lit˥˫ t'aʊ˧ hɔ˧˫ ɔ˥˹ hʊn˧ lɪa˥ tɪo'˥˫ ‖ ko'˧˧ tɕit˥˫ e˧˫ ts'e˥ ‖ tɕiɔŋ˧˫ hit˧˧ e˧˫ laŋ˧ e˧˫ bo˧˫ a˅ ts'e˥˹ ti˧ t'ɔ˧˹ k'a˥ li˫ ‖ hit˧˧ e˧˫ laŋ˧ tu˅˹ a˅˹ ti˧˫ te'˧˧ tʊɪ˥˫ i˥˹ e˧˫ bo˧˫ a˅ ‖ pak˧˧ hɔːŋ˥ ɪu˧˫ ko'˧˧ tɕit˧˧ e˧˫ ts'e˥ ‖ tɕiɔŋ˧˫ i˥˹ e˧˫ p'aʊ˩ e˧˫ lɪu˅˹ a˅ ɪa˧˹ ts'e˥˹ lɔk˥˫ k'i˩ la˫ ‖ pak˧˧ hɔːŋ˥˹ k'ũã˩˫ lɪaʊ˅ tɕin˥˫ tɕĩã˩˫ tɪə̆k˧˧

-tseou. Nah neouñ lii dayrsiang yow goq lii tay barnn-ggi; nah neouñ ggoa dayrsiang, kaqtyeng lii su lah, lii yow goq bbeq pyibbinn."

Bakhong goong:" Hay! Lii hea gornq! Tzay 'mrh kaq kuay siim-miq! Nah sae n'ngh er byñx kii-tseu, tzyuh erh sae lit. Dyoq 'mrh?"

Littaur goong:" Hoo! An-ni-hoo!"

Bakhong goong:" Wuhbyih gyih hoo! ggoa tienqhawr lii. 'mrhtang kaqtyeng su lah goong ggoa bbo tinqhawr lii. Hoo laq mih."

Littaur ggong: "Tseañ tienqhawr leh. Tienqhawr ggoa seau liat tzyit erh."

Bakhong goong: "Kaq-giin leh. Kaq-giin leh. Yau dyih tienqhawr siim-miq. Hoo lah mih?"

Littaur goong: "Hoo lah. Lii arh hoo lah mah?"

Bakhong goong: "Ggoa hoo laogau lah. tzyittzwun kii-tseu lah. yiñ lah."

In n'ngh er tzyuh tzyit er park, tzyit er tse. Bakhong koh I erh tse er buunswuh ah, tse gaq Littaur horh o-hwun lhiadyoq; goq tzyit erh tse, tzionq hit er lang er bboh-aa, tse dyih tor-ka lii. Hit er lang duu-aa dyihdeq dui I er bboh-aa, Bakhong yow goq tzyit erh tse, tzionq Ier pawr er leu-aa yah tse lokkih lah. Bakhong kwañn leau tzintziañn diek

意極了。他說“阿！好拉了阿！我贏拉了阿！這還用說嗎？我早料得到嘿！我早知道我會贏的嘿！”

太陽聽了好笑，他心裡想，他幾時贏了來着？他把那個人使雲彩蓋起來，他就算贏了，倒說。沒有的事！他就大聲兒說：“阿！你說什麼末阿？你說你贏拉了阿？你贏了嗎？你贏了我沒看見阿！沒看見不能算答的阿！”正在說着那個人已經把帽子又戴上了，把袍子又扣起來了。北風看見了好不失望，連忙又使起大勁來拚命的吹。誰知道他吹得越利害，那個人就把袍子裹得越緊。把帽子拉得越下。到後來天上的雲也吹散了，太陽也出來了，那個人還是那樣子。

太陽看見了就說：“也？這個人的袍子跟帽子並沒有脫下來嘿！你看，他的帽子勒，袍子勒，還是好好兒的穿着吶。那怎末能算你贏了吶？我告送了你罷，吹是沒有用的，還是要晒的嘿！”說着他决。伊講:"啊!好咯!不免講我贏咯!我早就料出,我知影我會贏的!"

日頭聽了好笑,伊心內想,伊底時贏?伊將那個人用雲蓋意起來就號做贏咯麼?倒反講!無影無事蹟?伊就大聲講:"阿!汝講甚麼?汝講汝贏咯嗹?汝贏咯麼?汝贏咯我格意無看見咧?無看見無算數!"duu-aa在講,那個人已經將帽仔再戴起來將袍也紐起來。北風看見眞正失望,趕緊大力拚命吹。底知吹到愈利害,那個人將袍包到愈嚴;將帽仔愈揪愈落來。到了後來,天頂的雲也吹散咯,日光也出來咯,那個人猶是按恁生音!"

日頭看了就講:"hoq!這個人的袍及帽仔無脫起來!汝看伊的帽仔咯,袍咯,猶是穿到好端端咧!要怎麼算汝贏呢?我告汝講,吹是無路用的!猶是要曝hoq!伊講了

kʊat˧ ‖ i˥꜔ kɔːŋ˥˩ ‖ an˩˥ ‖ ho˥˩ la꜔ ‖ m̩˧꜔ bɪan˥˩꜒ kɔːŋ˥˩ gʊa˥˩꜔ ĩã˧˥ la꜔ ‖ gʊa˥˩꜒ tsa˥˩꜒ tɕiu˧꜔ lɪaʊ˧꜔ ts'ʊt˧ gʊa˥˩꜒ tsaɪ˥꜔ ĩã˥˩꜒ gʊa˥˩ e˧꜔ ĩã˧˥ e˧˥꜔ ‖

lit˧꜔ t'aʊ˧˥ t'ĩã˥꜔ lɪaʊ˥˩ ho˥˩꜒ tɕ'ɪaʊ˩ ‖ i˥ sim˥꜔ laɪ˧ sĩũ˧ ‖ i˥ ti˥˩꜒ si˧˥꜔ ĩã˧˥. ‖ i˥ tɕiɔŋ˧꜔ hit˧꜔ e˧˥꜔ laŋ˧˥ ɪəŋ˩ hʊn˧˥ k'am˩ k'i˥˩꜔ laɪ˧˥꜔ tɕiu˧꜔ ho˧꜔ tsʊe˩꜔ ĩã˧˥ la꜔ mã꜔ ‖ to˥˩ pɪəŋ˥˩꜒ kɔːŋ˥˩ ‖ m̩˧꜔ ĩã˥˩꜒ m̩˧꜔ si˧ tɕia'˧꜔ ‖ i˥ tɕiu˧꜔ tʊa˧꜔ sĩã˥꜔ kɔːŋ˥˩ ‖ a ꜔꜔ ‖ li˥˩꜒ kɔːŋ˥˩꜒ sim˥˩꜒ mi'꜔ ‖ li˥˩꜒ kɔːŋ˥˩꜒ li˥˩꜔ ĩã˧˥ la꜔ ne꜔ ‖ li˥˩꜒ ĩã˧˥ la꜔ mã꜔ ‖ li˥˩꜒ ĩã˧˥ la꜔ gʊa˥˩ ko'꜔ bo˧˥꜔ k'ũã˩ kĩ˩ le꜔ ‖ bo˧˥꜔ kũã˩ kĩ˩ bo˧˥꜔ sᵊŋ˥˩ siaʊ˩ ‖ tu˥˩꜒ a˥˩꜒ tɕi˩ teʔ˧꜔ kɔːŋ˥˩ ‖ hit˧꜔ e˧˥꜔ laŋ˧˥ i˥˩꜒ kɪəŋ˥꜔ tɕiɔŋ˧ bo˧꜔ a˥˩ ko'˧꜔ ti˩˥ k'i˥˩꜔ laɪ˧˥꜔ ‖ tɕiɔŋ˧꜔ pa'ʊ˩ a˧꜔ liu˥˩ k'i˥˩꜔ laɪ˧˥꜔ ‖ pak˧꜔ hɔːŋ˥ kũã˩꜔ kĩ˩꜔ tɕin˥꜔ tɕ'ĩã˩꜔ sit˧꜔ baŋ˧ ‖ kũã˥˩꜒ kin˥˩꜒ tʊa˧꜔ lat˧ pĩã˩꜔ mĩã˧꜔ ts'e˥ ‖ ti꜔ tsaɪ˥꜔ ts'e˥ ka'˧꜔ lu˥˩꜔ li˧꜔ haɪ˧ ‖ hit˧꜔ e˧˥꜔ laŋ˧˥ tɕiɔŋ˧꜔ p'aʊ˩ paʊ˥꜔ ka'˧꜔ lu˥˩꜒ an˧˥ ‖ tɕiɔŋ˧꜔ bo˧꜒ a˥˩ lu˥˩꜒ k'ɪu˥˩ lu˥˩꜒ lɔk˧ laɪ˧˥꜔ ‖ kaʊ˩˥ ka'˧꜔ aʊ˧ laɪ˧˥꜔ ‖ tĩ˥꜔ tɪəŋ˥˩ e˧˥꜔ hʊn˧˥ a˧꜔ ts'e˥꜔ sũã˩ la꜔ ‖ lit˧꜔ kɔːŋ˥ a˧꜔ ts'ʊt˧ laɪ˧˥꜔ la꜔ ‖ hit˧꜔ e˧˥꜔ laŋ˧˥ ɪaʊ˧˥꜔ si˧꜔ an꜔ nĩ꜒ sĩ꜒ ‖

lit˧꜔ t'aʊ˧˥ kũã˩˥ lɪaʊ˥˩ tɕiu˧꜔ kɔːŋ˥˩ ‖ hɔ꜔˩˥ ‖ ɕi˥˩꜒ e˧˥꜒ laŋ˧˥ e˧˥꜒ p'aʊ˩ kap˧ bo˧˥꜒ a˥˩ bo˧˥ t'ᵊŋ˩ k'i˥˩꜔ laɪ˧˥꜔ hɔ̃꜔ ‖ li˥˩ kũã˩ ‖ i˥꜔ e˧˥꜔ bo˧꜒ a˥˩ la꜔ ‖ p'aʊ˩ la꜔ ‖ ɪaʊ˧˥꜔ si˧꜔ tɕ'iəŋ˧꜔ ka'˧ ho˥˩꜒ taŋ˥꜔ taŋ˥ le꜔ ‖ be'˧ tsãĩ˥˩꜒ ĩũ˩ sᵊŋ˥˩ li˥˩꜔ ĩã˧˥ nĩ꜔ ‖ gʊa˥˩ ka˩ li˥˩꜔ kɔːŋ˥˩ ‖ ts'e˥ si˧꜔ bo˧˥ lɔ˧꜔ ɪəŋ˧ e˧˥꜔ ‖ ɪaʊ˧˥꜔ si˧꜔ tɪo'˧꜔ p'ak˧ ɔ꜔ ‖ i˥ kɔːŋ˥˩꜒ lɪaʊ˥˩

guat I goong:" Ah! Hoo lah. 'mrhbbean goong ggoa yañ lah. Ggoa tzaatzyow liaw tsut, ggoa tzai -eañ ggoa erh yañ er."

Littaur tiañleau hoo-tsyaw. I sim lay syuññ, I diisyi yañ. I tzionq hit er lang yenq hwun kamm kiilai tzyow hoh tzueh yañ laq mih? Doobeeng-goong! 'mrh eañ 'mrh syihtziaq. I tzyow dwahsiang goong:" Ah! Lii goong siim-miq? Lii goong lii yañ lah neh! Lii yañ lah mih? Lii yañ lah ggoa gorq bbo kwaññgiññ leh! Bbo kwaññgiññ bbo s'nqsyaw.

Duu-aa tzit deq goong, hit er lang ii-gieng tzionq bboh-aa, goq dih kiilai, tzionq pawr arh leu kiilai. Bakhong kwaññgiññ tzintziaññ sit-bbanq! Goangiin dwahlat biaññmiaññ tse, dyi-tzai tse gaq lun lihhayr, hit er lang tzionq pawr bau gaq luu arn; tzionq bboh-aa lun kiu luu loklai. Gaw gaq awrlai arh, tiñdeeng er hwun arh tse suaññ lah. Litgong arh tsutlai lah. Hit er lang yau syih an-ni-si.

Littaur kwaññleau tzyuh goong: "Hoh! Tzit er lang er pawr garp bboh-aa bbo t'nq kiilai hoññ! Lii kwaññ, I er bboh-aa lah, pawr lah, yausyih tsyeng gaq hoo dangx leh! bbeq tsaiñyuññ s'nq lii yañ neh? Ggoa gah lii goong, tse syih bbo loh yenq er. yausyih dyoq park oh! "I goong leau

就熱熱兒的晒起來。

那走道兒的心裏想，風末吹，太陽末晒。吹起來末，就冷得要死，晒起來末，又熱得要命。這天氣倒有點兒討厭呐！嘖！好熱！讓我看阿。我昨兒走了五十里地，今兒才走了三十里，五十搭三十是八十，那末今天還得要走二十里地呐，這末熱法不脫怎末能再走阿！可是回來傷了風？不要緊歐！我裏頭還穿着好幾層呐，不會傷風的。脫罷！

太陽看見了大高興。他說："廿，你看阿，還是我的本事罷？現在是你贏還是我贏？"

北風正在氣得像要瘋了似的，沒有法子出氣，忽然看見那個人從衣兜兒裡掏出一把扇子來遮着太陽的光，他就說："太陽你小心着就是了，我下回還有打敗你的機會呐。這回本來應該是我贏答的阿，不過因爲我大意了一點兒才輸答的阿。要是換個法子再比一回我就一定會贏了。你還來不來阿？

就出力曝。

那個行路的心內想：風呢吹，日呢曝。吹呢，吹到寒到要死；曝呢，曝到熱到要死。這路天氣眞正 lang gginn！啊者音熱！我看 bbay 咧，我昨日行五十里，今仔日行三十里。五十又意三十是八十，今仔日猶着再行二十里，者音呢熱，無脫衫 bbeq gan 行會得去？不過，較停傷風咧？啊！無要緊！我內面猶穿幾若領咧。不會一下就傷風 orñ̃！脫起來，脫起來。

日頭看了眞得決。伊講："hor！汝看猶是我的本事 horñ！現在意是汝贏抑是我贏？"

北風 duu-aa 在氣到要起瘋意，無法可意出氣，忽然看見那个人對袋仔內擇一支扇出來遮日光，伊就講："日頭！汝細膩阿就是！後帮我猶有打意敗汝的機會阿！這帮本底應該是我贏的，不過因爲我太大意咯，所以才會輸汝！若是換別法再比一帮，我一定是贏的。要再不？"

tɕiu˧˦ ts'ʊt˧˥ lat˥˦ p'ak˥ ‖

hit˧˥ e˩˦ kĩã˩˥ lɔ˧ e˦ sim˥˦ laɪ˧˦ sĩũ˧ ‖ hɔːŋ˥ nĩ˦ ts'e˥ ‖ lit˥˦ nĩ˦ p'ak˥ ‖ ts'e˥ nĩ˦ ts'e˥˦ ka'˧˥ kũã˩˥ ka'˧˥ be'˥ si˩˦ ‖ p'ak˥ nĩ˦ p'ak˥ ka'˧˥ lʊa'˥˦ ka'˧˥ be'˥ si˩˦ ‖ tɕi˩˥ lɔ˧˦ t'ĩ˥˦ k'i˩ tɕin˥˦ tɕĩã˩˨ laŋ˩˥ gin˦ ‖ a˦˨ ‖ tɕia˨ lʊat˥ ‖ gʊa˨ k'ũã˩˨ bai˦ le˦ ‖ gʊa˨˥ tsa˧ lit˥ kĩã˩˥ gɔ˨˦ tsap˥˦ li˨ ‖ kin˥˦ a˦ lit˧ kĩã˩˥ sã˥˦ tsap˧˦ li˨ ‖ gɔ˨ tsap˥ ko'˧˥ sã˥˦ tsap˥ si˧˦ pʊe'˧˨ tsap˧˦ ‖ kin˥˦ a˥ lit˧ ɪaʊ˩˥ tɪo'˥˦ ko'˧˥ kĩã˩˥ li˧˦ tsap˥˦ li˨ ‖ tɕia˨ nĩ˦ lʊat˥ ‖ bo˩˥ t'ᵊŋ˩˨ sã˥ be'˥ kan˦ kĩã˩˥ e˩˥ tɪŏk˧˥ ki˩ ‖ m̩˧˦ ko˥ k'at˧˥ t'ɪŏŋ˩ siɔŋ˥˦ hɔːŋ˥ le˦ ‖ a˨ ‖ bo˩˥ ɪaʊ˨˥ kin˨ ‖ gʊa˨ laɪ˩ bin˧˦ ɪau˩˥ tɕ'iŏŋ˧˦ kui˨˥ nã˦ nĩã˨ le˦ ‖ bʊe˧˦ tɕit˥˦ e˦ tɕiu˧˦ siɔŋ˥˦ hɔːŋ˧˦ ɔ̃˦ ‖ t'ᵊŋ˩ k'i˨˦ laɪ˩˦ ‖ t'ᵊŋ˩ k'i˨˦ laɪ˩˦ ‖

lit˥˦ t'aʊ˩ kũã˩˨ lɪaʊ˨ tɕin˥˦ tɪŏk˧˥ kʊat˧ ‖ i˧˥ kɔːŋ˨ ‖ hɔ˦˨ ‖ li˨˥ kũã˩ ‖ ɪaʊ˨˥ si˧˦ gʊa˨˥ e˩˦ pʊn˨˥ su˧ hɔ̃˦ ‖ tɕi˨˥ tsʊn˧ si˧˦ li˨˥ ĩã˩ ak˥ si˧˦ gʊa˨˥ ĩã˩ ‖

pak˧˥ hɔːŋ˥ tu˨˥ a˨˥ te'˧˥ k'i˨˥ ka'˧˥ be'˧˥ k'i˨˥ siaʊ˨ ‖ bo˩˥ hʊat˥ t'aŋ˥˦ ts'ʊt˧˥ k'i˩ ‖ hʊt˧˥ lɪan˩˥ kũã˩ kĩ˩ hit˧˥ e˩˦ laŋ˩ tʊɪ˩˨ te˧˦ a˨˥ laɪ˧ kɪa'˥˦ tɕit˥˦ ki˥˦ sĩ˧ ts'ʊt˧˥ laɪ˩˦ lɪa˥ lit˥˦ kɔːŋ˥ ‖ i˥ tɕiu˧˦ kɔːŋ˨ ‖ lit˥˦ t'aʊ˩ ‖ li˨˥ sʊe˩˨ li˧˦ a˦ tɕiu˧˦ si˧˦ ‖ aʊ˧˦ paŋ˥ gʊa˨ ɪaʊ˩˥ u˧˦ p'a'˧˨ paɪ˧ li˨˥ e˩˥ ki˥˦ hʊe˧ a˦ ‖ tɕi˨˥ paŋ˥ pʊn˨˥ tʊe˨˥ ɪŏŋ˨ kaɪ˥˦ si˧˦ gʊa˨˥ ĩã˩ e˩˦ ‖ pʊt˧˥ ko˩ in˥˦ ʊɪ˧˦ gʊa˨ t'aɪ˩˨ taɪ˧˦ i˩ la˦ ‖ sɔ˨˦ i˨˥ tɕia˥ e˧˦ su˥˦ li˨˦ ‖ nã˧˦ si˧˦ ũã˧˦ pat˥˦ hʊat˧ ko'˧˥ pi˨ tɕit˥˦ paŋ˥ ‖ gʊa˨˥ it˧˥ tɪŏŋ˧˦ si˧˦ ĩã˩ e˩˦ ‖ be'˥ ko'˧˥ m̩˦ ‖

tzyow tsutlat park.

Hit er gyañloh er simlay syuññ: "Hong nih tse, lit nih park; tse nih, tse gaq gwañ gaq bbeq sii; park nih, park gaq luat gaq bbeq sii; tzit loh tiñkih tzintziaññ lang-ggyinn. Ah! tzea luat. ggoa kwaññ bbay leh, ggoa tzarhlit gyañ ggorhtzarp lii, gin-aa lit gyañ sañtzarp lii, ggorhtzarp goq sañtzarp syih bweqtzarp, gin-aa lit yau dyoq goq gyañ lihtzarp lii; tzeanih luat bbo t'nq sañ bbeqgan gyañ erh diek kih? 'mrh go kaqtyeng sionghong leh? Ah! bbo eaugiin. Ggoa laybbinn yau tsieng guui nah nean leh, bweh tzyit erh tzyow sionghong orññ. t'nq kiilai, t'nq kiilai."

Littaur kwaññ leau tzin diekguat. I goong: "Hor! Liiññ kwa yau syih ggoa er buun-swuh horñ? Tzyittzwun syih lii yañ, ark syih ggoa yañ?"

Bakhong duu-aa deq kih gaq bbeq kiiseau, bbo-huat tang tsutkih. Hutlian kwaññgiññ hit er lang duy derh-aa lay giaq tzyit gi syiññ tsut--lai lhia litgong, I tzyuh goong: "Littaur! lii suehlih aa tzyow-syih! Awrbang ggoa yau wuh paq bayr lii er gih-weh ah! Tzit bang buundoe ieng-gai syih ggoa yañ er. But goh inwuih ggoa tay dayryih lah, soo-ii tzia erh su lii. Nahsyih waññ bathuat goq bii tzyit bang, ggoa yitdyeng yañ er. Bbeq goq 'mrh?"

I. 龍眼乾歌

趙元任先生製譜

（為省符號起見下面所寫比實在音高高半音。一字幾音者都是滑音。全歌時間53秒。）

(1)土字作"砦砦"。

(2)"查某鬼仔"乃廈門對女子狎媟之稱謂。

(3)"月內"指產婦分娩後之一月言。通常在此月中日日須服補品，謂之"做月內"。

(4)"ga tswaq 即油蟲之土名林君謂或即家賊之轉音。粵語謂之Ka tsa土字寫做甴甲。

(5)此歌通行於廈門。

lɪə̆ŋ˦ gɪə̆ŋ˨ kũã˥ kʊa˥

lɪə̆ŋ˦˧ gɪə̆ŋ˨˧ kũã˥ ‖ tɕĩã˥˧ geʔ˦˧ pũã˩ ‖

laŋ˦˧ tɪam˨˧ tɪə̆ŋ˥ ‖ li˨˧ laɪ˦˧ k'ũã˩ ‖

k'ũã˩˨ sim˨˧ miʔ˦˧ ‖ k'ũã˩˨ sin˥˧ nĩũ˦ ‖

sin˥˧ niũ˦ kũãĩ˦ ia˨˧ ke˧ ‖ ts'ʊa˩ bɔ˧˦ paɪ˩˨ laʊ˨˧ pe˧ ‖

laʊ˨˧ pe˧˧ bo˦˧ tɕ'iə̆ŋ˥˧ o˨ ‖ ts'ʊa˩ bɔ˧˦ paɪ˩˨ hĩã˥˧ so˨ ‖

hĩã˥˧ so˨ bo˦˧ tɕ'iə̆ŋ˥˧ kʊn˦ ‖ ts'ʊa˩ bɔ˧˦ paɪ˩˨ lɪə̆ŋ˦˧ tsʊn˦ ‖

lɪə̆ŋ˦˧ tsʊn˦ p'u˥˧ p'u˥˧ pe˥ ‖ ts'ʊa˩ bɔ˧˦ paɪ˩˨ te˦˧ e˥ ‖

te˦˧ e˥˧ tɕ'iaŋ˧˧ tɕ'iaŋ˧˧ kʊn˨ ‖ baʔ˦˧ ts'a˨˧ sʊn˨ ‖

sʊn˨ hɔ˧˧ si˨˧ tsa˥˧ bɔ˨˧ kʊɪ˨˧ a˨ nĩ˥˧ tɕit˦˧ te˧ ‖

tɕiaʔ˦˧ beʔ˦ taɪ˧˧ ‖ tɕiaʔ˦˧ beʔ˦ tsʊe˩˨ geʔ˦˧ laɪ˧ ‖

geʔ˦˧ laɪ˧˧ sĩ˥˧ sim˨˧ miʔ˦˨ ‖ sĩ˥˧ ka˥˧ tsʊaʔ˦ ‖

p'o˧˧ ts'ʊt˧˧ laɪ˦ ‖ p'o˧˧ lɪp˦˧ k'i˩ ‖ tsɔːŋ˨˧ bʊe˧˧ ʊaʔ˦ ‖

tɕit˦˧ taʊ˨˧ bi˨ ‖ tɕit˦˧ taʊ˨˧ tsiə̆k˧ ‖ kɪu˩˨ kaʔ˦˧ ʊaʔ˦˧ ʊaʔ˦˧ ʊaʔ˦ ‖

Lieng ggeeng guañ gua

Lieng ggeeng guañ, tziañ ggeq buaññ;

Lang deam dieng, lii lai kuaññ.

Kuaññ siim-miq? Kuaññ sin-niouñ;

sin-niouñ gwaiñ ea gerh, tsuah bboh bay laoberh.

Laoperh bbó tsyeng óó, tsuah bboh bay hiañ sóó.

Hiañ sóó bbó tsyeng gwun, tsuah bboh bay lieng tzwun.

Lieng tzwun pux be, tsuah bboh day der e.

Der e tsyanqx guun, bbaq tsaa suun.

Suun horh sii tzabbooguui-aa niñ tzyit derh.

tzyaq bbeq dayr? tzyaq bbeq tzueh ggeq lay.

Ggeq lay siñ siim-miq? siñ gatzwaq.

Porh tsut lai, porh lip kih; tsoong bweh waq.

Tzyit dao bbii, tzyit dao tsiek, giow gaq waqxx.

Ⅲ. 草蜢公歌

（全歌時間46秒）

草蜢公(1)，善(2)飼牛。牛那(3)去？牛賣銀。銀那去？
銀娶婦。婦那去？婦生孫。孫那去？孫趕鴨。
鴨那去？鴨生卵。卵那去？卵請客。客那去？
客放尿。尿那去？尿沃花。花那去？花結子。
子那去？子搾油。油那去？油點火。
火那去？火給(4)老嬬婆仔吃煙剌剌熄。

(1)"草蜢公"螳螂也。

(2)"善"音ggan此係訓讀。

(3)"那"即"那裏"音轉為do故或寫作"多"。

(4)"給"音horh亦係訓讀，或以"護"字擬其音者非。

(5)此歌通行於廈門晋江同安。

ts'aʊ˨˩˦ me'˦ kɔːŋ˥ kʊa˥

ts'aʊ˨˩˦˥	me'˦˧	kɔːŋ˥	‖	gaʊ˧˥˥	tɕ'i˥˧	gu˧˥	‖
gu˧˥	to˨˩˦˥	k'i˩	‖	gu˧˥	bʊe˧˧	gʊn˧˥	‖
gʊn˧˥	to˨˩˦˥	k'i˩	‖	gʊn˧˥	ts'ʊa˧˧	bɔ˧˧˥˧	‖
bɔ˧˧˥˧	to˨˩˦˥	k'i˩	‖	bɔ˧˧˥˧	sĩ˥˧	sʊn˥	‖
sʊn˥˧	to˨˩˦˥	k'i˩	‖	sʊn˥˧˥	kũã˨˩˦˥	a'˦	‖
a'˦	to˨˩˦˥	k'i˩	‖	a'˦	sĩ˥˧	nəŋ˧	‖
nəŋ˧˧˥	to˨˩˦˥	k'i˩	‖	nəŋ˧	tɕ'ĩã˨˩˦˥	k'e'˦	‖
k'e'˦˧	to˨˩˦˥	k'i˩	‖	k'e'˦	paŋ˩˧˥	lɪo˧	‖
lɪo˧	to˨˩˦˥	k'i˩	‖	lɪo˧	ak˦˧	hʊe˥	‖
hʊe˥	to˨˩˦˥	k'i˩	‖	hʊe˥	kiɛt˦˧	tɕi˨˩˦	‖
tɕi˨˩˦	to˨˩˦˥	k'i˩	‖	tɕi˨˩˦	k'ʊe'˦˧	ɪu˧˥	‖
ɪu˧˥	to˨˩˦˥	ki˩	‖	ɪu˧˥	tɪam˨˩˦˥	he˨˩˦	‖

he˨˩˦ to˨˩˦˥ k'i˩ ‖ he˨˩˦ hɔ˧˧ laʊ˨˩˦˧ tɕim˨˩˦˥ po˧˥ a˨˩˦˩ tɕia'˦˧ hʊn˥ tu'˦˧ tu'˦˧ sit˦‖

Tsao meq gong gua

Tsao-meq		gong,	ggau	tsyih	ggu
Ggu	tóó	kih?	Ggu	bweh	ggun.
Ggun	tóó	kih?	Ggun	tswa	bboh.
Bboh	tóó	kih?	Bboh	siñ	sun.
Sun	tóó	kih?	Sun	goan	aq
Aq	tóó	kih?	Aq	siñ	n'nq.
N'nq	tóó	kih?	n'nq	tseañ	keq.
Keq	tóó	kih?	Keq	banq	lióh.
Lióh	tóó	kih?	Lióh	ak	hue.
Hue	tóó	kih?	Hue	giet	tzii.
Tzii	tóó	kih?	Tzii	kweq	you.
You	tóó	kih?	You	deam	hee.

Hee tóó kih? Hee horh lao tziim bor aa tzyaq hun dwuqx sit.

V. 阿達子歌

（全歌時間45秒）

(1)"阿達子"為一種植物之子，產於爪哇，可作蜜餞食品。

(2)"灶脚"即廚下。

(3)"拭"讀若liou乃用水擦抹之意與拂拭異。

(4) O loo讚美也。

(5)"好八字"即"好命運"。

(6)"家官"即翁姑。

(7)此歌通行於泉州廈門，首句或用"竹有枝，麻有子"。

a˥ tat˦ tɕi˥˩ kʊɑ˥

a˥꜔ tat˦꜒ tɕi˥˩ ‖ tsʊe˩˄ laŋ˧˥꜒ sin˥꜔ pu˧ u˧ to˧ li˥˩ ‖

an˩˄ an˩˄ kʻʊn˧˥ ‖ tsa˥˩꜒ tsa˥˩꜒ kʻi˥˩ ‖

kʻi˥˩꜒ laɪ˧˥꜕ sʊɑ˥ tʻaʊ˧˥ bʊɑʔ˦꜔ hʊn˥˩ tɪɑm˥˩꜒ ɪan˥꜔ tɕi˥˩꜒ ‖

lɔʔ˦꜕ tsaʊ˩˄ kʻa˥ ‖ sʊe˥˩꜒ ũã˥˩꜒ ti˧ ‖

tɕĩũ˧꜕ tʊɑ˧꜕ tʻĩã˥ ‖ lɪu˧˥꜒ toʔ˦꜔ i˥˩ ‖

lɪp˦꜕ pɑŋ˧˥꜒ laɪ˧ ‖ tsʊe˩꜔ tɕiɑm˥꜒ tɕi˥˩ ‖

o˥꜔ lo˥˩꜒ hĩã˥ ‖ o˥꜒ lo˥˩꜒ ti˧ ‖

o˥꜒ lo˥˩꜒ tɪɔŋ˧꜕ hu˥ hɵ˥˩꜒ pʊeʔ˧ li˧ ‖

o˥꜒ lo˥˩꜒ ke˥꜒ kũã˥ ho˥˩꜒ ke˥꜒ si˩ ‖

o˥꜒ lo˥˩꜒ pe˧꜕ bu˥˩ ho˥˩꜒ ka˥˩꜒ si˩

A dat tzii gua

A dat tzii, tzueh lang sinpuh wuh dorhlii.

annx kun, tzaax kii.

Kii lai sua taur bbuaq huun deam iantzii.

Loq tzawka, soe oañ dyih;

tzyouññ dwah tiañ, liou doq ii;

Lip barng lay, tzueh tziamtzii.

O-loo hiañ; o-loo dyih;

o-loo dyoqhu hoo bueqlih;

o-loo geguañ hoo gesih;

o-loo berh bbuu hoo gah sih.

Ⅳ. 老鼠乾歌

(全歌時間3 4秒)

(1)"老孀婆"即老太婆。

(2)"投"告訴也。

(3)"蚵鏡"即用蚵殼磨成半透明体以代玻璃者，與江浙所用之"明瓦"相似。

(4)"大伯"夫兄也。

(5)"撲撲跳"或作"搏搏彈"。此句以下或多"雞母撲雞妹，雞妹跌落井，井烏烏，攀
tě横尼姑，尼姑返上壁，跌落來，跌到赤赤赤"。

(6)此歌通行於同安廈門。

nɪaʊ˥˩ ts'u˥˩ kũã˥ kʊɑ˥

nɪaʊ˥˩˩˥ ts'u˥˩˧˥ kũã˥ ‖ k'an˩˧˥ gu˧˥ k'an˥˧˥ be˥˩ tɕĩũ˧˩˧ tʊɑ˧˩˧ sũã˥ ‖

tʊɑ˧˩˧ sũã˥ bo˧˥˧˥ be˥˩˩˥ ts'aʊ˥˩‖ kan˥˧˥ k'i˩˥˩ laʊ˥˩˧ tɕim˥˩˩˥ po˧˥ a˩ mᵊŋ˧˥˧˥ k'a˥˧˥ k'aʊ˥˩‖

tɑk˧˥ tɕit˧˥ e˧ ‖ t'ĩã˩˥˩ t'ĩã˩˥˩ t'ĩã˩ ‖ taʊ˧˥˧˥ o˧˥˧˥ kĩã˩ ‖

o˧˥˧˥ kĩã˩ k'i˩˥ bʊe˧˩˧ o˧˥ ‖ taʊ˧˥˧˥ tɕim˥˩˩˥ po˧˥ ‖

tɕim˥˩˩˥ po˧˥ k'i˩˧˥ tsʊe˩˥˩ k'e'˧ ‖ taʊ˧˥˧˥ tʊɑ˧˩˧ pe'˧ ‖

tʊɑ˧˩˧ pe'˧ bʊe˧˩˧ ts'ɔ˥˧˥ tsʊɑ˥˩‖ taʊ˧˥˧˥ laɪ˧˥ taʊ˧˥˧˥ ki˩˧˥ taʊ˧˥˧˥ tɪo'˧˥ gʊɑ˥˩‖

haɪ˧˩˧ gʊɑ˥˩˩˥ sim˥˧˥ kũã˥ p'ɔːk˧˥ p'ɔːk˧˥ t'ɪo˩˥ ‖

Neau tsuu guañ gua

Neau tsuu guañ, kan ggu kan bbee tzyouññ dwan suañ.

Dwah suañ bbó bbee tsau, kan kih lao tziimbor ah m'ng ka kao.

Dak tzyit erh, teañxx! daur or giauu.

Or giaññ kih bbueh or, daur dwah beq.

Dwah beq bbueh tso tsoa, daur lai daur kih daur dyoq ggoa.

Hayr ggoa sim guañ pokx tioh.

附 錄

周辨明先生所記之厦門音

轉錄萬國語言學會出版之 *Le Maître Phonetique* 第三輯第三十册

(一九三〇年四月至六月)三十八至四十頁

Version of "the north wind and the sun" in the pronunciation of Bien-ming Chiu (˳tsiu ˷piɛn ˊbiŋ) of Amoy (˷e'mŋ)

transcribed by Bien-ming Chiu

[Final p, t, k, ʔ, are pronounced without exsplossion. t is dental. An ə-glide is heard between i and ə final k or ŋ and between u and ə final t; thus the syllables hik, tshiŋ, tut sound like hiək, tshiəŋ, tuət. ɛ, as in tiɛp, hiɛn, appears to be a member of the a-phonome, it is near in qualily to the English æ. When a is followed by ʔ, it has a value approaching the English ʌ. When a syllabic ŋ is preceeded by a consonant, an extremely short ə is generaly instead before it; thus the syllable kŋ, thŋ, nŋ might be written kəŋ, thəŋ, nəŋ.

Vowels and diphthongs are always nasalized when a nasal consonant preceeds. In a broad transcription the nasal mark could be omitted in such words.

According to the original classification there are eight tones. Their approximate values for a mains voices may be shown in musical notation thus:

Tones 1, 2, 3, 5, 7 may be represented in phonetic transcriptions of followings: ˉa, ˋa, ˎa, ˊa, ˍa. These are realy the principal member of five tonemes, Tone 6 (ˍa) is a subscribed member of tone 7 (ˍa), and is a trifle lower in pitch and short in quantity than latter.

Tones 4 and 8 are "short" tones. They are only used in syllables ending in a stop (p, t, k, ʔ), the value of which are very short. They may be regarded as special members of tonemes 3 and I respectively, and they are accordingly written here with the marks and .

In connected special syllables governed by somewhat complicated laws. The following transcription represents the tones as actually shifted in connected speech. In every group of syllables there is one with a "tone-accent", that is to say retaining its normal tone value. This printed is thick type. Observations made on tone-accents serve as the basis for a theory of "tone-syntax".

To make the values of the. tones quite clear, the text in accompanied by a staff-notation of the tones. The normal values of the tones may be represented in staff-notation thus:

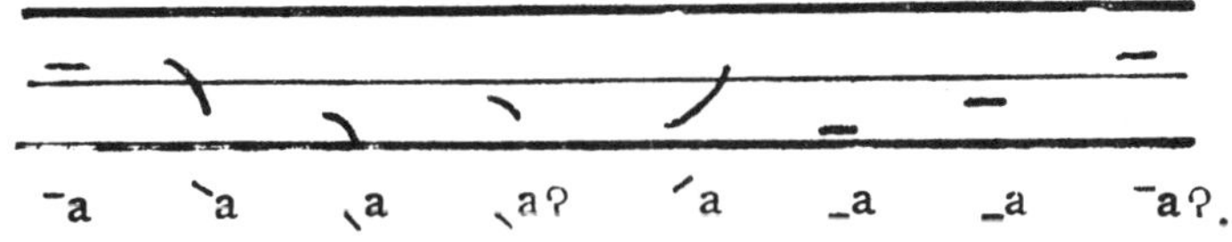

When a tone is marked by a dot in the staff-notation, it means that the syllable is very short.

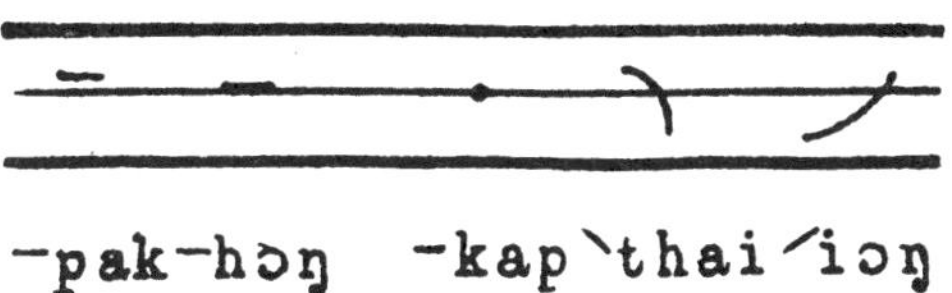

¯pak¯hɔŋ ¯kap`thai´iɔŋ

˰u˰tsit`pai ¯pak¯hɔŋ ¯kap`thai´iɔŋ `te`tau¯pun

_su_e´si, ¯tu¯a˰tsit_e_kiã_lɔ _e´laŋ, ˰tshiŋ˰tsi

¯niã˰kau¯tut ˎtut_e_mĩ´hiu, `tui¯hia ˎke. ¯in ˰tsiu

_su´niũ `kɔŋ: "`lan¯lɔŋ˰m¯biɛn ˎtsĩ. ˰nã¯sai`khoã

˰tsi_tsui ˰oe˰hɔ¯hit_e_kiã_lɔ_e´laŋ `thŋ_i¯hit¯niã

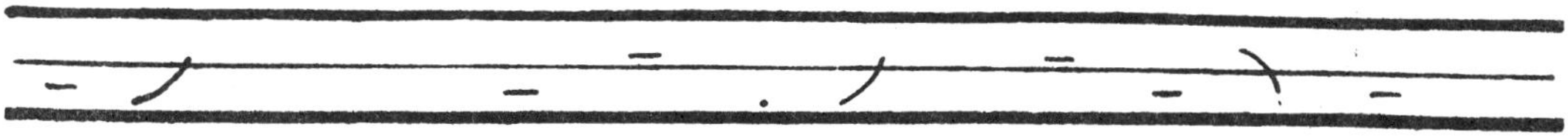

_mĩ´hiu ˰tsiu_tsai¯to˰tsit´e ¯pun_su`kha_toa".

¯sɔ¯i¯pak¯hɔŋ ˰tsiu¯khi_hɔŋ¯thai. ˰m¯ku¯i ¯hɔŋ

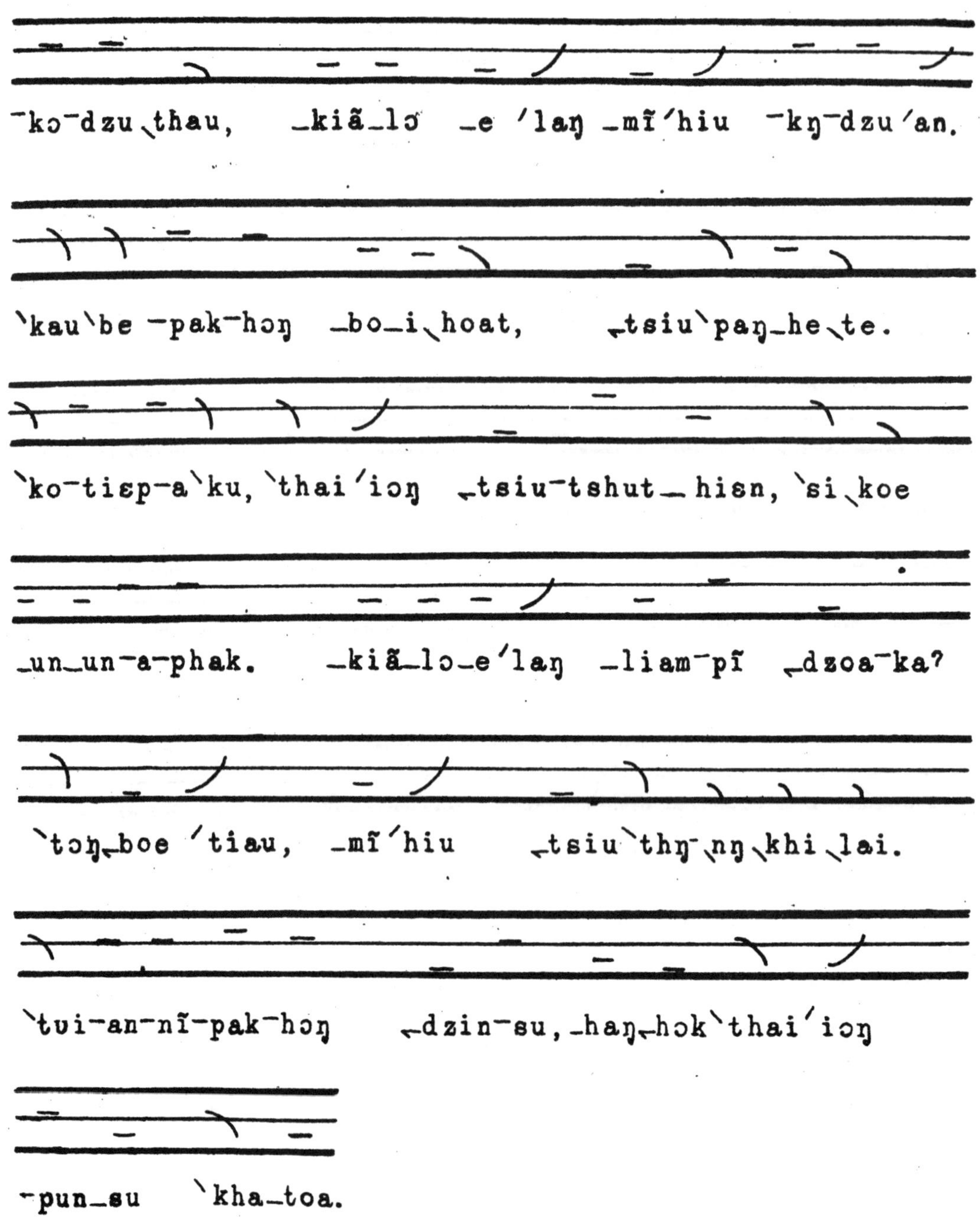
¯kɔ¯dzuˎthau, ˍkiãˍlɔ ˍe ˊlaŋ ˍmĩˊhiu ¯kŋ¯dzuˊan.
ˋkauˋbe ¯pak¯hɔŋ ˍboˍiˎhoat, ˏtsiuˋpaŋˍheˎte.
ˋko¯tiɛp¯aˋku, ˋthaiˊiɔŋ ˏtsiu¯tshutˍhiɛn, ˋsiˎkoe
ˍunˍun¯a¯phak. ˍkiãˍlɔˍeˊlaŋ ˍliam¯pĩ ˏdzoa¯ka?
ˋtɔŋˏboe ˊtiau, ˍmĩˊhiu ˏtsiuˋthŋ¯ˎnŋˎkhiˎlai.
ˋtui¯an¯nĩ¯pak¯hɔŋ ˏdzin¯su, ˍhaŋˏhɔkˋthaiˊiɔŋ
¯punˍsu ˋkhaˍtoa.

VII. 厦門音與十五音及廣韵比較表

這個表是全部音系材料的總彙。表裏所收的四千六百三十六字是參酌十五音跟我用 Barclay 及 Campbell 字典所作的字表,除去僻字以外,每聲每韵每等每呼各取一兩個字作代表;因爲本篇研究以音爲主,所以這個表裏所收的字,祇求音類的大體完備,而不管字彙是否充實。表的系統以韵爲經,以聲爲緯。韵一方面所包含的條件有厦門音的韵類,韵値,調類,十五音韵母,韵攝,廣韵韵目,等呼七項;聲一方面所包含的條件有厦門音的聲類,聲値,十五音聲母,廣韵聲類四項。關於等呼的分辨大體以韵鏡爲準。因爲這個表是綜合聲韵的總表,所以凡是受莊組跟云類聲母的影響而分等的這裏也一律分列,跟第五章專爲比較韵母分合的辦法不同。厦門聲類跟廣韵聲類的分合,雖然不像韵母那樣複雜,可是也不十分簡單。若按分別韵母的行款排列起來,不單所費的空間更多,而且實際上也沒有方法印刷。所以現在祇能在第九十八頁的表首列出各聲母裏最常見的古聲類,以數字註明次序,表內祇有各聲母裏不常見的古聲類是在例字的左端用小字標明聲目,其餘的完全用小數字替代。至於表裏所用的記號:凡是話音在字下加一橫線;由十五音的字音變成厦門話音的在字下加⌐號;由十五音的話音變成厦門字音的在字下加⌐號;在廣韵算寄韵的字旁加一圈(○);在十五音算寄韵的字旁加一點(·);在廣韵跟十五音都算寄韵的另加⊙號。此外,† 是訓讀或與音理較遠的記號,× 是例字見於厦門音新字典或十五音但未經發音者承認的記號,(　)是例字祇見於十五音本表附存其位的記號。還有舒聲om韵跟促聲op uak兩韵在音系的各種表裏本來都沒有列進去,但是按廣韵或十五音的系統,在總表裏似乎還有附存的必要。所以這裏仍然把牠們列入表中而在韵類韵值的外邊各加括弧以示區別。

厦門音
與十五音及廣韵
比較表

廈門音與十五音及廣韻母比較表

聲類	聲值	十五音聲母	廣韻聲類										
			韻類	m				ng					
			韻值	m̩				ŋ̍					
			調類	陽平˩		上˅	陽去˧	陰平˥					
			十五音韻母	姆(梅)		姆(姆)	姆(不)	鋼(鋼)					
			韻攝	蟹	效	遇	臻入	宕					江
			廣韻韻目	灰	肴	姥	物	唐		陽			江
			等呼	合一	開二	合一	合三	開一	合一	開三	開二	合三	開二
b	p	邊	1.邦2.並3.滂4.非5.奉										
p	p‘	頗	1.滂2.並3.邦4.敷5.奉										
bb	b	門	1.明2.微										
m	m		1.明2.微										
d	t	地	1.端2.定3.端4.知5.澄					1.當					
t	t‘	他	1.透2.定3.端4.徹5.澄					1.湯					
n	n	柳	1.泥2.來3.娘4.日										
l	l		1.來2.泥3.娘4.日										
g	k	求	1.見2.羣3.溪4.疑5.匣					1.岡					1.扛
k	k‘	去	1.溪2.羣3.見4.曉5.匣					1.康					
gg	g	語	1.疑2.見3.溪										
ng	ŋ		1.疑										
□	ʔ,○	英	1.影2.云3.以4.曉5.匣6.見7.疑	明.梅		明.姆	非.不˧			1.央秧			
h	h	喜	1.曉2.匣3.影4.云5.疑6.非7.敷8.奉	明.媒	明.茅				1.荒			6.方	
tz	ts tɕ	曾	1.精2.從3.莊4.章5.崇6.船7.知8.澄9.邪10.書11.禪					1.臟			3.莊裝		
ts	ts‘ tɕ‘	出	1.清2.從3.精4.初5.昌6.崇7.徹8.心9.邪10.生11.書					1.倉艙			4.瘡		
s	s	時	1.心2.邪3.生4.書5.禪6.崇7.船					1.桑			3.霜		
dz	dʑ	入	1.日2.疑3.泥4.云5.從										

韻類			ng											
韻值			ŋ											
調類			陰平˥									陽平˩˧		
十五音韻母			褌(褌)									鋼(鋼)		
韻攝			山				臻	宕			通	宕		
廣韻韻目			桓	刪	仙		魂	唐		陽	東	唐	陽	
等呼			合一	合二	合二	合三	合一	合一	開一	合三	合三	開一	開三	開二
b	p	邊							1、幫	4、方枋	7、楓風	2、傍		
p	pʻ	頗												
bb	b	門												
m	m													
d	t	地										2、唐堂	5、長腸	
t	tʻ	他										2、糖		
n	n	柳										2、郎榔		
l	l													
g	k	求					1、褌	1、光						
k	kʻ	去												
gg	g	語												
ng	ŋ													
□	ʔ,○	英												
h	h	喜					1、昏	1、荒						
tz	ts tɕ	曾				4、甎								
ts	tsʻ tɕʻ	出			10、栓	5、川	1、村							6、牀
s	s	時	1、酸痠	8、欀			1、孫							6、牀
dz	dz	入												

韻類			ng											
韻值			ŋ											
調類			陽平˦							上˥˩				
十五音韻母			鋼(郎)	褌(傳)						鋼(榜)		褌(捲)		
韻攝			宕	山			臻	宕	效	宕	梗	山		
廣韻韻目			陽	刪	元	仙	魂	唐	豪	蕩	梗	緩	阮	獮
等呼			合三	合二	合三	合三	合一	合一	開一	開一	開三	合一	合三	合三
b	p	邊								1.榜				
p	p'	頗												
bb	b	門												
m	m	門					1.門		1.毛·				2.晚	
d	t	地											非.返†	4.轉
t	t'	他				5.傳								
n	n	柳												4.輭
l	l	柳												
g	k	求										1.管		1.捲卷
k	k'	去												
gg	g	語												
ng	ŋ	語												
□	?,○	英		1.彎				5.黃			1.影		7.阮	
h	h	喜	8.防		4.園									
tz	ts tɕ	曾												
ts	ts' tɕ'	出												
s	s	時												
dz	dz	入												

韻類			ng											
韻值			ŋ											
調類			上˅			陰去˩								陽去˧
十五音韻母			褌捲			鋼槓		褌卷						鋼(濁)
韻攝			臻		止	宕		山					臻	宕
廣韻韻目			混	準	旨	宕	漾	換	緩	諫	願	線	慁	宕
等呼			合一	合四	開三	開一	開三	合一	合一	合二	合三	合三	合一	開一
b	p	邊												2.傍
p	p'	頗												
bb	b	門												
m	m													
d	t	地				1.當							1.頓	
t	t'	他				1.盪							1.褪°	
n	n	柳												
l	l													
g	k	求				1.鋼槓		1.貫		1.串	3.券	1.卷		
k	k'	去				從 臟†					1.勸			
gg	g	語												
ng	ŋ													
□	ʔ,○	英		3.笎°			4.向·							
h	h	喜												
tz	ts tɕ	曾			4.指†			1.鑽					2.鱒	2.臟臟
ts	ts' tɕ'	出								見 串°		5.穿		
s	s	時	1.損						1.算					
dz	dz	入												

韻類			ng									a		
韻值			ŋ˩									a		
調類			陽去˧									陰平˥		
十五音韻母			鋼(浪)			褌(斷)						嘉嘉		
韻攝			宕	江	宕	山				臻		假	果	蟹
廣韻韻目			養	絳	漾	換	緩	願	線	慁	問	麻	戈	佳
等呼			開三	開二	開二	合一	合一	合三	合二	合一	合三	開二	合一	開二
b	p	邊						5.飯						
p	pʻ	頗												
bb	b	門												
m	m	門									2.問			
d	t	地	5.丈	5.撞		1.斷								
t	tʻ	他												
n	n	柳	2.兩·				2.卵							
l	l	柳												
g	k	求										1.家嘉		1.佳
k	kʻ	去											1.呿	
gg	g	語												
ng	ŋ	語												
□	ʔ,○	英									2.暈			
h	h	喜						4.遠		2.圂				
tz	ts tɕ	曾			5.狀				5.饌			3.渣		
ts	tsʻ tɕʻ	出										4.差叉		
s	s	時										3.沙紗		
dz	dz	入												

韻類			a											
韻值			a											
調類			陰平˥						陽平˧˥					上V
十五音韻母			嘉(嘉)	膠(膠)					嘉(枷)		膠(巴)			嘉(賈)
韻攝			蟹	假	效		山	宕入	假	蟹	假	蟹	效	假
廣韻韻目			灰	麻	肴	宵	諫	藥	麻	佳	麻	佳	肴	馬
等呼			合一	開二	開二	開四	開二	開三	開二	開二	開二	開二	開二	開二
b	p	邊		1.巴羓°疤°					2.琶杷		2.琶爬			1.把
p	p‘	頗		1.葩	1.拋脬									
bb	b	門									1.麻		1.貓	
m	m	門									1.麻痲			1.馬媽°
d	t	地				糕焦礁°								
t	t‘	他												
n	n	柳												
l	l	柳							2.譈					
g	k	求	1.傀		1.膠鮫				1.痂·枷					1.假賈
k	k‘	去						3.脚						
gg	g	語							1.牙衙					
ng	ŋ	語												1.雅·
□	ʔ,○	英							1.鴉·					1.啞
h	h	喜							2.瑕蝦					
tz	ts tɕ	曾							8.茶					
ts	ts‘ tɕ‘	出							澄.查	6.柴	澄.查	6.柴		
s	s	時					3.柵							
dz	dz	入												

韻類			a											
韻值			a											
調類			上∨						陰去⅃					陽去⊣
十五音韻母			嘉賈		膠絞				嘉嫁		膠教			嘉下
韻攝			假	止	假	果	效		假	山入	假	效	流	假
廣韻韻目			馬	止	馬	歌	晧	巧	禡	鎋	禡	效	候	禡
等呼			合二	開四	開二	開一	開一	開二	開二	開二	開二	開二	開一	開二
b	p	邊			1.把			1.飽			1.霸灞	1.豹		2.耙。
p	p‘	頗			1.䶕。					明.帕	1.怕			
bb	b	門												
m	m													1.罵
d	t	地										4.罩		
t	t‘	他							4.詫					
n	n	柳												
l	l													
g	k	求						1.絞疲。攪	1.假嫁			1.教		
k	k‘	去						1.巧					1.扣	
gg	g	語												1.訝
ng	ŋ													
□	ʔ,○	英		精.仔!		1.阿			1.亞啞		1.亞啞			
h	h	喜										1.孝		2.下夏
tz	ts tɕ	曾					1.早		3.詐炸					5.乍
ts	ts‘ tɕ‘	出						4.炒吵						
s	s	時	3.傻						3.灑					
dz	dz	入												

韵類			a						ia					
韵值			a						ɪa					
調類			陽去˧						陰平˥					陽平˨˦
十五音韵母			嘉下		膠齩				迦迦					迦伽
韵攝			假	果	蟹	效		宕入	假			果	止	假
廣韵韵目			馬	果	蟹	效	巧	鐸	麻			戈	支	麻
等呼			開四	合一	開二	開二	開二	開一	開二	開三	開四	合三	開三	開三
b	p	邊		2.爸	2.罷									
p	pʻ	頗				2.皰疱∘								
bb	b	門												
m	m													
d	t	地								4.爹				
t	tʻ	他												
n	n	柳												
l	l													
g	k	求					4.齩		1.迦				2.奇	
k	kʻ	去												
gg	g	語												
ng	ŋ													
□	ʔ,○	英	3.也											
h	h	喜										1.靴		
tz	ts tɕ	曾						7.昨·		4.遮這⊙	1.嗟			
ts	tsʻ tɕʻ	出								5.車				
s	s	時								4.賒奢				7.蛇
dz	dz	入								[illegible]遮				

韵類			ia											
韵值			• ɪa											
調類			陽平˧˥			上˥˧˥		陰去˨˩			陽去˧			
十五音韵母			迦伽			迦(者)		迦寄			迦崎			
韵攝			假	止		假		假		止	假		止	
廣韵韵目			麻	支		馬		禡		寘	禡		支	紙
等呼			開四	開三	開四	開三	開四	開三	開四	開三	開三	開四	開三	開三
b	p	邊												
p	pʻ	頗												
bb	b	門					1.乜							
m	m													
d	t	地												
t	tʻ	他												
n	n	柳												
l	l													
g	k	求			2.岐					1.寄			2.崎	
k	kʻ	去		2.騎										
gg	g	語												
ng	ŋ													
□	ʔ,○	英	5.椰耶爺°				3.也野					3.夜		
h	h	喜												5.蟻
tz	ts tɕ	曾				4.者	1.姐	4.蔗柘	1.借			2.9.藉謝		
ts	tsʻ tɕʻ	出	9.斜			5.哆								
s	s	時	2.斜邪			4.捨	1.寫	4.赦舍	1.卸		7.射麝	2.謝		
dz	dz	入				1.惹								

韻類			ua											
韻值			ʊa											
調類			陰平˥						陽平˧˥				上˥˩˥	
十五音韻母			瓜瓜						瓜檨				瓜巴	
韻攝			假		果		遇	蟹	假		果		假	果
廣韻韻目			麻		戈	歌	模	佳	麻		戈	歌	馬	哿
等呼			合二	開二	合一	開一	合一	開二	合二	開三	合一	開一	合二	開一
b	p	邊												
p	pʻ	頗												
bb	b	門									1.磨			
m	m													
d	t	地												
t	tʻ	他										1.拖		
n	n	柳												
l	l											1.籮		
g	k	求	1.瓜		1.過	1.歌								
k	kʻ	去	1.誇				1.刳							
gg	g	語												1.我
ng	ŋ													
□	ʔ,O	英	1.哇·					1.娃	1.蛙				7.瓦	
h	h	喜	1.花·						2.華				2.踝	
tz	ts tɕ	曾								6.蛇				
ts	tsʻ tɕʻ	出	4.髽											
s	s	時		3.沙·鯊·									3.耍°	
dz	dz	入												

韵類			ua											
韵值			ʊa											
調類			上˅		陰去˩								陽去˧	
十五音韵母			瓜四		瓜升								瓜(賴)	
韵攝			止		假	果	遇		蟹				假	果
廣韵韵目			紙		禡	過	暮	遇	泰	蟹	卦	怪	馬	哿
等呼			開三	開四	合二	合一	合一	合三	開一	開二	合二	合二	開三	開一
b	p	邊				簸								
p	p'	頗				破								
bb	b	門												
m	m													
d	t	地						4.住	帶					2.舵
t	t'	他								5.豸				
n	n	柳												
l	l													
g	k	求							蓋		卦掛°	怪		
k	k'	去			跨		袴							
gg	g	語												
ng	ŋ													
□	ʔ,○	英		1.倚										
h	h	喜			1.化 2.華·									
tz	ts tɕ	曾	4.紙											
ts	ts' tɕ'	出												
s	s	時	徙											
dz	dz	入											若	

韵類			ua						o					
韵值			ʊɑ						ɔ					
調類			陽去˧						陰平˥					
十五音韵母			瓜([illegible])						沽沽					
韵攝			遇	蟹				效	遇				流	
廣韵韵目			遇	泰		卦	夬	号	模	魚	虞		侯	尤
等呼			合四	合一	開一	合二	合二	開一	合一	合二	合二	合三	開一	開二
b	p	邊							1.哺					
p	pʻ	頗							1.鋪			5.鋪		
bb	b	門												
m	m													
d	t	地			2.大				1.都					
t	tʻ	他											1.偷	
n	n	柳												
l	l				1.賴									
g	k	求							1.沽孤 5.枯				1.鈎溝	
k	kʻ	去							3.箍 4.呼					
gg	g	語		1.外										
ng	ŋ													
□	ʔ,○	英							1.烏				1.謳	
h	h	喜				2.畫	2.話		1.呼					
tz	ts tɕ	曾							1.租 2.祖	5.鉏	初.芻		2.鯫	3.鄒
ts	tsʻ tɕʻ	出	1.娶					定.導†	1.麤	4.初·				
s	s	時							1.蘇酥	3.疏梳			1.搜	
dz	dz	入												

韻類			o											
韻值			ɔ											
調類			陽平˨˦					上˦˨˦						
十五音韻母			沽糊					沽古						
韻攝			遇			流		遇						
廣韻韻目			模	魚	虞	侯	尤	姥	暮	語		御	麌	遇
等呼			合一	合三	合三	開一	開三	合一	合一	合二	合三	合二	合二	合三
b	p	邊	2.葡∘蒲 1.逋			2.裒		1.補						
p	p'	頗	2.菩					1.普 3.圃						
bb	b	門	1.模摹				1.謀	1.姥						
m	m	門												
d	t	地	2.徒塗			2.投骰		1.肚賭						
t	t'	他	2.塗			2.頭		1.土						
n	n	柳												
l	l	柳	1.盧壚	1.臚	1.鏤	1.樓		1.魯滷						
g	k	求	5.糊					1.古鼓						
k	k'	去	5.糊					1.苦			4.許			
gg	g	語	1.吾吳											
ng	ŋ	語												
□	ʔ,O	英	5.胡湖					1.塢						1.嫗
˙h	h	喜	2.弧狐			2.侯猴喉	8.浮·	1.虎 2.岵						
tz	ts tɕ	曾						1.祖組		3.阻	2.沮	3.詛		
ts	ts' tɕ'	出								4.楚礎				
s	s	時							1.溯	3.所			3.數·	
dz	dz	入												

韻類			o											
韻值			ɔ											
調類			上˅			陰去˩						陽去˧		
十五音韻母			沽古			沽固						沽怙		
韻攝			流			遇			流			遇		
廣韻韻目			厚	有	宥	暮	遇		候	厚	候	暮	姥	御
等呼			開一	開三	開二	合一	合二	合三	開一	開一	開一	合一	合一	合二
b	p	邊				布怖		傅				步捕	部	
p	pʻ	頗	剖			舖							簿	
bb	b	門										暮墓		
m	m													
d	t	地	斗			妒			鬥			度渡	杜肚	
t	tʻ	他				兎吐			透					
n	n	柳												
l	l											路露	滷努	
g	k	求	狗苟			故顧			構媾		够		詁怙	
k	kʻ	去	口			庫袴			扣寇	釦				
gg	g	語											五	
ng	ŋ													
□	ʔ,○	英	嘔			惡								
h	h	喜	吼	缶								互護	户怙	
tz	ts tɕ	曾	走						奏湊			祚		助
ts	tsʻ tɕʻ	出				醋								
s	s	時	叟		瘦	素訴	數		嗽					
dz	dz	入												

韻類			ɔ				ơ							
韻值			ɔ				o							
調類			陽去˧				陰平˥					陽平˧˥		
十五音韻母			沽沽				高高					高		
韻攝			遇	流			果		效	止		果		假
廣韻韻目			遇	侯	厚	宥	戈	歌	豪	支		戈	歌	麻
等呼			合三	開一	開一	開三	合一	開一	開一	開三	開三	合一	開一	開四
b	p	邊					[1]嶓		[1]褒			[2]婆		
p	pʻ	頗			[2]蔀		[3]波[1]坡							
bb	b	門		[1]茂										
m	m	門												
d	t	地		[2]豆痘°				[1]多	[1]刀				[2]駝[3]他	
t	tʻ	他						[1]佗	[1]叨滔					
n	n	柳												
l	l	柳		[1]漏陋			[1]覶					[1]螺	[1]羅鑼	
g	k	求					[1]戈	[1]哥歌	[1]高膏[4]翱					
k	kʻ	去					[1]科	[1]珂[5]苛						
gg	g	語										[1]訛	[1]俄鵝	
ng	ŋ	語												
□	ʔ,○	英	[2]芋				[1]倭窩°[6]鍋	[1]阿[5]荷[4]呵	[1]鏖[4]蒿	[1]猗				
h	h	喜	[4]雨	[2]後	[2]厚				[1]蒿			[2]禾和	[1]訶[2]河	
tz	ts tɕ	曾				[2]驟			[1]遭糟					[1]瘥
ts	tsʻ tɕʻ	出						[1]瑳磋	[1]操		[4]嵯			
s	s	時					[1]莎梭		[1]騷繅					
dz	dz	入												

韵类			6											
韵值			o											
調類			陽平1		上V					陰去」				
十五音韵母			高(勞)		高果					高告				
韵攝			效	遇	果		效		流	果		效		遇
廣韵韵目			豪	虞	果	哿	晧	篠	厚	過	箇	号	晧	暮
等呼			開一	合三	合一	開一	開一	開四	開一	合一	開一	開一	開一	開一
b	p	邊					保寶			播簸		報		
p	p'	頗			頗跛					破				
bb	b	門		無					母					
m	m													
d	t	地	逃陶		朵	那	島倒					到倒		
t	t'	他	桃		妥		討			唾		套		
n	n	柳												
l	l		勞牢 撈				老惱	嫐×						
g	k	求			果		槀鎬			過	箇	告		
k	k'	去				可哿	考栲			課		靠誥		
gg	g	語	遨											
ng	ŋ											奥		
□	ʔ,○	英	蠔°				襖							
h	h	喜	豪蠔°				好							
tz	ts tɕ	曾	曹槽			左	早棗			剉挫	佐做°	竈		
ts	ts' tɕ'	出					草				蹉	操懆		錯•
s	s	時			鎖		嫂					躁掃	燥	
dz	dz	入												

韵類			ó						ió					
韵值			o						ɪo					
調類			陽去˧						陰平˥			陽平˩		
十五音韵母			高(膏)						茄(標)			茄(茄)		
韵攝			果				效		效			效		
廣韵韵目			過	果	箇	哿	号	皓	宵		蕭	宵		肴
等呼			合一	合一	開一	開一	開一	開一	開三	開四	開四	開三	開四	開二
b	p	邊					2.暴		1.臕					
p	p'	頗						2.抱					2.瓢	
bb	b	門	1.磨				1.帽							1.描
m	m	門												
d	t	地	2.惰			2.舵	2.導盜	2.道				5.潮		
t	t'	他									1.挑			
n	n	柳												
l	l	柳			1.邏		1.澇							
g	k	求					1.膏					2.橋		
k	k'	去												
gg	g	語	1.卧		1.餓		1.傲					日.蟯		
ng	ŋ	語												
□	ʔ,○	英								1.腰	1.幺		3.搖窑	
h	h	喜	2.和	2.禍	2.賀	2.何	2.號	2.皓						
tz	ts tɕ	曾	2.坐座				2.漕 清.造	2.皂	4.招	1.蕉椒				
ts	ts' tɕ'	出												
s	s	時							4.燒					
dz	dz	入										1.橈		

韻類			iɓ											e
韻值			ɪo											e
調類			陽平˩	上˥˩		陰去˩				陽去˧				陰平˥
十五音韻母			茄(茄)	茄(表)		茄(叫)				茄(蕎)				稽(稽)
韻攝			果	效		效				效				蟹
廣韻韻目			戈	小		笑		嘯	宵	笑	小	宵	嘯	咍
等呼			合三	開三	開四	開三	開四	開四	開四	開三	開三	開三	開四	開一
b	p	邊		1.表										
p	p‘	頗					1.剽		1.票漂					
bb	b	門								1.廟				
m	m													
d	t	地						1.釣			5.趙			
t	t‘	他						1.糶						1.胎
n	n	柳												
l	l													
g	k	求	2.茄					1.叫		2.轎		2.蕎		
k	k‘	去						3.徼						
gg	g	語												
ng	ŋ													
□	ʔ,○	英												
h	h	喜												
tz	ts tɕ	曾				4.照	1.醮							1.災
ts	ts‘ tɕ‘	出					8.笑							
s	s	時			1.小		1.鞘							
dz	dz	入											3.尿	

韻類			e											
韻值			e											
調類			陰平˥											
十五音韻母			稽稽				伽伽				嘉嘉	檜檜		
韻攝			蟹				假		蟹		假	蟹	止	果
廣韻韻目			佳	齊	霽	灰	麻		咍	灰	麻	灰	支	歌
等呼			開二	開四	開四	合一	開二	開三	開一	合一	開二	合一	合三	開一
b	p	邊												
p	p'	頗												
bb	b	門												
m	m													
d	t	地		1.低堤										
t	t'	他		1.梯		1.推			1.胎	1.推				
n	n	柳												
l	l													
g	k	求	1.街	1.雞							1.家加	1.詼		
k	k'	去	·	1.溪			3.茄痂·							1.科
gg	g	語												
ng	ŋ													
□	ʔ,○	英												6.鍋·
h	h	喜		1.醯								1.灰		
tz	ts tɕ	曾		1.躋	2.劑			4.遮這○			3.渣			
ts	ts' tɕ'	出		1.妻萋							4.差叉		5.吹	
s	s	時		1.西				5.賒			3.紗砂			
dz	dz	入												

韻類			e											
韻值			e											
調類			陰平˥				陽平˩							
十五音韻母			居居		規規		稽鮭			伽偶			嘉伽	檜葵
韻攝			蟹		蟹	止	蟹		果	果			假	蟹
廣韻韻目			灰	齊	齊	微	齊		戈	戈		箇	麻	灰
等呼			合一	開四	合四	合三	開四	合四	合一	合一	合三	開一	開二	合一
b	p	邊				4.飛•							2.琶爬	2.賠
p	pʻ	頗	1.胚											
bb	b	門		1.迷			1.迷							
m	m													
d	t	地					2.題啼						5.茶	
t	tʻ	他					2.提隄							
n	n	柳												
l	l						1.黎		1.螺	1.螺				
g	k	求			1.閨			1.鮭			2.瘸		1.枷	
k	kʻ	去											3.茄	
gg	g	語					1.倪					2.箇†	1.牙衙	
ng	ŋ													
□	ʔ,○	英												
h	h	喜						2.攜畦					2.蝦	
tz	ts tɕ	曾					2.齊							
ts	tsʻ tɕʻ	出												
s	s	時												
dz	dz	入												

韻類			e											
韻值			e											
調類			陽平ㄱ					上V						
十五音韻母			檜(葵)			居(其)	糜	稽(改)			伽(短)			嘉(賈)
韻攝			止		果	止	止	蟹		山	假		山	假
廣韻韻目			支		戈	支	支	薺	霽	緩	馬		緩	馬
等呼			合三	開三	合一	開三	開三	開四	開四	合一	開三	開四	合一	開二
b	p	邊												把
p	p'	頗		2.皮		2.皮								
bb	b	門				糜	糜							馬碼
m	m													
d	t	地								短			短	
t	t'	他						體						
n	n	柳												
l	l					璃鸝		禮						
g	k	求												假
k	k'	去						啟						
gg	g	語							睨					
ng	ŋ													
□	ʔ,○	英												
h	h	喜			2.和									
tz	ts tɕ	曾										姐		
ts	ts' tɕ'	出	知箠											
s	s	時	5.垂					洗						
dz	dz	入									惹			

韻類			e											
韻值			e											
調類			上˅					陰去˩						
十五音韻母			檜粿			居乙	規鬼	稽計					伽(退)	
韻攝			止		果	止	蟹	蟹					蟹	
廣韻韻目			尾	紙	果	尾	賄	代	祭			霽	隊	祭
等呼			合三	合四	合一	合三	合一	開一	開三	開四	合四	開四	合	合四
b	·p	邊								2.斃幣				
p	p‘	頗												
bb	b	門	2.尾			2.尾								
m	m													
d	t	地						1.戴	5.滯			1.帝	漢.塊叶	
t	t‘	他							4.滯			1.替2.締	1.退	
n	n	柳												
l	l						1.儡							
g	k	求			1.粿							1.計繼		
k	k‘	去										1.契		
gg	g	語												
ng	ŋ													
□	ʔ,○	英												
h	h	喜			1.火2.夥									心.歲
tz	ts tɕ	曾							4.製	1.際祭		1.霽濟		
ts	ts‘ tɕ‘	出		8.髓							1.脆	1.妻		1.脆
s	s	時							4.勢世			1.細壻		
dz	dz	入												

韻類			e											
韻值			e											
調類			陰去˩						陽去˧					
十五音韻母			嘉嫁		檜儈			皆介	稽易					
韻攝			假	山入	蟹		果	蟹	蟹					
廣韻韻目			禡	鎋	隊	祭	過	卦	代	泰	廢	祭		霽
等呼			開二	開二	合一	合三	合一	開二	開一	合一	開三	開三	開四	開四
b	p	邊			^背								•	
p	p'	頗		明·帕	^配									
bb	b	門											^袂	
m	m													
d	t	地							2.代					2.第遞
t	t'	他			^退									
n	n	柳												
l	l											^例厲勵		^麗
g	k	求	^假嫁				^過							
k	k'	去												
gg	g	語									^乂		^藝	
ng	ŋ													
□	ʔ,○	英								5.會				
h	h	喜					^貨			2.會				2.見繫係
tz	ts tɕ	曾						3.債		•				2.嚌
ts	ts' tɕ'	出												
s	s	時				4.稅						5.誓		
dz	dz	入												

韻類			e											
韻值			e											
調類			陽去⊣											
十五音韻母			稽(易)				伽(代)			嘉(下)			檜(訐)	
韻攝			止		果		蟹		果	假	遇	蟹	止	
廣韻韻目			未	至	過	果	代	齊	過	禡	麌	齊	真	未
等呼			開三	開四	合一	合一	開一	開四	合一	開二	合三	開四	開三	合三
b	p	邊								[入]靶	[5]父			
p	p'	頗											[2]被	
bb	b	門												[2]未
m	m	門												
d	t	地		[2]地			[2]代	[2]遞						
t	t'	他												
n	n	柳												
l	l	柳												
g	k	求								[5]下		[端]低†		
k	k'	去												
gg	g	語	[1]毅·											
ng	ŋ	語												
□	ʔ,○	英				[5]禍				[5]下				
h	h	喜						[見]係		[2]下				
tz	ts tɕ	曾			[2]坐				[2]坐					
ts	ts' tɕ'	出												
s	s	時		[7]謚										
dz	dz	入												

韵類			e					ue						
韵值			e					ʊe						
調類			陽去˧					陰平˥						
十五音韵母			居(具)					檜(檜)					稽(稽)	
韵攝			蟹			止		蟹		止			蟹	
廣韵韵目			祭	霽	薺	寘	未	灰	泰	脂	支		佳	齊
等呼			開三	開四	開四	開三	合三	合一	合一	合二	合三	合四	開二	開四
b	p	邊		2-薜	2-陛			^杯盃						
p	pʻ	頗				2-被								^批
bb	b	門	^寐				2-未							
m	m													
d	t	地	5-滯											
t	tʻ	他												
n	n	柳												
l	l		^例											
g	k	求						^傀	^檜×				^街	^雞
k	kʻ	去						^恢詼魁						^溪
gg	g	語												
ng	ŋ													
□	ʔ,○	英						^煨			^倭			
h	h	喜						^灰				^隳		
tz	ts tɕ	曾												
ts	tsʻ tɕʻ	出												
s	s	時								3-衰				
dz	dz	入												

韻類			ue											
韻值			ʊe											
調類			陰平˥		陽平˧˥						上˧˩˧			
十五音韻母			稽稽	瓜瓜	檜葵			稽鮭			檜粿		稽改	
韻攝			遇	假	蟹		止	蟹			蟹		蟹	
廣韻韻目			魚	麻	灰	泰	脂	佳	齊		賄	海	海	蟹
等呼			合二	合二	合一	合一	合四	開二	合四	開四	合一	開一	開一	開二
b	p	邊			2.賠○陪 3.醅							2.倍		
p	pʻ	頗												
bb	b	門			1.枚									1.買
m	m													
d	t	地			2.頹	2.兑				2.題蹄				
t	tʻ	他												
n	n	柳												
l	l									1.犁	2.餒			
g	k	求		1.瓜			2.葵		1.鮭圭				1.改	1.解
k	kʻ	去												
gg	g	語												
ng	ŋ													
□	ʔ,○	英						5.鞋						1.矮
h	h	喜		1.花	2.回茴									
tz	ts tɕ	曾			2.摧					2.齊				
ts	tsʻ tɕʻ	出	4.初											
s	s	時	3.梳蔬											
dz	dz	入												

韵类			ue											
韵值			ʊe											
调类			上˅		陰去˩									
十五音韵母			稽改	居己	檜會						稽計		乖怪	高告
韵攝			蟹	遇	蟹		止	蟹			蟹		蟹	果
廣韵韵目			薺	語	泰	隊	至	祭		廢	怪	霽	怪	箇
等呼			開四	合三	合一	合一	合二	合三	合四	合三	開二	開四	合二	開一
b	p	邊			貝	輩背								
p	p'	頗				配								
bb	b	門												
m	m	門												
d	t	地	底抵	貯		對								
t	t'	他	體			退						替		
n	n	柳												
l	l	柳												
g	k	求			膾會						疥		怪	
k	k'	去										契		
gg	g	語												
ng	ŋ	語												
□	ʔ,○	英			翽					穢				
h	h	喜				誨				廢				
tz	ts tɕ	曾			最			贅						作做
ts	ts' tɕ'	出												
s	s	時	洗				帥	稅說	歲			細		
dz	dz	入												

韵類			ue								i			
韵值			ʊe								i			
調類			陽去˧								陰平˥			
十五音韵母			檜(幵)					稽(易)		瓜(糊)	居(居)			
韵攝			蟹					蟹	止	蟹	止			
廣韵韵目			泰	隊	賄	祭		怪	至	夬	支			脂
等呼			合一	合一	合一	合三	合四	合二	開四	合二	開二	開三	開四	開三
b	p	邊	1.狽	2.佩								1.碑	1.卑	1.悲
p	pʻ	頗										1.披陂		1.丕 2.邳
bb	b	門						1.賣						
m	m													
d	t	地							2.地			4.知		昌.鴟
t	tʻ	他												4.絺
n	n	柳												
l	l			2.内										
g	k	求										1.奇妓		1.飢
k	kʻ	去										1.攲		
gg	g	語	1.外											
ng	ŋ													
□	ʔ,○	英				2.衛				5.話				
h	h	喜	2.會	2.潰	2.匯							1.羲犧		微 郗絺·
tz	ts tɕ	曾			2.罪							4.支枝		4.脂
ts	tsʻ tɕʻ	出									4.差			5.鴟
s	s	時										4.施		4.尸
dz	dz	入				1.芮	銳							

韻類			i											
韻值			i											
調類			陰平˥										陽平˧	
十五音韻母			居居								稽稽	皆皆	居其	
韻攝			止				蟹			遇	蟹	蟹	止	
廣韻韻目			脂	之		微	咍	灰	齊	魚	齊	咍	支	
等呼			開四	開三	開四	開三	開一	合一	開四	合三	開四	開一	開三	開四
b	p	邊												[2]脾
p	pʻ	頗						[1]坏胚					[2]皮疲	
bb	b	門											[1]糜	[1]彌
m	m	門												
d	t	地								[4]豬			[5]池	
t	tʻ	他		[4]笞										
n	n	柳												
l	l	柳											[1]離璃	
g	k	求		[1]基期		[1]機[2]畿					[1]乩		[2]奇	[2]岐
k	kʻ	去		[1]欺									[2]騎	
gg	g	語		[1]									[1]宜儀	
ng	ŋ	語												
□	ʔ,○	英	[1]伊	[1]醫噫		[1]依衣			[1]繄					[3]移
h	h	喜		[1]禧		[1]希稀								
tz	ts tɕ	曾		[4]之										
ts	tsʻ tɕʻ	出		[7]癡			[8]腮							
s	s	時		[4]詩	[1]絲司精鷥							[1]腮	[5]匙	
dz	dz	入											[1]兒	

韻類			i											
韻值			i											
調類			陽平1										上V	
十五音韻母			居英										居己	
韻攝			止							蟹		遇	止	
廣韻韻目			脂			之		微		咍	齊	魚	紙	
等呼			開三	開四	合四	開三	開四	開三	合三	開一	開四	合三	開三	開四
b	p	邊		2.琵							2.鼙		1.彼	
p	p'	頗												
bb	b	門	1.眉楣						2.微				1.靡	1.弭
m	m													
d	t	地	5.遲			5.持							5.豸	
t	t'	他								2.臺			5.褫	
n	n	柳												
l	l		1.莉			1.釐							1.邐	
g	k	求	2.祁耆			2.其旗		2.祈						
k	k'	去				2.蜞							1.綺	1.企
gg	g	語				1.疑							1.蟻	
ng	ŋ													
□	ʔ,○	英		3.姨夷	3.維惟		3.怡飴						1.倚椅	
h	h	喜										5.魚		
tz	ts tɕ	曾				8.持	1.糍·						4.紙只	1.紫
ts	ts' tɕ'	出											5.侈	
s	s	時				5.時	2.辭							
dz	dz	入				1.而							1.爾	

韻類			i											
韻值			i											
調類			上∨								陰去」			
十五音韻母			居己						稽改	皆改	居記			
韻攝			止					蟹	假	止	止			
廣韻韻目			旨		止		尾	薺	馬	旨	寘		支	至
等呼			開三	開四	開三	開四	開三	開四	開三	開三	開三	開四	開三	開三
b	p	邊		比								臂		秘
p	pʻ	頗	痞否鄙									譬		
bb	b	門	美					米						
m	m													
d	t	地	砥					邸抵底			智寘			致
t	tʻ	他			恥						翅			疐
n	n	柳												
l	l		履		里鯉									
g	k	求	几指		己紀		幾				寄		羈	冀
k	kʻ	去			起齒		豈							器
gg	g	語			擬									
ng	ŋ													
□	ʔ,○	英				以								懿
h	h	喜			喜						戲			
tz	ts tɕ	曾	旨指	姊	止	子			這。					至質
ts	tsʻ tɕʻ	出			齒						刺翅			
s	s	時	失	死	始					屎	施			
dz	dz	入			耳	子								

韻類			i											
韻值			i											
調類			陰去˩										陽去˧	
十五音韻母			居記								稽計	皆介	居具	
韻攝			止			蟹			遇	曾	蟹	蟹	止	
廣韻韻目			至	志	未	祭		霽	御	職	霽	代	寘	
等呼			開四	開三	開三	開三	合三	開四	合三	開三	開四	開一	開三	開四
b	p	邊	1.庀痺					1.閉					2.被	2.避
p	p'	頗	1.屁										2.被	
bb	b	門												
m	m													
d	t	地	[illegible]庀†	4.置								1.戴		
t	t'	他						1.剃			1.替			
n	n	柳												
l	l												1.離	
g	k	求		1.記										
k	k'	去	1.棄		1.氣				1.去					
gg	g	語											1.義	
ng	ŋ													
□	ʔ,○	英		1.意						1.薏				3.易
h	h	喜					7.肺							
tz	ts tɕ	曾		4.志誌										
ts	ts' tɕ'	出		11.試										
s	ṣ	時	1.四	4.試		4.世		4.勢						
dz	dz	入												

韻類			i											
韻值			i											
調類			陽去˧											
十五音韻母			居具											
韻攝			止											遇
廣韻韻目			紙		至		旨	志		止			未	御
等呼			開三	開四	開三	開四	開三	開三	開四	開二	開三	開四	合三	合三
b	p	邊		2.婢	2.備	2.比								
p	pʻ	頗												
bb	b	門											2.未	
m	m													
d	t	地			5.稚		5.雉	5.治			5.痔			4.著
t	tʻ	他												
n	n	柳												
l	l				1.利痢			1.吏						
g	k	求	2.妓技				2.跽							
k	kʻ	去								崇.柹				
gg	g	語												
ng	ŋ													
□	ʔ,○	英							3.異					
h	h	喜												
tz	ts tɕ	曾										9.已		
ts	tsʻ tɕʻ	出							9.飼		禪.市			
s	s	時	5.氏是		7.示 5.視			5.侍			5.恃 澄.峙			
dz	dz	入			1.二				5.字					

韵類			i			ui								
韵値			i			ʊɪ								
調類			陽去˧			陰平˥								
十五音韵母			稽易		皆賽	規規								
韵攝			蟹	止	蟹	止					蟹			
廣韵韵目			霽	至	代	支		脂		微	灰	咍	齊	
等呼			開四	開四	開一	合三	合四	合三	合四	合三	合一	開一	合四	開四
b	p	邊												
p	pʻ	頗												
bb	b	門												
m	m													
d	t	地	第	地	在			追			堆			
t	tʻ	他									推			梯
n	n	柳												
l	l													
g	k	求					規窺		龜	歸	傀		圭閨	
k	kʻ	去				虧						開		
gg	g	語												
ng	ŋ													
□	ʔ,○	英					萎			威				
h	h	喜					撝			揮非妃				
tz	ts tɕ	曾						錐推						
ts	tsʻ tɕʻ	出				吹炊					崔推			
s	s	時							雖綏					
dz	dz	入												

韵類			ui											
韵值			ʊɪ											
調類			陽平˩˧								上˥˧			
十五音韵母			規葵								規鬼			
韵攝			止						蟹		止			
廣韵韵目			支		紙	脂		之	灰	皆	紙		寘	旨
等呼			合三	合四	合三	合三	合四	開四	合一	合二	合三	合四	合三	合三
b	p	邊												
p	p'	頗												
bb	b	門												
m	m													
d	t	地							1.搥					
t	t'	他	5.鎚						3.搥					
n	n	柳												
l	l								1.雷鐳•					1.壘 4.蕊
g	k	求					2.葵			5.懷†				
k	k'	去									3.詭			3.軌
gg	g	語	1.危											
ng	ŋ													
□	ʔ,○	英	2.為		6.桅		3.惟遺				1.委		1.萎	2.洧
h	h	喜						從 磁•			1.毀			
tz	ts tɕ	曾										1.嘴•		10.水
ts	ts' tɕ'	出									5.揣	8.髓		
s	s	時	5.垂	2.隨		5.誰								4.水
dz	dz	入												

韻類			ui											
韻值			ʊɪ											
調類			上˅			陰去˩								
十五音韻母			規鬼			規季								
韻攝			止		蟹	止						蟹		
廣韻韻目			微	尾	賄	寘	至			未		隊	霽	廢
等呼			合三	合三	合一	合三	合二	合三	合四	合三	開三	合一	合四	合三
b	p	邊												
p	p‘	頗												
bb	b	門												
m	m													
d	t	地										[1]對		
t	t‘	他			[1]腿							[1]退		
n	n	柳												
l	l				[1]儡									
g	k	求		[1]鬼					[1]季	[1]貴			[1]桂	
k	k‘	去			[1]傀			[1]愧	[2]悸		[1]氣			
gg	g	語												
ng	ŋ													
□	ʔ,○	英	[2]韋	[2]葦						[1]尉				
h	h	喜		[6]匪 [7]悱						[6]芾 [7]費				[7]肺
tz	ts tɕ	曾							[1]醉					
ts	ts‘ tɕ‘	出			[1]璀				[1]翠			[8]碎		
s	s	時				[5]腄	[3]帥		[1]祟					
dz	dz	入												

韻類			ui										
韻值			UI										
調類			陰去˩	陽去˧									
十五音韻母			規(季)	規(櫃)									
韻攝			蟹	止						蟹			
廣韻韻目			祭	寘		紙	至		未	泰	廢	隊	卦	祭
等呼			合四	合三	合四	合三	合三	合四	合三	合一	合三	合一	合二	合四
b	p	邊									5.吠			
p	p'	頗												
bb	b	門												
m	m													
d	t	地					5.墜					1.隊		
t	t'	他												
n	n	柳												
l	l			1.累			1.淚		以.彙					
g	k	求				2.跪	2.櫃							
k	k'	去												
gg	g	語		1.僞					1.魏					
ng	ŋ													
□	ʔ,○	英		2.為			2.位		2.胃				5.畫	
h	h	喜			3.恚						8.吠			邪.鐍
tz	ts tɕ	曾					11.誰			2.蕞				
ts	ts' tɕ'	出	1.脆											
s	s	時		5.瑞				2.遂穗						
dz	dz	入												

韻類			ui	u										
韻值			ʊɪ	u										
調類			陽去˧	陰平˥										
十五音韻母			規	艍										居
韻攝			蟹	遇		流	止						蟹	遇
廣韻韻目			齊	虞	魚	尤	支	脂			之		咍	魚
等呼			合四	合三	合三	開三	開四	合三	開二	開四	開二	開四	開一	合三
b	p	邊												
p.	pʻ	頗												
bb	b	門												
m	m													
d	t	地		4.蛛										
t	tʻ	他												4.攄
n	n	柳												
l	l													
g	k	求						1.龜						1.居車
k	kʻ	去			1.祛	1.邱								1.祛
gg	g	語												
ng	ŋ													
□	ʔ,○	英		2.汙										1.於瘀
h	h	喜	2.惠慧	7.孚敷 6.夫										1.虛墟
tz	ts tɕ	曾		4.珠 11.銖 7.株	7.諸		1.貲			1.資咨	3.淄	1.茲滋		4.諸
ts	tsʻ tɕʻ	出												
s	s	時					1.廝		3.師獅	1.私		1.司思	1.顋	4.書
dz	dz	入												

韻類			u											
韻值			u											
調類			陰平˥						陽平˩					
十五音韻母			居居				沽沽	規規	艍呴					
韻攝			遇				遇	蟹	遇	止			流	
廣韻韻目			魚	語	虞		模	灰	虞	支	脂	之	侯	尤
等呼			合四	合四	合三	合四	合一	合一	合三	開四	開四	開四	開一	開三
b	p	邊												
p	p'	頗												5.浮
bb	b	門							2.無誣					
m	m													
d	t	地			4.蛛株			1.堆	5.廚					
t	t'	他			禯銖									
n	n	柳												
l	l													
g	k	求			1.痀俱								3.呴	2.毬
k	k'	去			1.驅3.拘									
gg	g	語												1.牛
ng	ŋ													
□	ʔ,○	英							2.盂					
h	h	喜					1.呼	1.灰	8.符扶芙					8.浮
tz	ts tɕ	曾									2.瓷	2.慈磁鶿		
ts	ts' tɕ'	出				1.趨				2.疵				
s	s	時	1.胥	1.糈	4.輸	1.須			5.銖殊			2.祠詞辭		
dz	dz	入												

韻類			u											
韻值			u											
調類			陽平˧˩							上˥˧˥				
十五音韻母			艍呴	居其					沽糊	艍久				
韻攝			效	遇					遇	遇			流	止
廣韻韻目			肴	魚			虞		模	姥	語	麌	有	紙
等呼			開二	合二	合三	合四	合三	合四	合一	合一	合三	合三	開三	開四
b	p	邊	2.匏						2.葡			4.斧		
p	pʻ	頗												
bb	b	門										2.武舞 斂撫		
m	m													
d	t	地			5.除									
t	tʻ	他		崇.鋤										
n	n	柳												
l	l								1.濾		4.汝			
g	k	求			2.渠		2.衢						1.久	
k	kʻ	去												
gg	g	語					1.愚娛				1.語			
ng	ŋ													
□	ʔ,○	英				3.余輿		3.愉		1.鄔		2.羽雨		
h	h	喜			5.魚漁							6.府 7.撫		
tz	ts tɕ	曾			4.藷							7.主		
ts	tsʻ tɕʻ	出				7.徐								1.此
s	s	時												
dz	dz	入			1.如		1.儒 4.揄					1.乳		

韻類			u											
韻值			u											
調類			上V									陰去」		
十五音韻母			艍久				居巳				沽古	艍句		
韻攝			止			蟹	遇			止	流	遇		
廣韻韻目			旨	止		薺	語	麌		紙	厚	暮	御	遇
等呼			開四	開二	開四	開四	合三	合三	合四	開四	開一	合一	合三	合三
b	p	邊												
p	p'	頗												
bb	b	門									毋拇			
m	m													
d	t	地				抵	貯							注
t	t'	他												
n	n	柳												
l	l						旅 女 汝	縷						
g	k	求					舉							
k	k'	去											去	
gg	g	語					語							
ng	ŋ													
□	ʔ,○	英						羽				污		
h	h	喜					許	煦						付赴
tz	ts tɕ	曾			子		煮楮							注鑄
ts	ts' tɕ'	出					處鼠		取			厝		
s	s	時	死	史使			暑			徙璽				
dz	dz	入					汝	乳愈						

韵类			u											
韵值			u											
调类			陰去˩											陽去˧
十五音韵母			艍句					居記						艍舊
韵摄			流		止				遇				止	遇
廣韵韵目			候	宥	寘	至	志		御		遇		寘	遇
等呼			開一	開三	開四	開四	開三	開四	合三	合四	合三	合四	開四	合三
b	p	邊		4.富										
p	pʻ	頗												
bh	.b	門												2.務
m	m	門												
d	t	地							4.著					
t	tʻ	他												
n	n	柳												
l	l	柳												
g	k	求	1.句								1.據踞			
k	kʻ	去												
gg	g	語												1.遇
ng	ŋ	語												
□	ʔ,○	英								3.與	1.飫			
h	.h	喜		6.7.富副										8.附
tz	ts tɕ	曾			2.漬	1.恣								7.住
ts	tsʻ tɕʻ	出						1.次	5.處			1.趣	1.刺	
s	s	時			9.賜	1.四	3.使	1.笥思	4.庶		4.戍	1.絮		5.樹
dz	dz	入												

韻類			u											
韻值			u											
調類			陽去┤											
十五音韻母			艍舊										居[illegible]	
韻攝			遇		流		止						遇	
廣韻韻目			虞	御	宥	有	至	旨	志		止		御	語
等呼			合三	合三	開三	開三	開四	開四	開四	開二	開二	開四	合三	合三
b	p	邊				5.婦								
p	pʻ	頗												
bb	b	門												
m	m													
d	t	地		5.筯										
t	tʻ	他												
n	n	柳												
l	l												1.慮	1.侶
g	k	求			2.舊	3.舅								2.巨拒
k	kʻ	去				2.臼								
gg	g	語											1.御	1.禦
ng	ŋ													
□	ʔ,○	英				2.有							2.豫	
h	h	喜	8.父		8.伏	8.婦負								
tz	ts tɕ	曾	7.拄				2.自							
ts	tsʻ tɕʻ	出												
s	s	時						2.兕	2.飼	6.事	6.士	2.似	5.署	
dz	dz	入							5.字					

韻類			u					iou						
韻值			u					ɪu						
調類			陽去˧					陰平˥					陽平˩	
十五音韻母			居具					丩丩				交交	丩求	
韻攝			遇				止	流			遇	流	流	
廣韻韻目			語	遇		麌	志	尤		幽	虞	侯	尤	
等呼			合四	合三	合四	合三	開四	開三	開四	開四	合三	開一	開三	開四
b	p	邊												
p	p'	頗												
bb	b	門												
m	m													
d	t	地							[1]丢∘				[5]稠籌	
t	t'	他						[4]抽[5]紬						
n	n	柳												
l	l							撤抽					[1]留流	
g	k	求		[2]具				[1]丩					[2]求仇	
k	k'	去		[2]懼					[1]丘[3]鳩				[2]球	
gg	g	語		[1]遇										
ng	ŋ													
□	ʔ,○	英		[2]芋				[1]憂優		[1]幽		[1]漚鷗	[2]尤郵	[3]由猶
h	h	喜						[1]休						
tz	ts tɕ	曾		[7]住	[2]聚	[9]拄		[4]舟						
ts	ts' tɕ'	出			[1]娶				[1]秋鞦湫 [8]羞		[8]鬚		[4]愁	
s	s	時	[8]敘	[5]樹		[5]豎	[2]飼	[4]收	[1]修羞				[5]仇誰酬州讎	從[2]酋囚
dz	dz	入		[4]諭			[5]字						[1]柔	

韻類			iou											
韻值			ɪu											
調類			陽平˩		上˅				陰去˩				陽去˧	
十五音韻母			ㄐ求	牛牛	ㄐ久			牛肘	ㄐ救				ㄐ舊	
韻攝			流	流	流			流	流			過	流	
廣韻韻目			幽	尤	有		黝	有	宥		幼	過	宥	
等呼			開四	開三	開三	開四	開四	開三	開三	開四	開四	合三	開三	開四
b	p	邊												
p	p'	頗												
bb	b	門	[人]繆											
m	m													
d	t	地							[5]晝				[5]宙胄	
t	t'	他			[4]丑			[知]肘						
n	n	柳						[知](肘)						
l	l				[1]綹柳 [3]𩚵紐				[人]溜					
g	k	求	[2]虯		[人]久九		[人]糾		[人]究救				[2]柩舊	
k	k'	去												
gg	g	語		[人]牛										
ng	ŋ													
□	ʔ,○	英			[2]有友	[3]酉誘					[人]幼		[2]又	[3]柚
h	h	喜			[人]朽				[人]嗅[7]休				[8]復	
tz	ts tɕ	曾			[10]守[4]帚	[1]酒			[4]咒			[4]蛀		[2]就
ts	ts' tɕ'	出			[5]醜[11]手				[5]臭					
s	s	時			[4]手首守				[4]獸	[1]秀繡 [2]袖			[5]壽授	[2]袖
dz	dz	入			[人]蹂									

韻類			iou			ai								
韻值			ɪu			aɪ								
調類			陽去˧			陰平˥								
十五音韻母			丩舊			皆皆								
韻攝			流		遇	蟹					止			
廣韻韻目			有	幼	遇	咍	海	皆	佳	齊	支	之	脂	
等呼			開三	開四	合三	開一	開一	開二	開二	開四	開三	開三	開二	開三
b	p	邊												
p	p'	頗												
bb	b	門		謬										
m	m	門												
d	t	地	紂											秪
t	t'	他				胎苔							篩	
n	n	柳												
l	l	柳												
g	k	求	臼			該		皆階						
k	k'	去				開		揩						
gg	g	語												
ng	ŋ	語												
□	ʔ,○	英				哀	挨							
h	h	喜				咍								
tz	ts tɕ	曾				栽災		齋			知	菑		
ts	ts' tɕ'	出			樹	猜			釵					
s	s	時	受			顋				西			獅師	
dz	dz	入												

韵类			ai											
韵值			aɪ											
調類			陽平1						上V					
十五音韵母			皆(來)						皆(改)					
韵攝			蟹				止	山入	蟹					止
廣韵韵目			咍	皆	佳	齊	脂	黠	海	咍	泰	駭	蟹	旨
等呼			開一	開二	開二	開四	開三	開二	開一	開一	開一	開二	開二	開三
b	p	邊		[2-]排	[2-]牌								[1]擺	
p	pʻ	頗												
bb	b	門		[人]埋			[人]眉							
m	m	門												
d	t	地	[2-]臺	[明]埋↑					[2-]歹。					
t	tʻ	他	[2-]擡					[生]殺						
n	n	柳												
l	l	柳	[人]來				[人]梨							
g	k	求							[人]改				[1]解	
k	kʻ	去							[人]愷凱			[人]楷		
gg	g	語	[人]獃		[人]涯				[1]騃					
ng	ŋ	語												
□	ʔ,O	英									[人]藹			
h	h	喜	[2-]孩頦	[2-]諧	[2-]鞋				[人]海	[3]唉		[人]駭		
tz	ts tɕ	曾	[2-]才裁			[2-]臍			[人]宰					
ts	tsʻ tɕʻ	出	[2-]材裁	[6]豺	[6]柴				[1]采彩 採					
s	s	時												[7]屎
dz	dz	入												

韵類			ai											
韵值			aɪ											
調類			上V		陰去˩									陽去˧
十五音韵母			皆(改)		皆(介)									皆(害)
韵攝			止		蟹								止	蟹
廣韵韵目			至	止	泰		代	夬	怪	卦		霽	志	泰
等呼			開三	開三	開一	合一	開一	開二	開二	合二	開二	開四	開三	開一
b	p	邊				霈								
p	p'	頗								派				
bb	b	門												
m	m	門												
d	t	地			帶		戴							大
t	t'	他			泰太		態							
n	n	柳												
l	l	柳												
g	k	求			丐蓋		槩		介界疥					
k	k'	去	覬				慨溉							
gg	g	語												
ng	ŋ	語												
□	ʔ,○	英			曖		愛				隘	縊		
ɦ	h	喜												害
tz	ts tɕ	曾		滓			載			債				
ts	ts' tɕ'	出			蔡		菜			瘥				
s	s	時		使			賽塞	蠆	殺		曬	壻	使	
dz	dz	入												

韵类			ai										uai	
韵值			aɪ										ʊaɪ	
調類			陽去˧										陰平˥	陽平˩
十五音韵母			皆(齋)										乖(乖)	乖(懷)
韵攝			蟹							止			蟹	蟹
廣韵韵目			代	海	隊	夬	怪	卦	蟹	至	止	志	皆	皆
等呼			開一	開一	合一	開二	開二	開二	開二	開三	開四	開三	合二	合二
b	p	邊				2.敗	2.憊	2.粺						
p	pʻ	頗												
bb	b	門												
m	m													
d	t	地	2.代袋 3.貸	2.殆怠								崇.事		
t	tʻ	他		2.待										
n	n	柳												
l	l		^賚		2.內					^利				
g	k	求											^乖	
k	kʻ	去												
gg	g	語	^礙											
ng	ŋ													
□	ʔ,○	英											1.歪。	
h	h	喜		2.亥			2.械	2.邂	2.懈蟹					2.懷槐
tz	ts tɕ	曾	2.在											
ts	tsʻ tɕʻ	出									9.祀			
s	s	時									2.祀	6.事		
dz	dz	入												

韻類			uai										au	
韻值			ʊaɪ										aʊ	
調類			陽平˨˦	上˥˧˥			陰去˨˩				陽去˧		陰平˥˥	
十五音韻母			乖(懷)	乖拐			乖怪				乖(壞)		交交	
韻攝			蟹	蟹			蟹				蟹		效	
廣韻韻目			咍	蟹	怪	夬	泰	隊	夬	怪	賄	怪	豪	肴
等呼			開一	合二	合二	合二	合一	合一	合二	合二	合一	合二	開一	開二
b	p	邊												1.包胞 2.炰
p	pʻ	頗												1.拋脬
bb	b	門												
m	m													
d	t	地												
t	tʻ	他												
n	n	柳												
l	l													
g	k	求		拐柺	3.蒯	夬				怪				交膠鮫
k	kʻ	去						塊	快					敲
gg	g	語									顡			
ng	ŋ													
□	ʔ,○	英					黵							坳
h	h	喜	2.頦									2.壞	哮	
tz	ts tɕ	曾											糟	
ts	tsʻ tɕʻ	出											操	4.抄
s	s	時												3.梢
dz	dz	入												

韻類			au											
韻值			aʊ											
調類			陰平˥				陽平˧˥					上˥˧˥		
十五音韻母			交交				交猴					交[illegible]		
韻攝			效		流		效			流		效		流
廣韻韻目			巧	宵	侯	尤	豪	肴	蕭	侯	尤	晧	巧	厚
等呼			開二	開四	開一	開三	開一	開二	開四	開一	開三	開一	開二	開一
b	p	邊	鮑					皰					飽	
p	p‘	頗												
bb	b	門											卯	
m	m													
d	t	地			兜					投骰				斗
t	t‘	他			偷					頭				
n	n	柳												
l	l									樓	流留	老		
g	k	求			溝鉤					猴			絞痰°	狗
k	k‘	去				闓							巧	口
gg	g	語							嶢					
ng	ŋ													
□	ʔ,○	英			歐漚		號			喉		媼	拗	嘔
h	h	喜												吼
tz	ts tɕ	曾		憔				勦				蚤蝨		走
ts	ts‘ tɕ‘	出										草	炒吵	
s	s	時												
dz	dz	入												

韻類			au										iau	
韻值			aʊ										ɪaʊ	
調類			上˅	陰去˩				陽去˧					陰平˥	
十五音韻母			交(狡)	交(教)				交(厚)					嬌(嬌)	
韻攝			流	效		流		效			流		效	
廣韻韻目			有	号	效	候	宥	晧	效	巧	候	厚	宵	
等呼			開三	開一	開二	開一	開三	開一	開二	開二	開一	開一	開三	開四
b	p	邊							鮑				臕	標
p	pʻ	頗			炮			抱		皰庖				摽
bb	b	門												
m	m	門												
d	t	地				鬬					豆脰痘		朝	
t	tʻ	他				透								
n	n	柳												
l	l	柳						老	鬧		漏			
g	k	求	九	到	教較校							厚	驕	
k	kʻ	去												蹻
gg	g	語							樂					
ng	ŋ	語												
□	ʔ,○	英									後		妖枵	腰
h	h	喜			孝				效校		候鱟		枵	
tz	ts tɕ	曾		竈		奏			找				招	焦礁 憔
ts	tsʻ tɕʻ	出			鈔		臭							
s	s	時		掃	艄	潄							燒	消硝
dz	dz	入												

韻類			iau											
韻值			ɪau											
調類			陰平˥	陽平˧˩						上˥˧				陰去˩
十五音韻母			嬌嬌	嬌喬						嬌皎				嬌叫
韻攝			效	效						效				效
廣韻韻目			蕭	肴	宵		蕭	小	笑	巧	宵	小	篠	笑
等呼			開四	開二	開三	開四	開四	開三	開三	開二	開三	開四	開四	開三
b	p	邊									表			褾
p	p'	頗												
bb	b	門				貓苗						藐。		
m	m													
d	t	地	貂雕 調		朝潮		調條							召
t	t'	他	挑刀				銚						窕	
n	n	柳												
l	l			蹘。	燎		僚	繚	療				了	
g	k	求			僑橋					攪	嬌		繳	
k	k'	去								巧				
gg	g	語					堯				蟯			
ng	ŋ													
□	ʔ,O	英	么			謠搖				窈				
h	h	喜												
tz	ts tɕ	曾												照
ts	ts' tɕ'	出										悄		
s	s	時										小	泥 嬲	少
dz	dz	入			繞						擾繞 莊 爪			

韻類			iau									aã		
韻值			ɪaʊ									ɑ̃		
調類			陰去˩				陽去˧					陰平˥		
十五音韻母			嬌叫				嬌轎					監監		
韻攝			效				效				過	咸		
廣韻韻目			笑	宵	嘯	蕭	笑		小	嘯	麌	談	敢	銜
等呼			開四	開四	開四	開四	開三	開四	開三	開四	合三	開一	開一	開二
b	p	邊												
p	pʻ	頗		票漂										
bb	b	門					廟	妙						
m	m													
d	t	地			弔釣		召		兆	調		擔		
t	tʻ	他			糶	跳	飛°				柱			
n	n	柳												
l	l						療			料				
g	k	求			叫		轎						橄	監
k	kʻ	去			竅							坩		
gg	g	語												
ng	ŋ													
□	ʔ,○	英	要					耀						
h	h	喜												
tz	ts tɕ	曾												
ts	tsʻ tɕʻ	出	笑		嘯			噍						
s	s	時	哨						紹			三		衫
dz	dz	入								尿				

韵類			aũ											
韵值			ã											
調類			陰平˥			陽平˧˥			上˥˧˥				陰去˨˩	
十五音韵母			監監			監儖			監敢				監𫓧	
韵攝			深	宕	果	咸	通	假	咸	梗	假	果	咸	效
廣韵韵目			侵	唐	歌	談	東	麻	敢	梗	馬	哿	闞	效
等呼			開三	開一	開一	開一	合一	開二	開一	開二	開二	開一	開一	開二
b	p	邊												
p	pʻ	頗												
bb	b	門												
m	m							麻痲			馬 媽 碼			
d	t	地	見 今	當					膽	打			擔	
t	tʻ	他			他									
n	n	柳				藍	嚨		攬			那		
l	l													
g	k	求							敢					酵
k	kʻ	去												
gg	g	語												
ng	ŋ													
□	ʔ,O	英												
h	h	喜												
tz	ts tɕ	曾												
ts	tsʻ tɕʻ	出												
s	s	時												
dz	dz	入												

韻類			aⁿ				iaⁿ							
韻值			ã				ĩã							
調類			陽去˧				陰平˥					陽平˦		
十五音韻母			監(那)				驚(鷯)					驚(行)		
韻攝			咸		假	果	梗					梗	宕	曾
廣韻韻目			陷	豏	禡	箇	庚		清		青	庚	唐	登
等呼			開二	開二	開二	開一	開三	合三	開三	開四	開四	開二	合一	開一
b	p	邊												
p	p‘	頗												堋
bb	b	門												
m	m				罵									
d	t	地												
t	t‘	他									聽廳			
n	n	柳			若	那								
l	l													
g	k	求					京驚					行		
k	k‘	去												
gg	g	語												
ng	ŋ													
□	ʔ,○	英	餡	豏						纓				
h	h	喜						兄			馨		惶	
tz	ts tɕ	曾							正	精				
ts	ts‘ tɕ‘	出												
s	s	時							聲					
dz	dz	入												

韻類			iañ											
韻值			ĩã											
調類			陽平ㄔ						上Ⅴ					
十五音韻母			驚柠						驚囲					
韻攝			梗					山	梗				咸	深
廣韻韻目			庚	清			青	仙	静		梗	迴	敢	寑
等呼			開三	開三	開四	合四	開四	開三	開三	開四	開三	開四	開一	開三
b	p	邊	[2]平							[1]餅	[1]丙			
p	p'	頗	[2]坪											
bb	b	門												
m	m				[1]名									
d	t	地		[5]程呈								[1]鼎		
t	t'	他					[2]庭							
n	n	柳							[2]領					
l	l													
g	k	求												
k	k'	去												
gg	g	語												
ng	ŋ		[1]迎											
□	?,○	英			[4]嬴	[3]營					[1]影			
h	h	喜						[8]燃†						
tz	ts tɕ	曾		[11]成									[1]饏	
ts	ts' tɕ'	出								[1]請				
s	s	時		[5]城										[5]甚
dz	dz	入												

<table>
<tr><td colspan="3">韻類</td><td colspan="13">iaŋ̃</td></tr>
<tr><td colspan="3">韻值</td><td colspan="13">ĩã</td></tr>
<tr><td colspan="3">調類</td><td colspan="2">上˅</td><td colspan="5">陰去˩</td><td colspan="6">陽去˧</td></tr>
<tr><td colspan="3">十五音韻母</td><td colspan="2">驚囝</td><td colspan="5">驚鏡</td><td colspan="6">驚件</td></tr>
<tr><td colspan="3">韻攝</td><td>假</td><td>止</td><td colspan="3">梗</td><td>宕</td><td>通</td><td colspan="4">梗</td><td>宕</td></tr>
<tr><td colspan="3">廣韻韻目</td><td>禡</td><td>止</td><td>映</td><td>勁</td><td>徑</td><td>漾</td><td>送</td><td>耕</td><td>映</td><td>徑</td><td>青</td><td>漾</td></tr>
<tr><td colspan="3">等呼</td><td>開四</td><td>開四</td><td>開三</td><td>開四</td><td>開四</td><td>開三</td><td>合一</td><td>開二</td><td>開三</td><td>開四</td><td>開四</td><td>開三</td></tr>
<tr><td>b</td><td>p</td><td>邊</td><td></td><td></td><td></td><td>[1]併</td><td></td><td></td><td></td><td></td><td></td><td></td><td></td><td></td></tr>
<tr><td>p</td><td>p‘</td><td>頗</td><td></td><td></td><td></td><td></td><td></td><td></td><td></td><td></td><td></td><td></td><td></td><td></td></tr>
<tr><td>bb</td><td>b</td><td rowspan="2">門</td><td></td><td></td><td></td><td></td><td></td><td></td><td></td><td></td><td></td><td></td><td></td><td></td></tr>
<tr><td>m</td><td>m</td><td></td><td></td><td></td><td></td><td></td><td></td><td></td><td></td><td>[1]命</td><td></td><td></td><td></td></tr>
<tr><td>d</td><td>t</td><td>地</td><td></td><td></td><td></td><td></td><td>[2]碇。</td><td></td><td></td><td></td><td></td><td>[2]定</td><td></td><td></td></tr>
<tr><td>t</td><td>t‘</td><td>他</td><td></td><td></td><td></td><td></td><td></td><td></td><td>[1]痛</td><td></td><td></td><td></td><td></td><td></td></tr>
<tr><td>n</td><td>n</td><td rowspan="2">柳</td><td></td><td></td><td></td><td></td><td></td><td></td><td></td><td></td><td></td><td></td><td>[2]岭</td><td></td></tr>
<tr><td>l</td><td>l</td><td></td><td></td><td></td><td></td><td></td><td></td><td></td><td></td><td></td><td></td><td></td><td></td></tr>
<tr><td>g</td><td>k</td><td>求</td><td></td><td>[精]子囝</td><td>[1]鏡</td><td></td><td></td><td></td><td></td><td></td><td></td><td></td><td></td><td></td></tr>
<tr><td>k</td><td>k‘</td><td>去</td><td></td><td></td><td>[1]慶</td><td></td><td></td><td></td><td></td><td></td><td></td><td></td><td></td><td></td></tr>
<tr><td>gg</td><td>g</td><td rowspan="2">語</td><td></td><td></td><td></td><td></td><td></td><td></td><td></td><td></td><td></td><td></td><td></td><td></td></tr>
<tr><td>ng</td><td>ŋ</td><td></td><td></td><td></td><td></td><td></td><td></td><td></td><td></td><td></td><td></td><td></td><td></td></tr>
<tr><td>□</td><td>ʔ,○</td><td>英</td><td></td><td></td><td>[1]映</td><td></td><td></td><td></td><td></td><td></td><td></td><td></td><td></td><td>[1]颺</td></tr>
<tr><td>h</td><td>h</td><td>喜</td><td></td><td></td><td></td><td></td><td></td><td>[1]向</td><td></td><td></td><td></td><td></td><td></td><td></td></tr>
<tr><td>tz</td><td>ts
tɕ</td><td>曾</td><td></td><td></td><td>[4]正</td><td></td><td></td><td></td><td></td><td>[5]争</td><td></td><td></td><td></td><td></td></tr>
<tr><td>ts</td><td>ts‘
tɕ‘</td><td>出</td><td>[1]笡·</td><td></td><td></td><td>[1]倩</td><td></td><td></td><td></td><td></td><td></td><td></td><td></td><td></td></tr>
<tr><td>s</td><td>s</td><td>時</td><td></td><td></td><td>[4]聖</td><td></td><td></td><td></td><td></td><td></td><td></td><td></td><td></td><td></td></tr>
<tr><td>dz</td><td>dz</td><td>入</td><td></td><td></td><td></td><td></td><td></td><td></td><td></td><td></td><td></td><td></td><td></td><td></td></tr>
</table>

韻類			iañ			uañ									
韻值			ĩã			ũã									
調類			陽去˧			陰平˥					陽平˩				
十五音韻母			驚件			官官					官寒				
韻攝			山		蟹	山					山			梗	
廣韻韻目			願	獮	泰	桓	寒	刪	山	仙	桓	寒	仙	庚	
等呼			開三	開三	開一	合一	開一	合二	開二	開四	合一	開一	開四	合二	
b	p	邊				1.般 2.搬					2.盤				
p	p‘	頗				1.潘									
bb	b	門													
m	m	門									1.鰻				
d	t	地					1.單					2.壇彈			
t	t‘	他					1.攤灘				2.團				
n	n	柳										2.攔			
l	l	柳													
g	k	求	2.健	2.件		1.官棺	1.肝杆乾					5.寒			
k	k‘	去				1.寬									
gg	g	語													
ng	ŋ	語													
□	ʔ,○	英					1.安鞍								
h	h	喜			5.艾	1.歡						1.鼾		2.橫	
tz	ts tɕ	曾								1.煎		2.殘	2.泉		
ts	ts‘ tɕ‘	出						9.欑							
s	s	時							8.山						
dz	dz	入													

韻類			uañ											
韻值			ũã											
調類			陽平1	上V								陰去」		
十五音韻母			官寒	官寡								官觀		
韻攝			假	山					梗	假	深	山		
廣韻韻目			麻	緩	旱	產	阮	仙	梗	馬	寑	換	翰	旱
等呼			開二	合一	開一	開二	合三	合三	合二	合二	開四	合一	開一	開一
b	p	邊					坂					半		
p	p'	頗										判		
bb	b	門												
m	m	門	麻	滿										
d	t	地											旦	
t	t'	他											炭	
n	n	柳						撋						
l	l	柳												
g	k	求			赶·				礦	寡		灌		
k	k'	去		欵·									看	
gg	g	語												
ng	ŋ	語												
□	ʔ,○	英		椀·									案	
h	h	喜												
tz	ts tɕ	曾				3.盞					怎		讚	
ts	ts' tɕ'	出				剗								
s	s	時			散·	3.產							散	傘
dz	dz	入												

韻類			uañ										oñ	
韻值			ũã										ɔ̃	
調類			陰去˩			陽去˧							陰平˥	
十五音韻母			官觀		光	官汗							扛(訶)	
韻攝			山		深	山					果	臻入	遇	效
廣韻韻目			線		沁	換	翰	旱	諫	線	過	物	模	豪
等呼			合三	開四	開三	合一	開一	開一	合二	開四	合一	合三	合一	開一
b	p	邊										數拂		
p	pʻ	頗				2.伴								
bb	b	門												
m	m												1.摸•	
d	t	地				1.段	2.彈				2.惰			
t	tʻ	他												
n	n	柳					2.爛							
l	l													
g	k	求					5.汗		影綰					
k	kʻ	去												
gg	g	語												
ng	ŋ													
□	ʔ,○	英				5.換		5.旱						
h	h	喜					3.按 5.岸							1.蒿
tz	ts tɕ	曾								1.濺 2.賤				
ts	tsʻ tɕʻ	出	5.穿		5.闖									
s	s	時		1.線										
dz	dz	入												

韻類			oñ											
韻值			ɔ̃											
調類			陽平˩˧			上˥˧						陰去˨˩		陽去˧
十五音韻母			扛(毛)		姑(奴)	扛(火)			姑(努)			扛(貨)		扛(冒)
韻攝			效	果	遇	效	果		遇		流	效	果	效
廣韻韻目			豪	戈	模	晧	果	哿	姥	暮	厚	号	過	号
等呼			開一	合一	合一	開一	合一	開一	合一	合一	開一	開一	合一	開一
b	p	邊												
p	p'	頗												
bb	b	門												
m	m		^毛	^摩										^冒
d	t	地												
t	t'	他												
n	n	柳			^奴			^娜	^努					
l	l													
g	k	求												
k	k'	去												
gg	g	語												
ng	ŋ							^我	^午	^忤	^耦			
□	ʔ,○	英												
h	h	喜				^好	^火					^好	^貨	
tz	ts tɕ	曾												
ts	ts' tɕ'	出												
s	s	時												
dz	dz	入												

韵類			oñ			eñ		iñ							
韵值			õ			ẽ		ĩ							
調類			陽去⊣			陰平˥	上V	陰平˥							
十五音韵母			姑(怒)			更更	更梗	更更				梔梔			
韵攝			遇		流	梗	梗	梗				山			
廣韵韵目			姥	暮	候	清	梗	庚	耕	清	青	仙		先	
等呼			合一	合一	開一	開四	開二	開二	開二	開四	開四	開三	開四	開四	
b	p	邊												邊
p	p‘	頗											篇偏	
bb	b	門												
m	m						猛							
d	t	地						徹瞠						
t	t‘	他						撐						天
n	n	柳		怒	耨									
l	l													
g	k	求					骾	更庚	耕		經			
k	k‘	去						坑						
gg	g	語												
ng	ŋ		五											
□	ʔ,○	英				嬰嚶		英			定蜓			
h	h	喜												
tz	ts tɕ	曾							争	精晶		氈		
ts	ts‘ tɕ‘	出						生			青菁蟶		鮮	
s	s	時						生鉎						
dz	dz	入												

韻類			iñ											
韻值			ĩ											
調類			陰平˥				陽平˧˥							
十五音韻母			梔(梔)				更(平)							
韻攝			咸		蟹	止	梗						曾	
廣韻韻目			鹽	添	海	支	庚		耕	清		青	登	蒸
等呼			開三	開四	開一	開三	開二	開三	開二	開三	開四	開四	開一	開三
b	p	邊					棚	平坪						
p	pʻ	頗					彭	坪	抨					
bb	b	門												
m	m	門					盲	明				冥		
d	t	地		甜										
t	tʻ	他		添						程			騰	瞪
n	n	柳		拈	奶									
l	l	柳												
g	k	求	鹻			梔								
k	kʻ	去												
gg	g	語												
ng	ŋ	語												
□	ʔ,○	英									楹			
h	h	喜												
tz	ts tɕ	曾									晴			
ts	tsʻ tɕʻ	出												
s	s	時												
dz	dz	入												

韻類			iñ											
韻值			ĩ											
調類			陽平1										上V	
十五音韻母			梔										更	
韻攝			山				咸	深	山	蟹	止		梗	
廣韻韻目			仙			先	鹽	侵	桓	齊	脂	寘	梗	靜
等呼			開三	開四	合三	開四	開三	開三	合一	開四	開三	開三	開二	開四
b	p	邊												
p	p‘	頗												
bb	b	門												
m	m			棉						彌			猛	
d	t	地	6.纏											
t	t‘	他												
n	n	柳	2.連			年	3.黏			泥	3.尼			
l	l													
g	k	求											骾	
k	k‘	去					2.鉗	2.擒						
gg	g	語												
ng	ŋ													
□	ʔ,○	英		錢	2.員圓				5.丸					
h	h	喜				2.弦								
tz	ts tɕ	曾		8.錢		2.前								井
ts	ts‘ tɕ‘	出												
s	s	時										5.豉	3.省	
dz	dz	入												

韻類			iñ											
韻值			ĩ											
調類			上˅								陰去˩			
十五音韻母			更(和)		梔(你)						更(經)			
韻攝			梗		山		咸	蟹	止		梗			
廣韻韻目			勁	迥	獮	銑	琰	薺	止	旨	映		諍	勁
等呼			開四	開四	開四	開四	開三	開四	開三	開三	開二	開三	開二	開四
b	p	邊				匾扁								
p	pʻ	頗										3.柄		
bb	b	門												
m	m													
d	t	地												
t	tʻ	他									撐			
n	n	柳					4.染		你耳					
l	l													
g	k	求												
k	kʻ	去												
gg	g	語												
ng	ŋ、													
□	ʔ,○	英												
h	h	喜												
tz	ts tɕ	曾	2.灩										3.爭	
ts	tsʻ tɕʻ	出		8.醒	淺									
s	s	時												性姓
dz	dz	入						3.禰	耳·	爾				

韻類			iñ											
韻值			ĩ											
調類			陰去˩						陽去˧					
十五音韻母			更(經)	梔(見)					更(病)				梔(泥)	
韻攝			梗	山			臻	止	梗				山	
廣韻韻目			徑	線		霰	震	寘	諍	映	勁	靜	線	霰
等呼			開四	開三	開四	開四	開四	開四	開二	開三	開三	開四	合三	開四
b	p	邊		變						病				
p	pʻ	頗				片								
bb	b	門												
m	m	門												麵
d	t	地									鄭			淀
t	tʻ	他												
n	n	柳												
l	l	柳												
g	k	求	徑			見								
k	kʻ	去												
gg	g	語												
ng	ŋ	語							硬					
□	ʔ,○	英				燕							院	
h	h	喜												硯
tz	ts tɕ	曾			箭		進					靜		
ts	tsʻ tɕʻ	出						刺						
s	s	時		扇										
dz	dz	入												

韻類			iñ								uiñ			iouñ
韻值			ĩ								ũĩ			ĩũ
調類			陽去˧								陽平˨˦	上˥˧	陽去˧	陰平˥
十五音韻母			梔(泥)								檜葵	檜粿	檜盱	薑薑
韻攝			山	咸	蟹		止				蟹	蟹	蟹	宕
廣韻韻目			銑	㮇	霽	齊	寘	至		志	灰	賄	隊	陽
等呼			開四	開四	開四	開四	開三	開三	開四	開四	合一	合一	合一	開三
b	p	邊	2.辮											
p	p'	頗						2.鼻						
bb	b	門												
m	m	門			八.謎×						八.枚梅	八.每	八.妹昧	
d	t	地												4.張
t	t'	他												
n	n	柳			1.泥	2.莉								
l	l	柳												
g	k	求												1.薑
k	k'	去												
gg	g	語												
ng	ŋ	語												
□	ʔ,○	英							3.肆	3.異				
h	h	喜												1.香
tz	ts tɕ	曾		透.舚										4.章
ts	ts' tɕ'	出												5.菖
s	s	時					5.豉							4.傷
dz	dz	入												

韻類			iouñ											
韻值			ĩũ											
調類			陰平˥				陽平˧˥			上˥˩˥			陰去˩	
十五音韻母			薑薑				薑強			薑(兩)			薑(帳)	
韻攝			宕		江	梗	宕		通	宕		效	宕	
廣韻韻目			陽	唐	江	庚	陽		鍾	養		小	漾	
等呼			開四	開一	開二	開三	開三	開四	合四	開三	開四	開四	開三	開四
b	p	邊												
p	pʻ	頗												
bb	b	門												
m	m													
d	t	地					5.塲			5.長			4.帳漲	
t	tʻ	他												
n	n	柳					2.涼樑 3.娘			2.兩				
l	l													
g	k	求				1.荊	2.强							
k	kʻ	去			1.腔									
gg	g	語												
ng	ŋ													
□	ʔ,○	英		1.鴦				3.羊楊洋	3.鎔		3.養	3.舀		
h	h	喜											1.向	
tz	ts tɕ	曾	1.漿							4.掌	1.蔣		4.障	1.醬
ts	tsʻ tɕʻ	出						2.牆		5.廠	1.搶		5.唱	
s	s	時	1.相鑲箱				5.常			4.賞				1.相
dz	dz	入												

韵類			iouñ					aiñ						
韵值			ĩũ					ãĩ						
調類			陽去˧					陰平˥	陽平˧˥	上˥˧˥				
十五音韵母			薑(彊)					閒(閒)	閒(覵)	閒(䔼)		巾(艮)	金(錦)	皆(改)
韵攝			宕				咸	山	蟹	蟹		臻	深	蟹
廣韵韵目			漾		養		琰	山	佳	海	蟹	震	寑	海
等呼			開三	開四	開三	開四	開三	開二	開二	開一	開二	開二	開四	開一
b	p	邊												
p	pʻ	頗									歹†			
bb	b	門												
m	m								(覵)		買			
d	t	地			丈									
t	tʻ	他												
n	n	柳	量讓							乃	妳			
l	l													
g	k	求	彊					(閒)						
k	kʻ	去					傔†							
gg	g	語												
ng	ŋ													
□	ʔ,○	英		様										
h	h	喜												
tz	ts tɕ	曾	上										怎叶	宰
ts	tsʻ tɕʻ	出		匠		象						襯·		採彩
s	s	時	尚			想								
dz	dz	入												

韻類			aiñ									uaiñ			
韻值			ãĩ									ũãĩ			
調類			上˅		陰去˩	陽去˧					陰平˥		陽平˨	
十五音韻母			皆(改)	居(乙)	閒[illegible]	閒					官(官)		觀(檨)	官(寒)
韻攝			蟹	止	蟹	蟹					山		效	梗
廣韻韻目			駭	旨	怪	泰	代	夬	卦	廢	刪	寒	豪	庚
等呼			開二	開三	開二	開一	開一	開二	開二	開三	合二	開一	開一	合二
b	p	邊												
p	pʻ	頗												
bb	b	門												
m	m							邁	賣					
d	t	地												
t	tʻ	他												
n	n	柳	[2]懶			[2]賴[1]奈	耐							
l	l													
g	k	求									關	杆	高	
k	kʻ	去												
gg	g	語												
ng	ŋ									乂·刈				
□	ʔ,○	英												
h	h	喜			歡									[2]橫
tz	ts tɕ	曾		指										
ts	tsʻ tɕʻ	出												
s	s	時												
dz	dz	入												

韵类			uaiñ						auñ					
韵值			ũãĩ						ãũ					
調類			上V		陰去˩		陽去˧		陽平˦				上V	
十五音韵母			干(柬)	乖(拐)	觀(見)	乖(怪)	觀(縣)	閂	交(撓)			堅(年)	交(惱)	
韵攝			山	蟹	山	蟹	山	山	效		流	山	效	
廣韵韵目			旱	佳	諫	夬	霰	霰	肴	巧	尤	先	晧	巧
等呼			開一	合二	合二	合二	合四	合四	開二	開二	開四	合四	開一	開二
b	p	邊												
p	pʻ	頗												
bb	b	門												
m	m								矛蟼		蟼			
d	t	地												
t	tʻ	他												
n	n	柳							鐃	撓				惱
l	l													
g	k	求	稈○稈	拐	慣		縣							
k	kʻ	去				快								
gg	g	語												
ng	ŋ								爻肴				齩×	
□	ʔ,O	英												
h	h	喜										懸†		
tz	ts tɕ	曾												
ts	tsʻ tɕʻ	出												
s	s	時						檨						
dz	dz	入												

韵類			auñ			iauñ				ɑm				
韵值			ãũ			ĩãũ				ɑm				
調類			陰去˩	陽去˧		陰平˥	上˥˧		陰去˩	陰平˥				
十五音韵母			高(果)	爻(貌)		嘄([illegible])	嘄(鳥)		嘄([illegible])	甘(甘)				
韵攝			效	效	流	效	效		效	咸				
廣韵韵目			号	效	厚	宵	巧	篠	巧	覃	談	咸	銜	鹽
等呼			開一	開二	開一	開三	開二	開四	開二	開一	開一	開二	開二	開四
b	p	邊												
p	pʻ	頗												
bb	b	門												
m	m	門		貌										
d	t	地								耽湛	擔			
t	tʻ	他								貪探				
n	n	柳				明 猫	莊 爪	鳥	莊 抓					
l	l	柳												
g	k	求									甘疳柑		監	
k	kʻ	去								堪龕			嵌	
gg	g	語												
ng	ŋ	語		樂	藕									
□	ʔ,○	英								庵				
h	h	喜	好								1.憨蚶 2.酣			
tz	ts tɕ	曾								簪				尖
ts	tsʻ tɕʻ	出								參		2.讒攙		
s	s	時									三鬖	3.杉衫		
dz	dz	入												

韻類			am											
韻值			ɑm											
調類			陽平˨˦					上˥˧					陰去˨˩	
十五音韻母			甘$_{荅}$					甘$_{敢}$					甘$_{監}$	
韻攝			咸				深	咸					咸	
廣韻韻目			覃	談	咸	銜	侵	感	敢	勘	談	豏	勘	闞
等呼			開一	開一	開二	開二	開三	開一	開一	開一	開一	開二	開一	開一
b	p	邊												
p	pʻ	頗												
bb	b	門												
m	m													
d	t	地	[2]譚	[2]談					[入]膽					[入]擔
t	tʻ	他	[2]覃壜	[2]痰					[入]毯					
n	n	柳												
l	l		[1]男南 [入]嵐	[入]藍籃	[3]喃		[入]淋·		[入]覽攬					
g	k	求				[5]銜		[入]感	[入]敢橄					
k	kʻ	去						[入]坎					[入]勘	[入]闞嵌
gg	g	語				[入]巖								
ng	ŋ													
□	ʔ,○	英								[入]闇	[6]泔	[入]黯	[入]闇暗	
h	h	喜	[2]含函涵		[2]咸鹹	[2]銜		[2]撼	[入]喊[見]撖			[入]闞		
tz	ts tɕ	曾			[5]讒							[3]斬		
ts	tsʻ tɕʻ	出	[2]蠶	[6]慚	[6]讒	[6]嶄		[入]慘						
s	s	時			[6]儳			[入]糝				[3]摻		
dz	dz	入												

韻類			am											
韻值			ɑm											
調類			陰去˩						陽去˧					
十五音韻母			甘監						甘艦					
韻攝			咸					深	咸					
廣韻韻目			覃	盍	陷	鑑	豔	沁	勘	闞	感	敢	陷	檻
等呼			開一	開一	開二	開二	開三	開三	開一	開一	開一	開一	開二	開二
b	p	邊												
p	p'	頗												
bb	b	門												
m	m													
d	t	地					[標]贍			[2]淡	[2]禫	[2]淡		
t	t'	他	探											
n	n	柳												
l	l									濫				艦
g	k	求				鑑監								
k	k'	去		[3]盍										
gg	g	語												
ng	ŋ													
□	ʔ,○	英									[5]頷			
h	h	喜				闞			[2]憾				[2]陷餡	
tz	ts tɕ	曾			[3]蘸					[5]鏨			站	
ts	ts' tɕ'	出				[3]懺		[3]讖						
s	s	時												
dz	dz	入												

韻類			iam											
韻值			ɪam											
調類			陰平˥							陽平˧˥				
十五音韻母			兼(兼)							兼(甜)				
韻攝			咸				深			咸				
廣韻韻目			鹽		添	覃	咸	侵		鹽		嚴	添	銜
等呼			開三	開四	開四	開一	開二	開三	開二	開三	開四	開三	開四	開二
b	p	邊												
p	p'	頗												
bb	b	門												
m	m	門												
d	t	地	4.沾		3.沾 4.佔			4.枮						
t	t'	他			添								2.甛恬	
n	n	柳												
l	l	柳			2.拈					3.簾黏	詹			
g	k	求			兼		1.緘							
k	k'	去			謙					2.鉗鈐				
gg	g	語										嚴		巖
ng	ŋ	語												
□	ʔ,○	英	淹	厭		鵪				2.炎	3.鹽			
h	h	喜											2.嫌	
tz	ts tɕ	曾	4.詹噡占	1.尖		簪		4.鍼	3.簪		2.潛			
ts	ts' tɕ'	出	僉	3.籤殲										
s	s	時		2.纖						5.蟾				
dz	dz	入												

韵类			iam											
韵值			ɪam											
调类			陽平1		上V						陰去」			
十五音韵母			兼(甜)		兼(減)						兼(劍)			
韵摄			咸	深	咸						咸			
廣韵韵目			咸	侵	琰		儼	忝	敢	豏	豔		釅	梵
等呼			開二	開三	開三	開四	開三	開四	開一	開二	開三	開四	開三	合三
b	p	邊												
p	p'	頗												
bb	b	門												
m	m	門												
d	t	地		沉				點						
t	t'	他			諂			忝						
n	n	柳												
l	l	柳		臨	歛殮					臉				
g	k	求	鹹		檢					減			劍	
k	k'	去						歉		歉				欠
gg	g	語					儼							
ng	ŋ	語				琰								
□	ʔ,○	英			掩				揜			厭		淹
h	h	喜			險									
tz	ts tɕ	曾									佔			
ts	ts' tɕ'	出												
s	s	時			閃									
dz	dz	入			染									

韻類			iam											im
韻值			ɪam											ɪm
調類			陰去˩			陽去˧								陰平˥
十五音韻母			兼劍			兼鐱								金金
韻攝			咸			咸							深	深
廣韻韻目			㮇	陷	鑑	豔		釅		忝	㮇	添	沁	侵
等呼			開四	開二	開二	開三	開四	開三	開四	開四	開四	開四	開三	開三
b	p	邊												
p	pʻ	頗												
bb	b	門												
m	m	門												
d	t	地	1.店	4.站						2.簟	1.墊	2.恬		
t	tʻ	他	1.㮇										5.沈	4.琛
n	n	柳												
l	l	柳	2.捻°			1.殮					2.念			斂歛†
g	k	求												1.金今
k	kʻ	去						2.儉						1.欽3.襟
gg	g	語				1.驗								
ng	ŋ	語												
□	ʔ,O	英					3.豔焰							1.陰音
h	h	喜			2.喊									1.歆
tz	ts tɕ	曾							2.漸					7.砧枕 4.鍼
ts	tsʻ tɕʻ	出	3.僭											11.深
s	s	時				5.贍								
dz	dz	入												

韻類			im											
韻值			ɪm											
調類			陰平˥					陽平˩				上˥˩		
十五音韻母			金(金)			箴(箴)		金(林)				金(錦)		
韻攝			深	臻	曾	深		深		咸	通	深		臻
廣韻韻目			侵	欣	蒸	侵		侵		覃	東	寢		軫
等呼			開四	開三	開三	開三	開二	開三	開四	開一	合三	開三	開四	開三
b	p	邊												
p	p'	頗												
bb	b	門												
m	m													
d	t	地						5.沉				4.戡		
t	t'	他												
n	n	柳												
l	l							1.林臨淋				1.廩檁		
g	k	求										1.錦		
k	k'	去			3.矜			2.琴擒				2.噤		
gg	g	語						1.吟						
ng	ŋ													
□	ʔ,○	英							3.淫			1.飲		
h	h	喜		1.欣							2.熊			
tz	ts tɕ	曾				4.箴	3.簪		9.蟳	定.覃		4.枕 10.嬸		
ts	ts' tɕ'	出	1.侵 3.祲										1.寢	
s	s	時	1.心				3.森	5.忱	2.尋蟳			4.審		
dz	dz	人						1.壬				1.飪		1.忍

韻類			im									(om)		an
韻值			ɪm									(ɔm)		an
調類			陰去˩						陽去˧			陰平˥	陽平˨˦	陰平˥
十五音韻母			金(禁)					箴(噤)	金(妗)			箴(箴)	箴(丼)	干(干)
韻攝			深			臻		深	深		臻	深	咸	山
廣韻韻目			沁		寑	震	焮	沁	沁	寑	震	侵	感	寒
等呼			開三	開四	開三	開三	開三	開二	開三	開三	開三	開二	開一	開一
b	p	邊												
p	p‘	頗												
bb	b	門												
m	m													
d	t	地	4、揕							5、朕			丼×	丹單
t	t‘	他	5、鴆			4、疢×								灘攤
n	n	柳												
l	l													
g	k	求	禁		2-噤									干乾
k	k‘	去	搇											刊
gg	g	語												
ng	ŋ													
□	ʔ,○	英	蔭											安鞍
h	h	喜					焮×		群 噤					頇
tz	ts tɕ	曾		浸				3、譖						
ts	ts‘ tɕ‘	出		沁										餐
s	s	時							5、甚			3、參×		珊
dz	dz	入							任 2-賃		刃×			

韵類			an											
韵值			an											
調類			陰平˥							陽平˧˥				
十五音韵母			干干							干(艱)				
韵攝			山			咸		曾	梗	山				
廣韵韵目			刪	山	先	覃	銜	登	清	寒	刪	山	桓	仙
等呼			開二	開二	開四	開一	開二	開一	開三	開一	開二	開二	合一	開四
b	p	邊	班斑頒											便
p	p'	頗	扳攀											
bb	b	門										蠻	饅鰻	
m	m	門												
d	t	地								壇彈				
t	t'	他							蟶					
n	n	柳												
l	l	柳								蘭難		斕		
g	k	求	姦	艱間										
k	k'	去			牽									
gg	g	語									顏			
ng	ŋ	語												
□	ʔ,○	英				鵪						閒		
h	h	喜								寒韓		閑		
tz	ts tɕ	曾						罾		殘				
ts	ts' tɕ'	出								殘				
s	s	時	刪	山			芟							
dz	dz	入												

韻類			an											
韻值			an											
調類			陽平1				上V							
十五音韻母			干(閒)				干柬							
韻攝			臻	咸	曾		山					臻	咸	
廣韻韻目			真	覃	登	青	旱	潸	產	銑	阮	震	敢	豔
等呼			開三	開一	開一	開四	開一	開二	開二	開四	合三	開三	開一	開三
b	p	邊				2.瓶		八版板	2.版					
p	pʻ	頗						八販						
bb	b	門	八閩								2.晚輓			
m	m													
d	t	地	5.陳											
t	tʻ	他					八坦 2.袒 3.疸					4.趁	八毯	
n	n	柳												
l	l		八鱗			八零	八嬾	3.赧						
g	k	求					八趕		八簡柬	八繭			八敢	
k	kʻ	去					八侃							
gg	g	語							八眼					影俺
ng	ŋ													
□	ʔ,○	英												
h	h	喜					八罕							
tz	ts tɕ	曾			2.層				3.盞					
ts	tsʻ tɕʻ	出		2.蠶		定.田								
s	s	時					八散傘		3.產					
dz	dz	入												

韵類			an											
韵值			an											
調類			上˅		陰去˩								陽去˧	
十五音韵母			干東		干澗								干(爛)	
韵攝			曾	流	山						臻	曾	山	
廣韵韵目			等	宥	翰	旱	諫	襉	霰	線	震	登	翰	旱
等呼			開一	開二	開一	開一	開二	開二	開四	開四	開三	開一	開一	開一
b	p	邊												
p	p‘	頗					襻	盼						
bb	b	門												
m	m													
d	t	地	等		旦蛋								憚誕	但蛋。
t	t‘	他			炭歎						趁			
n	n	柳												
l	l												爛難	
g	k	求			幹		澗諫	閒						
k	k‘	去	肯		看									
gg	g	語											岸	
ng	ŋ													
□	ʔ,O	英			按案		晏							
h	h	喜			漢翰								汗	旱
tz	ts tɕ	曾			贊讚	瓚						層	贊	
ts	ts‘ tɕ‘	出			燦									
s	s	時		瘦	散傘。		訕疝		霰	線腺。				
dz	dz	入												

韵類			an								ian			
韵值			an								ɪan			
調類			陽去˧								陰平˥			
十五音韵母			干(爛)								堅堅			
韵攝			山								山			
廣韵韵目			諫	襉	產	霰	線	換	桓	願	仙			元
等呼			開二	開二	開二	開四	開四	合一	合一	合三	開三	開四	合四	開三
b	p	邊		2.辦辨 8.扮					明.槾			1.鞭 2.便		
p	p‘	頗										1.偏萹 3.編		
bb	b	門						1.慢		2.萬				
m	m													
d	t	地				2.靛								
t	t‘	他												
n	n	柳												
l	l													
g	k	求												
k	k‘	去									1.愆			
gg	g	語	8.雁				1.彥							
ng	ŋ													
□	ʔ,○	英			5.限								3.鳶	
h	h	喜			2.限									1.軒掀
tz	ts tɕ	曾	5.棧								4.氈	8.煎		
ts	ts‘ tɕ‘	出										1.遷		
s	s	時									4.䩞	8.仙鮮		
dz	dz	入												

韻類			ian											
韻值			ɪan											
調類			陰平˥						陽平˦					
十五音韻母			堅堅						堅(年)					
韻攝			山			臻	咸	梗	山					
廣韻韻目			先		山	真	覃	耕	仙		線	仙	元	先
等呼			開四	合四	開二	開四	開一	開二	開三	開四	合四	合四	開三	開四
b	p	邊	1.邊											
p	pʻ	頗												
bb	b	門								1.棉				1.眠
m	m													
d	t	地	1.顛癲						5.纏躔					2.田塡
t	tʻ	他	1.天											2.塡
n	n	柳												
l	l		1.嗹						1.連聯					1.蓮 2.年
g	k	求	1.堅肩		3.慳									
k	kʻ	去	1.牽					1.鏗	2.虔乾					
gg	g	語											1.言	
ng	ŋ													
□	ʔ,○	英	1.煙烟	1.淵		1.姻	1.鵪			3.[illegible]延涎	3.椽	3.沿緣鉛		
h	h	喜												2.賢絃
tz	ts tɕ	曾	1.箋							2.錢				2.前
ts	tsʻ tɕʻ	出	1.千											
s	s	時	1.先						5.禪蟬	2.涎				
dz	dz	入							1.然					

韻類			ian											
韻值			ɪan											
調類			陽平˧˥			上˥˩˥								
十五音韻母			堅(年)			堅蹇								
韻攝			山	臻	曾	山								臻
廣韻韻目			先	真	蒸	獮		阮	銑		先	線	願	軫
等呼			合四	開三	開三	開三	開四	開三	開四	合四	開四	開三	開三	開三
b	p	邊					1.編		1.扁					
p	pʻ	頗												
bb	b	門		1.緡		1.免勉								1.愍
m	m													
d	t	地				4.展			1.典碘					
t	tʻ	他							1.腆 2.殄					
n	n	柳												
l	l					1.輦			2.撚			3.碾		
g	k	求			4.凝	1.蹇							2.健	
k	kʻ	去					1.遣譴			2.犬				
gg	g	語				1.齴					1.研			
ng	ŋ													
□	ʔ,○	英						1.偃蝘				1.堰		
h	h	喜	2.玄眩						1.顯					
tz	ts tɕ	曾					1.剪							
ts	tsʻ tɕʻ	出				5.闡	1.淺							
s	s	時					1.鮮癬		1.銑洗					
dz	dz	入												

韻類			ian											
韻值			ɪan											
調類			上˅			陰去˩								陽去˧
十五音韻母			堅褰			堅見								堅健
韻攝			咸		深	山						臻	咸	山
廣韻韻目			琰	豏	侵	線		霰	願		獮	震	豔	線
等呼			開三	開二	開四	開三	開四	開四	開三	合三	開二	開四	開三	開三
b	p	邊	貶			變	徧						窆	卞
p	pʻ	頗					騙。	片						
bb	b	門												
m	m													
d	t	地												
t	tʻ	他						瑱						
n	n	柳												
l	l			臉										
g	k	求						見	建					
k	kʻ	去					譴							
gg	g	語												
ng	ŋ													
□	ʔ,○	英						燕宴						
h	h	喜							憲獻	楥				
tz	ts tɕ	曾			蟺	戰	箭	薦荐			棧			
ts	tsʻ tɕʻ	出												
s	s	時				扇	線	先				信		膳鱔。
dz	dz	入												

韻類			ian										uan	
韻值			ɪan										ʊan	
調類			陽去˧										陰平˥	
十五音韻母			堅健										觀觀	
韻攝			山										山	
廣韻韻目			線			霰		願	先	阮	獮	銑	桓	刪
等呼			開四	合三	合四	開四	合四	開三	開四	開三	開三	開四	合一	合二
b	p	邊	2、便								2、辯辨	2、辮	入般 2、搬	
p	pʻ	頗											入潘	
bb	b	門	入面			入麪								
m	m	門												
d	t	地				2、電殿			2、田				入端	
t	tʻ	他											入湍	
n	n	柳												
l	l	柳				入鍊練								
g	k	求						2、健		2、鍵	2、件		入官觀	入關
k	kʻ	去											入寬	
gg	g	語												
ng	ŋ	語												
□	ʔ,O	英	3、衍	2、院									入剜	
h	h	喜				2、現 5、硯	2、縣						入歡	
tz	ts tɕ	曾	2、賤		9、鏇									
ts	tsʻ tɕʻ	出												
s	s	時									5、善		入酸痠	3、攘
dz	dz	入												

韵类			uan											
韵值			ʊɑn											
调类			陰平˥				陽平˨˦							
十五音韵母			觀觀				觀權							
韵摄			山				山							咸
廣韵韵目			山	仙		元	桓	删	線	仙		元	阮	凡
等呼			合二	合三	合四	合三	合一	合二	合三	合三	合四	合三	合三	合三
b	p	邊												
p	p'	頗				4.藩	2.盤							
bb	b	門					1.瞞蹣							
m	m	門												
d	t	地												
t	t'	他					2.團			5.傳				
n	n	柳												
l	l	柳					1.鑾		1.戀	1.孿				
g	k	求	1.鰥		2.捐					2.權				
k	k'	去						5.鐶寰		2.拳			2.圈	
gg	g	語					1.刓	1.頑				1.元原		
ng	ŋ	語												
□	ʔ,○	英	1.彎			1.冤	5.丸完			2.員圓		2.袁園援		
h	h	喜				7.番翻 8.璠	2.桓					8.煩礬繁		8.凡
tz	ts tɕ	曾		4.專甎							2.全泉			
ts	ts' tɕ'	出		5.川穿										
s	s	時			1.宣					7.船	2.旋			
dz	dz	入												

韵類			uan											
韵值			ʊan											
調類			上Ⅴ								陰去⅃			
十五音韵母			觀琯								觀貫			
韵攝			山								山			
廣韵韵目			緩	换	阮	獮		線	潸		換	緩	諫	襇
等呼			合一	合一	合三	合三	合四	合三	合二	開二	合一	合一	合二	合二
b	p	邊			坂					阪	半			
p	p'	頗	拌								判伴	拌		
bb	b	門	滿		晚挽									
m	m													
d	t	地	短								斷			
t	t'	他	疃								鍛			
n	n	柳												
l	l		卵煖			輭·								
g	k	求	管舘	館		卷捲			綰		貫罐		慣	
k	k'	去	款											
gg	g	語		玩	阮									
ng	ŋ													
□	ʔ,O	英	盌碗	腕玩	遠阮									
h	h	喜			反飯						换喚			幻
tz	ts tɕ	曾						轉			鑽			
ts	ts' tɕ'	出						喘			竄爨	纂	串篡	
s	s	時					選				蒜	算		
dz	dz	入				輭								

韵類			uan											
韵值			ʊan											
調類			陰去˩						陽去˧					
十五音韵母			觀貫						觀縣					
韵攝			山				咸	山						
廣韵韵目			線		願	霰	元	梵	换	緩	諫	線		
等呼			合三	合四	合三	合四	合三	合三	合一	合一	合二	合二	合四	合三
b	p	邊							2.畔叛					
p	pʻ	頗					5.袢		2.伴					
bb	b	門												
m	m	門												
d	t	地							2.段	2.緞				5.傳
t	tʻ	他												
n	n	柳												
l	l	柳							1.亂					1.戀
g	k	求	1.眷	1.絹	3.券	1.狷								2.倦
k	kʻ	去			1.勸									
gg	g	語												
ng	ŋ	語												
□	ʔ,○	英			1.怨					5.緩				2.瑗
h	h	喜			6.販			7.汎泛 8.梵	2.换		2.患			
tz	ts tɕ	曾										5.饌	9.鏇	
ts	tsʻ tɕʻ	出	5.釧											
s	s	時												
dz	dz	入												

韵类			uan							in				
韵值			ʊan							in				
調類			陽去˧							陰平˥				
十五音韵母			觀縣							巾巾				
韵攝			山					咸		臻			山	梗
廣韵韵目			線	願	獮		襇	梵	范	真		臻	先	清
等呼			開四	合三	合二	合三	合二	合三	合三	開三	開四	開二	開四	開四
b	p	邊								1.彬	1.賓			
p	p'	頗									1.繽			
bb	b	門												
m	m													
d	t	地				5.篆				4.珍	精津			
t	t'	他												
n	n	柳												
l	l													
g	k	求												
k	k'	去												1.輕
gg	g	語		1.願										
ng	ŋ													
□	ʔ,○	英		2.遠							1.因姻			
h	h	喜		8.飯			2.幻	8.梵	8.范範犯					
tz	ts tɕ	曾			5.撰					4.真 7.珍	1.津	3.臻		
ts	ts' tɕ'	出									1.親			
s	s	時	2.羨㨾							4.身紳	1.新辛	3.莘	1.先	
dz	dz	入												

韵類			in											
韵值			in											
調類			陰平˥	陽平˧˩									上˥˧˥	
十五音韵母			巾(巾)	巾(彌)									巾(隆)	
韵攝			深	臻		山		梗	曾		山	通	臻	
廣韵韵目			侵	真		先		青	蒸	登	桓	東	軫	
等呼			開三	開三	開四	開四	合四	開四	開三	開一	合一	合三	開三	開四
b	p	邊		2.貧	2.蘋			2.屛瓶	2.憑					2.臏
p	pʻ	頗												
bb	b	門		1.珉	1.民	1.眠					1.饅		1.敏閔	1.黽
m	m													
d	t	地		5.陳塵						2.藤				
t	tʻ	他												
n	n	柳												
l	l			1.鄰鱗		1.憐			1.綾					
g	k	求	1.仐											1.緊
k	kʻ	去												
gg	g	語												
ng	ŋ													
□	ʔ,O	英			3.寅									3.引
h	h	喜					2.眩					4.雄		
tz	ts tɕ	曾			2.秦				6.繩				4.軫診	
ts	tsʻ tɕʻ	出												
s	s	時		5.7.辰神					5.14.承蠅				4.5.矧蜃	
dz	dz	入		1.入仁										

韻類			in											
韻值			in											
調類			上V				陰去˩					陽去˧		
十五音韻母			巾謹				巾艮					巾近		
韻攝			臻	山	深	曾	臻			山	曾	臻		
廣韻韻目			隱	獮	寑	拯	震			線	證	震		焮
等呼			開三	開四	開三	開三	開二	開三	開四	合四	開三	開三	開四	開三
b	p	邊			稟				殯					
p	p'	頗			品									
bb	b	門												
m	m	門												
d	t	地						鎮				陣		
t	t'	他						趁						
n	n	柳												
l	l	柳			恁							吝		
g	k	求	謹							絹		僅		靳
k	k'	去		淺										
gg	g	語												
ng	ŋ	語												
□	ʔ,○	英							印		應		胤	
h	h	喜						釁						
tz	ts tɕ	曾				拯		震	進				燼	
ts	ts' tɕ'	出					櫬				秤			
s	s	時							信顖			慎	燼	
dz	dz	入			恁								認	

韻類			in			un								
韻值			in			un								
調類			陽去˧			陰平˥								
十五音韻母			巾近			君君								巾巾
韻攝			臻	山	曾	臻						山		臻
廣韻韻目			軫	線	證	魂	真	諄		文	痕	元	先	痕
等呼			開四	開四	開三	合一	開三	合三	合四	合三	開一	合三	合四	開一
b	p	邊	2.牝臏							4.分				
p	pʻ	頗								3.奔1.噴				
bb	b	門		1.靣										
m	m													
d	t	地				1.敦2.屯3.燉								
t	tʻ	他				1.暾					1.吞			
n	n	柳												
l	l													
g	k	求				1.褌		1.菌		1.君軍				1.根跟
k	kʻ	去				3.昆崑1.坤								
gg	g	語												
ng	ŋ													
□	ʔ,○	英			2.媵孕	1.温瘟○				1.氳				1.恩
h	h	喜				1.昏				6.分芬1.薰3.棼		1.塤	3.烟	
tz	ts tɕ	曾	2.盡			1.尊		4.諄	1.遵					
ʻs	tsʻ tɕʻ	出				1.村	11.伸	7.春						
s	s	時	2.腎		7.剩	1.孫								
dz	dz	入			1.認									

韵類			un											
韵值			ʊn											
調類			陰平˥			陽平˩								
十五音韵母			巾(巾)			君(群)								巾(陽)
韵攝			臻			臻							山	臻
廣韵韵目			真	諄	殷	魂	諄		文	稕	痕	真	仙	痕
等呼			開三	合三	開三	合一	合三	合四	合三	合四	開一	開三	合三	開一
b	p	邊				3、噴								
p	p'	頗				2、盆								
bb	b	門				1、門			2、文聞			1、旻		
m	m													
d	t	地				2、豚	船 脣							
t	t'	他				2、豚								
n	n	柳												
l	l					1、論崙	1、倫輪							
g	k	求	1、巾	1、均鈞	1、斤筋	2、羣							2、拳	
k	k'	去				1、囷								
gg	g	語												1、垠
ng	ŋ													
□	ʔ,○	英			1、殷				2、雲					
h	h	喜				2、魂			4、8、雲墳		2、痕			
tz	ts tɕ	曾				2、存							6、船	
tc	ts' tɕ'	出				2、存								
s	s	時					7、純	1、2、荀巡		2、殉				
dz	dz	入												

韵類			un											
韵值			ʊn											
調類			陽平˧˥			上˥˧˥								
十五音韵母			巾(嚬)			君(滚)								
韵攝			臻			臻								山
廣韵韵目			真	諄	殷	混	準		吻	軫	文	桲	很	獮
等呼			開三	合四	開三	合一	合三	合四	合三	開三	合三	合三	開一	合三
b	p	邊				本								
p	p'	頗				捹								
bb	b	門							吻		蚊			
m	m													
d	t	地												
t	t'	他				盾	盾蠢							
n	n	柳												
l	l									忍				
g	k	求				袞滚								
k	k'	去			勤芹		窘					菌	懇	
gg	g	語	銀		齗									
ng	ŋ													
□	ʔ,○	英		匀		穩	殞	允						
h	h	喜							粉忿憤				很	
tz	ts tɕ	曾					準准							
ts	ts' tɕ'	出				忖	蠢					瞬		舛喘
s	s	時				損		筍榫						
dz	dz	入												

韻類			un											
韻值			ʊn											
調類			上∨		陰去⅃								陽去⊣	
十五音韻母			巾謹		君棍							巾艮	君郡	
韻攝			臻		臻						山	臻	臻	
廣韻韻目			準	隱	慁	稕		諄	問	魂	願	恨	慁	混
等呼			合四	開三	合一	合三	合四	合四	合三	合一	合三	開一	合一	合一
b	p	邊							4.糞					2.笨
p	pʻ	頗			八.噴									
bb	b	門											八.悶	
m	m													
d	t	地			八.頓								2.鈍	2.遁
t	tʻ	他			八.褪					2.飩				
n	n	柳												
l	l				八.論								八.論	
g	k	求			5.棍							八.艮		
k	kʻ	去			八.困睏○									
gg	g	語												
ng	ŋ													
□	ʔ,○	英	3.尹	八.隱癮	八.揾				八.愠					
h	h	喜							八.訓 6.糞		八.楦		2.慁	2.混
tz	ts tɕ	曾					八.俊	清.竣						
ts	tsʻ tɕʻ	出			八.寸									
s	s	時			八.巽遜	4.舜瞬								
dz	dz	入											3.嫩	

韻類			un								ang			
韻值			un								aŋ			
調類			陽去˧								陰平˥			
十五音韻母			君郡				巾近				江江			
韻攝			臻			山	臻				宕			江
廣韻韻目			魂	稕	問	霰	魂	恨	震	焮	唐	陽		江
等呼			合一	合三	合三	開四	合一	開一	開三	開三	開一	開三	合三	開二
b	p	邊									八.幫		5.枋	八.邦
p	p'	頗											4.芳	
bb	b	門			2.問紊									
m	m													
d	t	地									璫			
t	t'	他				2.塡								初.窗
n	n	柳												
l	l		八.崙	4.閏潤										
g	k	求			2.郡		2.羣			2.近				八.江
k	k'	去												
gg	g	語							八.憖					
ng	ŋ													
□	ʔ,○	英			2.運韻									
h	h	喜			8.份 4.暈			2.恨						
tz	ts tɕ	曾							7.陣					
ts	ts' tɕ'	出												
s	s	時		5.順								3.雙		
dz	dz	入		八.閏										

韻類			ang											
韻值			aŋ											
調類			陰平˥					陽平˩						
十五音韻母			江(江)					江(入)						
韻攝			曾	通				宕	江	通				
廣韻韻目			登	東	董	冬	鍾	唐	江	東		冬	鍾	腫
等呼			開一	合一	合一	合一	合三	開一	開二	合一	合三	合一	合三	合三
b	p	邊	崩					房			馮		縫	
p	p'	頗					蜂			蓬				捧
bb	b	門						忙芒	龐					
m	m													
d	t	地		東		冬				同銅				
t	t'	他		通						桐	蟲			
n	n	柳												
l	l							囊		聾		膿		
g	k	求		工										
k	k'	去		空	孔									
gg	g	語						昂						
ng	ŋ													
□	ʔ,○	英		翁						紅				
h	h	喜		烘				杭行	降					
tz	ts tɕ	曾		摠		鬃				叢				
ts	ts' tɕ'	出		聰蔥										
s	s	時				鬆								
dz	dz	入												

韻類			ang											
韻值			aŋ											
調類			陽平˧˥		上˥˧˥					陰去˨˩				
十五音韻母			江(入)		江港					江絳				
韻攝			臻	咸	宕		江	通	臻	宕				江
廣韻韻目			真	凡	蕩	養	講	董	文	宕		唐	漾	絳
等呼			開三	合三	開一	合三	開二	合一	合三	開一	合一	開一	合三	開二
b	p	邊			綁								4、放	
p	p‘	頗		5、帆		4、紡								
bb	b	門				2、網			2、蚊					
m	m													
d	t	地						董				檔		
t	t‘	他						桶						
n	n	柳												
l	l		人		朗			籠						
g	k	求					講港							絳降
k	k‘	去						孔		炕	曠壙			
gg	g	語												
ng	ŋ													
□	ʔ,○	英												
h	h	喜												
tz	ts tɕ	曾						總						
ts	ts‘ tɕ‘	出												
s	s	時												
dz	dz	入												

韻類			ang										iang	
韻值			ɑŋ										ɪɑŋ	
調類			陰去˩		陽去˧								陰平˥	
十五音韻母			江絳		江共								姜姜	
韻攝			通		江		宕		通				宕	
廣韻韻目			送	冬	絳	講	漾	養	送		董	用	陽	
等呼			合一	合一	開二	開二	合三	合三	合一	合三	合一	合三	開三	開四
b	p	邊				2.棒								
p	p'	頗								5.縫				
bb	b	門					2.望	2.網		1.夢				
m	m	門												
d	t	地	1.凍						2.洞		2.動	5.重		
t	t'	他		2.疼										
n	n	柳												
l	l	柳							2.弄					
g	k	求								2.共				
k	k'	去												
gg	g	語												
ng	ŋ	語												
□	ʔ,○	英	1.甕											
h	h	喜			2.巷	2.項							1.香	
tz	ts tɕ	曾	1.糉										4.漳	
ts	ts' tɕ'	出												1.槍
s	s	時	1.送											
dz	dz	入												

韻類			iang										uang	
韻值			ɪaŋ										ʊaŋ	
調類			陰平˥		陽平˧˥	上˥˩˥				陰去˩		陽去˧	陰平˥	
十五音韻母			姜姜		姜強	姜襁				姜(兵)		姜響	光光	
韻攝			江	梗	宕	宕		通	江	宕		宕	宕	山
廣韻韻目			江	耕	陽	養		腫	講	漾		漾	唐	桓
等呼			開二	開二	開三	開三	開四	合三	開二	開三	開四	開三	合一	合一
b	p	邊												
p	p'	頗												
bb	b	門												
m	m	門												
d	t	地												
t	t'	他												
n	n	柳												
l	l	柳			涼							亮		
g	k	求											光×	
k'	k'	去	腔×	鏗					3.講×					
gg	g	語												
ng	ŋ	語												
□	ʔ,○	英												4.嚾
h	h	喜				響								
tz	ts tɕ	曾				4.掌	奬				將×			
ts	ts' tɕ'	出								5.唱				
s	s	時										5.上		
dz	dz	入						宂×						

韵類			uang		ong									
韵值			ʊaŋ		ɔɪŋ									
調類			上˅	陽去˧	陰平˥									
十五音韵母			光(鈁)	光(闖)	公公									
韵攝			宕	深	通					宕				江
廣韵韵目			陽	沁	東		冬	鍾		唐		陽		江
等呼			合三	開三	合一	合三	合一	合三	合四	合一	開一	合三	開二	開二
b	p	邊												
p	pʻ	頗									1.磅			
bb	b	門												
m	m													
d	t	地			1.東		1.冬				1.當			
t	tʻ	他			1.通						1.湯			
n	n	柳												
l	l													
g	k	求			1.公功					1.光	1.剛罡°			1.扛肛
k	kʻ	去			1.空						1.康	1.匡		1.腔
gg	g	語												
ng	ŋ													
□	ʔ,○	英			1.翁					1.汪				
h	h	喜	6.鈁×		1.烘	6.7.風豐		6.7.封蜂		1.荒		6.7.方芳		
tz	ts tɕ	曾			1.椶鯼		1.2.宗鬃		1.縱		1.贓臟		3.莊	4.樁
ts	tsʻ tɕʻ	出		7.闖	1.蔥						1.倉艙		4.創	4.窗
s	s	時					1.鬆				1.桑喪		3.霜	3.雙
dz	dz	入												

韻類			ong											
韻值			ɔːŋ											
調類			陰平˥	陽平˩										
十五音韻母			公公	公狂										
韻攝			梗	通					宕				梗	
廣韻韻目			庚	東			冬	鍾	唐		陽		登	耕
等呼			合二	合一	合二	合三	合一	合三	開一	合一	開二	合三	合一	合二
b	p	邊				5、馮			2、旁			5、房		
p	pʻ	頗												
bb	b	門		1、蒙					1、忙			2、亡忘		
m	m	門												
d	t	地		2、同童			2、疼		2、唐棠					
t	tʻ	他							2、糖					
n	n	柳												
l	l	柳		1、籠			2、農	3、濃	1、郎 2、囊					
g	k	求	1、觥									2、狂		
k	kʻ	去												
gg	g	語							1、昂卬					
ng	ŋ	語												
□	ʔ,○	英										2、王		
h	h	喜		2、紅				8、逢	2、航行	2、黄皇隍癀		8、妨防	2、弘	2、宏
tz	ts tɕ	曾		2、叢	5、崇				2、藏					
ts	tsʻ tɕʻ	出									6、床			
s	s	時												
dz	dz	入												

韻類			ong											
韻值			ɔːŋ											
調類			陽平˥		上˅									
十五音韻母			公狂		公廣									
韻攝			梗	咸	通						宕			
廣韻韻目			庚	凡	董		送	腫	宋	用	蕩		養	
等呼			開二	合三	合一	合三	合三	合三	合一	合三	合一	開一	合三	開二
b	p	邊			[入]琫							[入]榜		
p	p'	頗		[5]帆										
bb	b	門	[1]盲									[1]莽蟒	[2]網	
m	m													
d	t	地			[1]董							[入]黨讜		
t	t'	他			[入]桶		[昌]銃		[入]統			[入]儻		
n	n	柳												
l	l							[入]壟				[入]朗		
g	k	求									[入]廣			
k	k'	去			[入]孔									
gg	g	語												
ng	ŋ													
□	ʔ,○	英									[入]坱		[2]枉往	
h	h	喜			[2]汞	[6]諷		[7]捧[8]唪		[8]俸	[2]晃		[6]倣[7]紡	
tz	ts tɕ	曾			[入]總									
ts	ts' tɕ'	出										[入]蒼		
s	s	時												[3]爽
dz	dz	入												

韻類			ong											
韻值			ɔːŋ											
調類			上V		陰去」									陽去+
十五音韻母			公廣		公貢									公狂
韻攝			梗	山	通		宕						江	通
廣韻韻目			梗	綫	送	宋	宕		漾		蕩	唐	絳	送
等呼			合二	合一	合一	合一	合一	開一	合三	開二	開一	開一	開二	合二
b	p	邊						謗						
p	p'	頗											胖	
bb	b	門												夢
m	m	門												
d	t	地			凍棟			當				檔		2.洞慟
t	t'	他			痛			盪						
n	n	柳												
l	l	柳												弄
g	k	求	礦	管	貢				誑					
k	k'	去			控		曠	抗						
gg	g	語												戇
ng	ŋ	語												
□	ʔ,○	英			甕						块			
h	h	喜							6.放況					2.哄
tz	ts tɕ	曾			糉	綜		葬		3.壮				
ts	ts' tɕ'	出								創				
s	s	時			送	宋		喪						
dz	dz	入												

韻類			ong										iong	
韻值			ɔɤŋ										iɔŋ	
調類			陽去˧										陰平˥	
十五音韻母			公狂										恭恭	
韻攝			通				宕			江	梗	遇	通	
廣韻韻目			送	董	用	腫	漾		宕	絳	映	暮	東	
等呼			合三	合一	合三	合三	合三	開二	開一	開二	開二	合一	合三	合四
b	p	邊							2、傍磅○					
p	pʻ	頗									2、膨			
bb	b	門					2、妄望					八、墓		
m	m	門												
d	t	地		2、動					2、3、宕蕩	5、撞			4、中忠	
t	tʻ	他											知、衷	
n	n	柳												
l	l	柳							八、浪					
g	k	求											八、弓宮	
k	kʻ	去											八、穹	
gg	g	語												
ng	ŋ	語												
□	ʔ,O	英											八、雍	
h	h	喜	8、鳳		8、俸	8、奉							八、胸	
tz	ts tɕ	曾						5、狀	八、藏臟				4、終	
ts	tsʻ tɕʻ	出											5、充	
s	s	時												八、嵩
dz	dz	入												

韻類			iong											
韻值			iɔŋ											
調類			陰平˥								陽平˧˥			
十五音韻母			恭恭				姜姜				恭窮			
韻攝			通		宕	江	宕		江	梗	通			
廣韻韻目			鍾		陽	江	陽		江	耕	鍾		東	
等呼			合三	合四	開三	開二	開三	開四	開二	開二	合三	合四	合三	合四
b	p	邊												
p	pʻ	頗												
bb	b	門												
m	m	門												
d	t	地					[4]張				[5]重			
t	tʻ	他											[5]蟲	
n	n	柳												
l	l	柳									[1]龍		[1]隆	
g	k	求	[1]恭供				[1]姜疆 [3]羌						[2]窮	
k	kʻ	去	[2]蛩		[1]蜣	[1]跫			[1]腔	[1]鏗				
gg	g	語									[1]顒			
ng	ŋ	語												
□	ʔ,O	英					[1]央殃鴦					[3]容庸		
h	h	喜					[1]鄉						[4]雄熊	[以]融
tz	ts tɕ	曾	[4]鍾[10]舂				[4]章	[1]將				[2]從		
ts	tsʻ tɕʻ	出	[5]衝	[2]從[3]縱			[5]昌倀	[1]槍						
s	s	時					[4]商傷	[1]相箱鑲				[2]松		[1]菘
dz	dz	入											[1]戎絨	

韻類			iong												
韻值			iɔŋ												
調類			陽平ㄧ			上V				陰去ˇ					
十五音韻母			恭窮	姜強		恭拱		姜襁		恭供					
韻攝			通	宕		通		宕		通					
廣韻韻目			東	陽		腫		養		送		用		腫	
等呼			合一	開三	開四	合三	合四	開三	開四	合三	合一	合三	合四	合三	
b	p	邊													
p	pʻ	頗													
bb	b	門													
m	m														
d	t	地		5、長腸				5、長仗		4、中					
t	tʻ	他				4、寵冢(知)									
n	n	柳													
l	l		攏	良樑 3、娘		壟		兩							
g	k	求		2、強		拱		襁				供			
k	kʻ	去				恐									
gg	g	語						仰							
ng	ŋ														
□	ʔ,○	英			3、羊陽	擁	3、勇		3、養		甕				
h	h	喜						享							
tz	ts tɕ	曾				4、種腫		4、掌	蔣	4、衆		4、種			
ts	tsʻ tɕʻ	出		償(禪)	2、牆			5、敞	搶	5、銃			2、3、從縱	8、聳	
s	s	時					悚	4、賞	鯗想						
dz	dz	入		攘 2、孃	祥(邪)	冗		壤							

韻類			iong											
韻值			iɔŋ											
調類			陰去˩						陽去˧					
十五音韻母			恭(供)	姜(向)					恭(共)			姜(響)		
韻攝			宕	宕					通			宕		
廣韻韻目			漾	漾		宕	養	蕩	送	用		漾		養
等呼			開三	開三	開四	開一	開三	開一	合三	合三	合四	開三	開四	開四
b	p	邊												
p	p'	頗												
bb	b	門												
m	m													
d	t	地		5.帳漲 悵					5.仲	5.重		5.仗		
t	t'	他	4.暢	4.暢										
n	n	柳												
l	l											1.諒亮 4.讓		
g	k	求								2.共				
k	k'	去												
gg	g	語												
ng	ŋ													
☐	ʔ,○	英			1.鞅	1.盎		1.映			3.用		3.漾樣	3.養
h	h	喜		1.向 書.餉	1.嚮		1.享							
tz	ts tɕ	曾		4.障瘴	1.醬将						2.從			
ts	ts' tɕ'	出		5.唱									2.匠	
s	s	時			1.相						2.頌誦	5.尚上		2.象
dz	dz	入										1.讓		

韻類			ieng											
韻值			ɪə̆ŋ											
調類			陰平˥											
十五音韻母			經經											
韻攝			梗											
廣韻韻目			庚			勁	清			青		靜	耕	
等呼			開二	開三	合三	開四	開四	開三	合四	開四	合四	開四	開二	合二
b	p	邊		兵										
p	pʻ	頗	烹			娉							綳	
bb	b	門												
m	m	門												
d	t	地								丁町				
t	tʻ	他	樘鐺							廳				
n	n	柳												
l	l	柳												
g	k	求	更	京驚						經	扃		耕莖	
k	kʻ	去		卿			輕		傾					
gg	g	語												
ng	ŋ	語												
□	ʔ,○	英		英			嬰					瘿	鸚鶯	轟
h	h	喜			兄					馨				
tz	ts tɕ	曾					精	征偵					爭	
ts	tsʻ tɕʻ	出					清	檉		青蜻				
s	s	時					旌	聲		星				
dz	dz	入												

韵類			ieng											
韵值			ɪə̆ŋ											
調類			陰平˥											
十五音韵母			經								巾	干	堅	恭
韵攝			曾				通		宕	蟹	曾	山	山	通
廣韵韵目			蒸		登		鍾	用	陽	海	蒸	山	先	東
等呼			開三	開四	開一	合一	合三	合三	合三	開一	開三	開二	開四	合三
b	p	邊	[人]冰											
p	p'	頗			[3.]崩									
bb	b	門												
m	m													
d	t	地			[人]登燈						[失]徵[5.]瞪			
t	t'	他												
n	n	柳												
l	l							[知]湩		[2.]奶				
g	k	求	[人]兢				[人]供					[人]間	[人]肩	[人]弓宮
k'	k'	去						[人]銎	[人]筐					
gg	g	語												
ng	ŋ													
□	ʔ,○	英	[人]鷹			[失]甍	[人]癰							
h	h	喜					[人]胷				[人]興			
tz	ts tɕ	曾		[2.]繒	[人]增[心]僧		[4.]鍾[10.]舂							
ts	ts' tɕ'	出	[5.]稱											
s	s	時	[失]升											
dz	dz	入												

韵類			ieng											
韵值			ɪəŋ											
調類			陽平1											
十五音韵母			經											
韵攝			梗									曾		
廣韵韵目			庚				清			青		登	蒸	
等呼			開二	開三	合二	合三	開三	開四	合四	開四	合四	開一	開三	開四
b	p	邊	2、棚	2、平								2、朋棚		
p	p‘	頗	2、彭澎	2、坪評						2、萍		2、鵬		
bb	b	門	入盲	入明盟				入名		入冥				
m	m													
d	t	地					5、呈			2、亭庭		2、滕藤	5、澄	
t	t‘	他					5、程			2、停		2、謄騰		
n	n	柳												
l	l									入鈴 2、寧		入稜 2、能	入陵綾	
g	k	求												
k	k‘	去							入傾 2、瓊					
gg	g	語		入迎									入凝	
ng	ŋ													
□	ʔ,○	英				2、榮		3、盈嬴	3、營		5、螢			
h	h	喜	2、行		2、橫					2、刑形				
tz	ts tɕ	曾							2、情			2、層		2、嶒
ts	ts‘ tɕ‘	出												
s	s	時					5、成城						5、繩乘 5、承	
dz	dz	入												

韻類			ieng											
韻值			ɪə̆ŋ											
調類			陽平1							上V				
十五音韻母			經(農)					干(閒)		經(景)				
韻攝			通			山		山		梗				
廣韻韻目			東	鍾		山	删	山	先	梗			耿	静
等呼			合三	合三	合四	開二	合二	開二	開四	開二	開三	合三	開二	開三
b	p	邊									[人]丙東			
p	pʻ	頗												
bb	b	門								[人]猛	[人]皿			
m	m	門												
d	t	地		[5]重										
t	tʻ	他												[4]逞
n	n	柳												
l	l	柳		[人]龍										[人]領
g	k	求	[2]窮								[人]警景	[人]憬	[人]耿	
k	kʻ	去												
gg	g	語												
ng	ŋ	語												
□	ʔ,○	英	[2]雄			[5]閒		[5]閒			[人]影	[2]永		
ħ	h	喜					[2]還							
tz	ts tɕ	曾							[2]前					[4]整
ts	tsʻ tɕʻ	出			[9]松									
s	s	時								[3]省				
dz	dz	入												

韻類			ieng											
韻值			ɪəŋ											
調類			上˅										陰去˩	
十五音韻母			經景							干柬		觀館	經梗	
韻攝			梗				曾	通	山	山		山	梗	
廣韻韻目			靜		迥		等	腫	襇	產	霰	阮	映	庚
等呼			開四	合四	開四	合四	開一	合二	開二	開二	開四	合三	開三	開二
b	p	邊	餅屏									反	柄	
p	p'	頗												
bb	b	門			茗									
m	m	門												
d	t	地			頂鼎		等							
t	t'	他			挺艇									撑
n	n	柳												
l	l	柳			冷									
g	k	求			剄	熲			襇	簡			敬競	
k	k'	去		頃			肯						慶	
gg	g	語								眼	研			
ng	ŋ	語												
□	ʔ,○	英		潁										
h	h	喜												
tz	ts tɕ	曾	井					腫種						
ts	ts' tɕ'	出	請											
s	s	時			醒									
dz	dz	入												

韵类			ieng											
韵值			ɪəŋ											
调类			陰去˩											
十五音韵母			經徑									恭供		巾艮
韵攝			梗			曾		通		臻	山	通		曾
廣韵韵目			勁		徑	嶝	證	用	送	震	霰	送	腫	證
等呼			開三	開四	開四	開一	開三	合三	合一	開三	開四	合三	合三	開三
b	p	邊		2.併並										
p	pʻ	頗			^聘									
bb	b	門												
m	m	門												
d	t	地			^碇○釘	^嶝						4.中		
t	tʻ	他			^聽									
n	n	柳												
l	l	柳												
g	k	求			^徑	^亙		^供						
k	kʻ	去			^磬									
gg	g	語												
ng	ŋ	語												
□	ʔ,○	英					^應		^甕					
h	h	喜					^興							
tz	ts tɕ	曾	4.正証					4.種			1.薦	4.眾		4.證
ts	tsʻ tɕʻ	出					5.秤稱			4.襯		5.銃	8.聳	
s	s	時	4.聖	^姓性										3.勝
dz	dz	入												

韵類			ieng											
韵值			ɪə̆ŋ											
調類			陽去˧											
十五音韵母			經勁											
韵攝			梗											曾
廣韵韵目			映			諍	徑	勁		梗	迥	靜	青	嶝
等呼			開二	開三	合三	開二	開四	開三	開四	開二	開四	開四	開四	開一
b	p	邊		[2]病							[2]並			
p	p'	頗												
bb	b	門	[1]益	[1]命										
m	m	門												
d	t	地					[2]定掟							[2]鄧
t	t'	他												
n	n	柳												
l	l	柳					[1]令[2]佞							
g	k	求		[2]競		[4]硬·	[5]脛		[八]勁			[八]頸	[八]涇	
k	k'	去												
gg	g	語		[八]迎		[八]硬								
ng	ŋ	語												
□	ʔ,○	英			[2]詠									
h	h	喜	[2]行							[2]杏				
tz	ts tɕ	曾							[2]淨			[2]靜		[2]贈
ts	ts' tɕ'	出												
s	s	時						[4]盛						
dz	dz	入												

韻類			ıeng						aq					
韻值			ɪə̆ŋ						aʔ					
調類			陽去˧						陰入˨					
十五音韻母			經勁				恭共		膠甲					嘉骼
韻攝			曾		通	山	通	梗	咸				梗	咸
廣韻韻目			證		東	線	用	耿	合	盍	狎	洽	陌	怗
等呼			開三	開四	合一	合三	合四	開二	開一	開一	開二	開二	開二	開四
b	p	邊												
p	pʻ	頗											[1]拍	
bb	b	門												
m	m													
d	t	地	[6]瞪						[1]搭	[1]搨				[2]疊
t	tʻ	他								[1]塔				[1]貼
n	n	柳												
l	l													
g	k	求							[1]合		[1]甲			
k	kʻ	去			[6]虹							[3]袷		
gg	g	語												
ng	ŋ													
□	ʔ,○	英					[3]用				[1]鴨押			
h	h	喜						[2]幸						
tz	ts tɕ	曾		[1]甑										
ts	tsʻ tɕʻ	出				[5]穿								
s	s	時	[7]乘											
dz	dz	入												

韻類			aq										iaq	
韻值			a?										ɪa?	
調類			陰入˦		陽入˦								陰入˦	
十五音韻母			嘉骼		膠蠟							嘉逆	迦(隙)	
韻攝			山	梗	咸					山	宕	梗	梗	
廣韻韻目			黠	陌	盍	合	狎	洽	葉	屑	鐸	錫	陌	
等呼			開二	開二	開一	開一	開二	開二	開三	開四	合一	開四	開二	開三
b	p	邊	叭	百										
p	p‘	頗												
bb	b	門												
m	m													
d	t	地				3、踏							5、擇	
t	t‘	他											坼	
n	n	柳												
l	l				蠟				獵			曆		
g	k	求												3、隙
k	k‘	去									5、獲			
gg	g	語												
ng	ŋ													
□	?,○	英					5、匣							
h	h	喜												
tz	ts tɕ	曾					影閘	初牐		2、截				
ts	ts‘ tɕ‘	出												
s	s	時												
dz	dz	入												

韻類			iaq											
韻值			ɪaʔ											
調類			陰入 1							陽入 1				
十五音韻母			迦(剿)							迦(殺)				
韻攝			梗			曾	宕			咸	梗			
廣韻韻目			麥	昔		錫	職	藥		怗	陌		錫	昔
等呼			開二	開三	開四	開四	開四	開三	開四	開四	開二	開三	開四	開四
b	p	邊				壁								
p	pʻ	頗				癖甓							甓	
bb	b	門												
m	m													
d	t	地	摘										糴	
t	tʻ	他												
n	n	柳												
l	l		摘					掠						
g	k	求										屐		
k	kʻ	去												
gg	g	語												
ng	ŋ													
□	ʔ,○	英								蝶				易亦繹
h	h	喜									額			
tz	ts tɕ	曾		隻	脊		即							
ts	tsʻ tɕʻ	出		赤	刺									
s	s	時				錫			削					席
dz	dz	入			迹									

韻類			iaq		ɥaq								ȯq	
韻值			ɪaʔ		ʊaʔ								oʔ	
調類			陽入		陰入			陽入					陰入	
十五音韻母			迦(屐)		瓜(嘓)			瓜(捋)					高(閣)	
韻攝			梗	曾	山			山			假	止	宕	江
廣韻韻目			昔	職	末	曷	黠	末	曷	薛	麻	紙	鐸	覺
等呼			合四	開三	合一	開一	開二	合一	開一	開三	開二	合四	開一	開二
b	p	邊			缽			鈸					粕	朴
p	p'	頗			潑			拔						
bb	b	門			抹			末						
m	m													
d	t	地			剟									桌
t	t'	他											拓	
n	n	柳												
l	l								辣 捺					
g	k	求				割							各閣	
k	k'	去			闊									
gg	g	語												
ng	ŋ													
□	?,O	英	役					活					惡	
h	h	喜				喝						跬		
tz	ts tɕ	曾		食							差		作	
ts	ts' tɕ'	出				擦								
s	s	時					殺 煞		撒				索	
dz	dz	入								熱				

韻類			oq						ióq					
韻值			o?						IO?					
調類			陰入ㄐ	陽入ㄱ					陰入ㄐ				陽入ㄱ	
十五音韻母			高閣	高(刮)					茄脚				茄略	
韻攝			通	宕		江	梗		宕	梗		山	宕	
廣韻韻目			屋	鐸	藥	覺	陌	昔	藥	昔		月	藥	
等呼			合一	開一	開三	開二	開二	開三	開三	開三	開四	開三	開三	開四
b	p	邊		2.薄										
p	pʻ	頗		2.泊										
bb	b	門		人.莫										
m	m													
d	t	地			5.⿰火着。		5.擇						5.著	
t	tʻ	他												
n	n	柳												
l	l			人.落									人.略	
g	k	求							人.腳					
k	kʻ	去												
gg	g	語												
ng	ŋ													
□	?,○	英				5.學			人.約					3.藥
h	h	喜				2.鶴						人.歇•		
tz	ts tɕ	曾						6.射 8.擲			人.借			
ts	tsʻ tɕʻ	出								5.尺				
s	s	時	人.嗽								人.惜			
dz	dz	入												

韻類			iόq				eq							
韻值			ɪoʔ				eʔ							
調類			陽入˧				陰入˧							
十五音韻母			茄略				嘉骼					伽莢	檜刮	
韻攝			梗		通	咸	咸	梗			曾	山	山	
廣韻韻目			昔		燭	葉	狎	陌	麥	錫	職	薛	薛	
等呼			開三	開四	合四	開四	開二	開二	開二	開四	開二	合四	合三	合四
b	p	邊							入擘					
p	pʻ	頗												
bb	b	門												
m	m	門												
d	t	地					影.壓		莊.簀	心.裼				
t	tʻ	他												
n	n	柳												
l	l	柳												
g	k	求						入拾	入隔搹					
k	kʻ	去						入客						入缺
gg	g	語												
ng	ŋ	語												
□	ʔ,○	英							入戹阨					
h	h	喜				以.葉×								
tz	ts tɕ	曾	11.石							入績	3.仄			
ts	tsʻ tɕʻ	出		4.席					4.册					
s	s	時			2.俗							入雪	七.說	
dz	dz	入												

韵類			eq											
韵值			e?											
調類			陰入˧		陽入˥									
十五音韵母			檜(刮)		嘉(逆)					伽(笠)		檜(館)		
韵攝			山	效	梗			宕	假	山	蟹	山		梗
廣韵韵目			屑	笑	陌	麥	昔	鐸	禡	薛	齊	末	月	麥
等呼			合四	開四	開二	開二	開四	開一	開四	合四	開四	合一	合三	開二
b	p	邊			[2]白帛									
p	p‘	頗										[明]沫		
bb	b	門		[影]要†		^麥			^乜°				[2]襪	^麥
m	m	門												
d	t	地												
t	t‘	他			[5]宅						[2]提†			
n	n	柳												
l	l	柳												
g	k	求						[失]逆						
k	k‘	去												
gg	g	語											^月	
ng	ŋ	語												
□	?,○	英												
h	h	喜												
tz	ts tɕ	曾								[2]絕				
ts	ts‘ tɕ‘	出												
s	s	時	^屑				[2]汐							
dz	dz	入												

韻類			ueq											
韻值			ue?											
調類			陰入˨									陽入˦		
十五音韻母			伽茇								檜刮	伽(笠)		
韻攝			曾	江	梗	山		咸			山	山		深
廣韻韻目			德	覺	錫	黠	屑	盍	洽	怗	屑	黠	屑	緝
等呼			開一	開二	開四	開二	開四	開一	開二	開四	合四	開二	開四	開三
b	p	邊				八						(拔)		
p	p'	頗												
bb	b	門												
m	m													
d	t	地		啄										
t	t'	他												
n	n	柳												
l	l													笠
g	k	求							裌					
k	k'	去						瞌○	夾	篋				
gg	g	語							夾	挾				
ng	ŋ													
□	?,○	英												
h	h	喜									血			
tz	ts tɕ	曾					節						截	
ts	ts' tɕ'	出			戚慼									
s	s	時	塞											
dz	dz	入												

韻類			ueq	iq										
韻值			ue?	i?										
調類			陽入˩	陰入˧								陽入˩		
十五音韻母			伽(笠)	居(粟)								居(裂)		
韻攝			咸	咸			山				梗	山		臻
廣韻韻目			洽	葉		琰	薛	屑		線	錫	薛	屑	物
等呼			開二	開三	開四	開三	開四	開四	合四	開三	開四	開三	開四	合三
b	p	邊					鼈							
p	p'	頗												
bb	b	門											蔑	2.物
m	m													
d	t	地									滴			
t	t'	他						鐵						
n	n	柳												
l	l											裂		
g	k	求												
k	k'	去							缺					
gg	g	語												
ng	ŋ													
□	?,○	英	5.狹											
h	h	喜												
tz	ts tɕ	曾		4.褶	接							舌		
ts	ts' tɕ'	出												
s	s	時				7.閃†	薛			章.顫†				
dz	dz	入												

韻類			iq		uiq				uq					auq
韻值			i?		uɪ?				u?					aʊ?
調類			陽入˧		陰入˧		陽入˧		陰入˧					陰入˧
十五音韻母			居(穀)		規		規		艍攵			歡适	君骨	交鋏
韻攝			咸	曾	山		山	梗	臻		遇	山	臻	咸
廣韻韻目			帖	職	末	屑	末	麥	術	沒	麌	月	物	洽
等呼			開四	開三	合一	合四	合一	合二	合三	合一	合三	合三	合三	開二
b	p	邊					2.拔		知.窋	3.勃		4.發	歎.沸	
p	p'	頗												
bb	b	門												
m	m	門												
d	t	地	2.碟。							泥.訥	4.拄			
t	t'	他												
n	n	柳												
l	l	柳												
g	k	求												八鋏。
k	k'	去												
gg	g	語												
ng	ŋ	語												
□	?,○	英			八挖。			八劃畫						
h	h	喜				八血								
tz	ts tɕ	曾												
ts	ts' tɕ'	出												
s	s	時		7.蝕										
dz	dz	入												

韻類			auq				iauq				aq̃			iaq̃
韻值			aʊʔ				ɪaʊʔ				ɛ̃ʔ			ĩãʔ
調類			陰入˨	陽入˥			陰入˨	陽入˥			陰入˨			陰入˨
十五音韻母			交(佼)	交(礉)			嬌(勪)	嬌(噭)			監(呻)			驚
韻攝			宕	江	效	流	山	江	效		咸			梗
廣韻韻目			鐸	覺	效	候	鎋	覺	宵	嘯	盍	葉	狎	陌
等呼			開一	開二	開二	開一	開二	開二	開三	開四	開一	開三	開二	開二
b	p	邊												
p	p'	頗	3.搏	2.雹										
bb	b	門				貿								
m	m	門												
d	t	地												
t	t'	他												
n	n	柳									遶 塌†			
l	l	柳												
g	k	求							撟	噭				
k	k'	去			礉			碻						
gg	g	語												
ng	ŋ	語												
□	?,○	英												
h	h	喜												嚇
tz	ts tɕ	曾					7.哳							
ts	ts' tɕ'	出											10.⿺走夾	
s	s	時										3.喢		
dz	dz	入												

韻類			oq̃		eq̃						iq̃			
韻值			ɔ̃ʔ		ẽʔ						ĩʔ			
調類			陰入˨	陽入˧	陰入˨		陽入˧				陰入˨			
十五音韻母			扛(㢝)	扛(膜)	更(喀)		更(脉)				梔(囁)			
韻攝			果	宕	梗	止	咸		梗		咸	假	止	果
廣韻韻目			果	鐸	陌	紙	洽	怗	麥	錫	葉	馬	紙	果
等呼			合一	開一	開二	開三	開二	開四	開二	開四	開三	開四	開三	合一
b	p	邊												
p	pʻ	頗												
bb	b	門												
m	m		㢝	膜		咩			脉			乜	咩	㢝
d	t	地												
t	tʻ	他												
n	n	柳									3、囁			
l	l													
g	k	求												
k	kʻ	去			喀									
gg	g	語												
ng	ŋ						見、夾	匣、挾		見、激				
□	ʔ,○	英												
h	h	喜												
tz	ts tɕ	曾												
ts	tsʻ tɕʻ	出												
s	s	時												
dz	dz	入												

韻類			iq̃	uaiq̃		iauq̃		ap						
韻值			ĩʔ	ũãĩʔ		ĩãũʔ		ɑp						
調類			陽入˥	陰入˩	陽入˥	陽入˥		陰入˩						
十五音韻母			梔(物)	閂	閂	嘄(岋)		甘(蛤)						
韻攝			臻	山	山	咸	深	咸						深
廣韻韻目			物	曷	鎋	合	緝	合	盍	狎	洽	怗	葉	緝
等呼			合三	開一	開二	開一	開三	開一	開一	開二	開二	開四	開四	開三
b	p	邊												
p	pʻ	頗												
bb	b	門												
m	m		[2]物											
d	t	地						[入]答[3]搭						
t	tʻ	他							[入]榻塔					
n	n	柳												
l	l								[端]塌					
g	k	求						[入]鴿[5]合		[入]甲				[2]及
k	kʻ	去						[3]閤	[5]闔盍[3]蓋[入]瞌		[入]恰[6]袷			
gg	g	語												
ng	ŋ					[入]岋	[入]蝬。							
□	ʔ,○	英		[6]鞨	[入]閼					[入]壓鴨押			[入]厭	
h	h	喜												
tz	ts tɕ	曾						[入]帀			[7]劄	[入]浹		
ts	tsʻ tɕʻ	出												
s	s	時		[入][illegible]				[入]颯						
dz	dz	入												

韻類			ap				iap							
韻值			ɑp				ɪɑp							
調類			陽入˥				陰入˧							
十五音韻母			甘(納)				兼(粒)							
韻攝			咸			深	咸							深
廣韻韻目			合	盍	狎	緝	葉		怗	業	洽	狎	合	緝
等呼			開一	開一	開二	開三	開三	開四	開四	開四	開二	開二	開一	開三
b	p	邊												
p	pʻ	頗												
bb	b	門												
m	m													
d	t	地	2.3.沓踏	2.蹋			5.輒							
t	tʻ	他						清.妾	1.帖貼					
n	n	柳												
l	l		2.納				2.躡 3.聶 書.攝						人.拉	
g	k	求							人.頰 3.挾 3.篋	人.劫	1.5.夾峽	人.胛		
k	kʻ	去		人.磕					5.挾	人.怯				
gg	g	語												
ng	ŋ													
□	ʔ,○	英	5.盒	5.盍	人.5.閘押		2.曄							
h	h	喜	2.合											
tz	ts tɕ	曾	2.雜			11.十		7.接						
ts	tsʻ tɕʻ	出						人.妾			10.霎			
s	s	時	人.卅				4.攝				3.霎			3.澀
dz	dz	入												

韻類			iap										ip	
韻值			ɪɑp										ɪp	
調類			陰入˧		陽入˦								陰入˧	
十五音韻母			兼(粒)		兼(挾)						甘(納)		金(急)	
韻攝			深	山	深	咸					咸		深	
廣韻韻目			緝	屑	緝	葉		業	怗	洽	盍	葉	緝	
等呼			開三	開四	開三	開三	開四	開三	開四	開二	開一	開四	開三	開四
b	p	邊												
p	p‘	頗												
bb	b	門												
m	m													
d	t	地							蹀疊					
t	t‘	他							疊					
n	n	柳												
l	l			捏	笠粒						臘·蠟·	獵·		
g	k	求											急級	
k	k‘	去											泣汲	
gg	g	語						業						
ng	ŋ													
□	ʔ,○	英					葉						邑	挹揖
h	h	喜							協	洽狹			翕	
tz	ts tɕ	曾	汁										執	
ts	ts‘ tɕ‘	出												葺緝 湒
s	s	時				攝涉							溼	
dz	dz	入				顳								

韻類			ip			(op)	at							
韻值			ɪp			(ɔp)	at							
調類			陰入˨	陽入˦		陰入˨	陰入˨							
十五音韻母			金急	金及		箴[illegible]	干葛							
韻攝			深	深		咸	山					臻		曾
廣韻韻目			緝	緝		合	曷	黠	鎋	屑	末	櫛	質	德
等呼			開三	開三	開四	開一	開一	開二	開二	開四	合一	開二	開四	開一
b	p	邊						八叭						
p	p	頗												
bb	b	門												
m	m	門												
d	t	地					妲							
t	t‘	他					闥							塞
n	n	柳												
l	l	柳		立粒										
g	k	求		2.及			割			結				
k	k‘	去					渴							
gg	g	語		岌										
hg	ŋ	語												
□	ʔ,○	英					1.遏	1.揠						
h	h	喜					喝 2.曷	2.黠	瞎		豁			
tz	ts tɕ	曾			2.集	1.(噆)		3.札		節				
ts	ts‘ tɕ‘	出					擦	4.察	4.刹				漆	
s	s	時	3.㒤	5.十	2.習襲		1.薩撒	3.殺煞				3.蝨		
dz	dz	入		1.入										

韻類			at							iet				
韻值			at							ɪɛt				
調類			陰入˨	陽入˥						陰入˨				
十五音韻母			干(葛)	干(辣)						堅(結)				
韻攝			梗	山		臻	曾		止	山				
廣韻韻目			錫	曷	薛	質	德	職	志	薛			月	屑
等呼			開四	開一	開三	開三	開一	開三	開三	開三	開四	合三	開三	開四
b	p	邊			別						鼈			
p	p‘	頗												撇蹩
bb	b	門				密								
m	m													
d	t	地		達					值	哲				
t	t‘	他	踢								澈撤			鐵
n	n	柳												
l	l			辣捺		栗		力						
g	k	求												結潔
k	k‘	去											揭	契
gg	g	語											蠍(曉)	齧
ng	ŋ													
□	ʔ,○	英											謁	咽
h	h	喜											歇	
tz	ts tɕ	曾								折				節
ts	ts‘ tɕ‘	出					賊							切
s	s	時								設	薛			屑
dz	dz	人										熱		

韻類			iet											
韻值			ɪɛt											
調類			陰入˨				陽入˥							
十五音韻母			堅結				堅傑							
韻攝			山	臻			山						臻	
廣韻韻目			屑	質	櫛	術	薛			屑		月	質	
等呼			合四	開三	開二	合四	開三	開四	合四	開四	合四	合三	開三	開四
b	p	邊					2-別							
p	p'	頗												
bb	b	門						1-滅		蔑		2-韤		
m	m													
d	t	地					5-轍			2-垤			5-秩	
t	t'	他												
n	n	柳												
l	l						入列							
g	k	求		入吉		入橘	2-傑竭							
k	k'	去		入詰										
gg	g	語					入孽			入臬				
ng	ŋ													
□	ʔ,○	英							3-悅閱					3-佾
h	h	喜	入血							2-絜	2-穴			
tz	ts tɕ	曾			3-擳					2-截				
ts	ts' tɕ'	出												
s	s	時					7-舌							
dz	dz	入					入熱							

韻類			iet	uət										
韻值			ɪɛt	ʊat										
調類			陽入˥	陰入˧									陽入˥	
十五音韻母			堅傑	觀选									觀橜	
韻攝			咸	山							臻	咸	山	
廣韻韻目			葉	末	鎋	月	薛		黠	屑	術	乏	末	月
等呼			開四	合一	合二	合三	合三	合四	開二	開四	合三	合三	合一	合三
b	p	邊		撥缽									[2]拔	
p	p'	頗		潑						[2]撆撇				
bb	b	門		抹									末沫	
m	m													
d	t.	地		裰			綴						[2]奪	
t	t'	他		脫										
n	n	柳												
l	l						劣							
g	k	求		括	刮					決訣				[2]橜
k	k'	去		闊		闕				缺				
gg	g	語												月
ng	ŋ													
□	ʔ,○	英		斡挖°					軋					
h	h	喜				[6]髮發						法	[2]活	[8]伐罰
tz	ts tɕ	曾	睫[2]捷	撮			[4]拙				絀			
ts	ts' tɕ'	出		撮			[5]啜							
s	s	時			[3]刷		說	雪						
dz	dz	入												

韻類			uat					it						
韻值			uat					it						
調類			陽入˥					陰入˩						
十五音韻母			觀(槳)					巾(吉)						
韻攝			山				咸	臻			山	梗		曾
廣韻韻目			薛			曷	乏	質		迄	屑	昔		職
等呼			合三	合四	開三	開一	合三	開三	開四	開三	開四	開三	開四	開三
b	p	邊						筆	必畢					
p	p'	頗							匹					
bb	b	門												
m	m													
d	t	地												(徹)勅
t	t'	他												
n	n	柳												
l	l		捋埒			辣								
g	k	求									桔			
k	k'	去								乞				
gg	g	語								迄				
ng	ŋ													
□	ʔ,○	英		悅				乙	一壹					憶
h	h	喜					乏		肸					
tz	ts tɕ	曾		絕				質				摭	脊	職織
ts	ts' tɕ'	出							七					拭
s	s	時						失	悉					式拭
dz	dz	入			熱									

韻類			it											ut
韻值			it											ʊt
調類			陰入˨			陽入˦								陰入˨
十五音韻母			巾吉			巾秩								君骨
韻攝			曾			臻				山	曾	深	止	臻
廣韻韻目			職		德	質		物	術	屑	職	緝	至	沒
等呼			開四	開三	開一	開三	開四	合三	合四	開四	開三	開三	開四	合一
b	p	邊				[2]弼		[5]佛			[2]愎		[2]鼻	
p	p‘	頗												
bb	b	門				^密	^蜜							
m	m													
d	t	地			[1]得					[2]姪	[5]直	[5]蟄		^咄
t	t‘	他												
n	n	柳												
l	l													
g	k	求												^骨
k	k‘	去												^窟
gg	g	語												[3]矻
ng	ŋ													
□	ʔ,○	英					[3]逸		[3]聿					
h	h	喜												^忽
tz	ts tɕ	曾	^鯽				[2]疾 影、二							^卒
ts	ts‘ tɕ‘	出												
s	s	時	[1]息	[3]穡		[7]實					[5]寔 [7]食			
dz	dz	入				^日								

韵類			ut											
韵值			ʊt											
調類			陰入˦							陽入˧				
十五音韵母			君骨							君滑				
韵攝			臻				山		通	臻				
廣韵韵目			術			物	黠	屑	屋	沒	術		物	(麧)
等呼			合二	合三	合四	合三	開二	開四	合一	合一	合三	合四	合三	開一
b	p	邊				不	扒			2.勃			5.㤄	
p	pʻ	頗								2.餑				
bb	b	門								沒			2.物	
m	m													
d	t	地		怞						2.突				
t	tʻ	他		怵					秃					
n	n	柳												
l	l								用	2.訥	律			
g	k	求								滑				
k	kʻ	去				屈								
gg	g	語								兀				
ng	ŋ													
□	ʔ,○	英				熨鬱								
h	h	喜				7.拂 沸 6.芾 8.佛				2.核			8.佛	2.紇
tz	ts tɕ	曾		7.窋							8.朮	2.崒		
ts	tsʻ tɕʻ	出		5.出										
s	s	時	3.帥率		卹			屑			7.術			
dz	dz	入												

韻類			ut					ak						
韻值			ut					ak						
調類			陽入˧					陰入˨						
十五音韻母			君滑			巾吉		江角						
韻攝			臻	山		臻		江	宕	通				梗
廣韻韻目			迄	末	黠	沒	迄	覺	鐸	沃	屋	燭		錫
等呼			開三	合一	合二	合一	開三	開二	開一	合一	合三	合三	合四	開四
b	p	邊						[八]剝駁			[卄]腹			
p	p'	頗									[5、]覆			
bb	b	門												
m	m													
d	t	地										[呂、]觸		
t	t'	他												[八]剔
n	n	柳												
l	l			[八]捋										
g	k	求			[5、]猾			[八]角覺較						
k	k'	去						[八]確	[八]恪	[八]嚳	[八]麴			
gg	g	語	[八]仡			[3、]矻	[八]屹							
ng	ŋ													
□	ʔ,○	英						[八]握		[八]沃				
h	h	喜												
tz	ts tɕ	曾											[清、]促	
ts	ts' tɕ'	出												
s	s	時												
dz	dz	入												

韻類			ak											
韻值			ak											
調類			陰入˩			陽入˥								
十五音韻母			江角			江㯍								
韻攝			曾	山	遇	江	宕		通				曾	效
廣韻韻目			德	黠	遇	覺	鐸	藥	屋			沃	德	号
等呼			開一	開二	合三	開二	開一	合三	合一	合三	合四	合一	開一	開一
b	p	邊	[入]北					[5]縛						
p	pʻ	頗			[4]仆									[2]曝
bb	b	門							[入]木		[入]目		[入]墨	
m	m													
d	t	地				[5]濁				[5]逐		[2]毒		
t	tʻ	他							[2]讀					
n	n	柳												
l	l					[5]搙				[入]六				
g	k	求												
k	kʻ	去				[4]殼[入]壳°								
gg	g	語								[入]岳				
ng	ŋ													
□	ʔ,○	英												
h	h	喜				[2]學			[2]斛					
tz	ts tɕ	曾												
ts	tsʻ tɕʻ	出		[4]察			[2]鑿							
s	s	時												
dz	dz	入												

韻類			iak				(uak)		ok					
韻值			ɪak				(ʊak)		ɔ:k					
調類			陰入˨	陽入˥			陰入˨	陽入˥	陰入˨					
十五音韻母			姜脚	姜矍			光(吃)	光吠	公國					
韻攝			宕	宕		江	臻	山	通				江	宕
廣韻韻目			藥	藥	鐸	覺	迄	薛	屋		沃	燭	覺	鐸
等呼			開三	開三	開一	開二	開三	合三	合一	合三	合一	合三	開二	合一
b	p	邊							卜				駁	
p	pʻ	頗				爆			朴				撲	
bb	b	門												
m	m													
d	t	地							啄椓		篤督		卓	
t	tʻ	他												
n	n	柳												
l	l													
g	k	求		矍	諤			(吠)	谷					郭鞹
k	kʻ	去							哭		梏酷			廓
gg	g	語									鵠			
ng	ŋ													
□	ʔ,○	英					(吃)		屋					
h	h	喜								福復				霍
tz	ts tɕ	曾												
ts	tsʻ tɕʻ	出							簇				齪	
s	s	時	鑠						速			束	數朔	
dz	dz	入												

韻類			ok											iok
韻值			ɔːk											ɪɔk
調類			陰入˩				陽入˥							陰入˩
十五音韻母			公國				公咯							恭菊
韻攝			宕	曾		梗	通				江	宕		通
廣韻韻目			鐸	德		麥	屋			沃	覺	藥	鐸	屋
等呼			開一	合一	開一	合二	合一	合三	合四	合一	開二	合三	開一	合三
b	p	邊			^北		2.僕	5.伏				5.縛	2.薄	
p	pʻ	頗	^粕 3.博				2.曝							
bb	b	門					^木		^目				^莫	
m	m	門												
d	t	地					2.獨			2.毒			2.度鐸	
t	tʻ	他					2.讀							
n	n	柳												
l	l	柳					^鹿轆				^犖		2.諾 ^落	
g	k	求		^國		^幗								
k	kʻ	去												
gg	g	語											^咢萼愕	
ng	ŋ	語												
□	ʔ,○	英	^惡											
h	h	喜	^壑 2.涸					8.復			2.學		2.鶴	
tz	ts tɕ	曾	^作				2.族				8.濁		2.昨	
ts	tsʻ tɕʻ	出	^錯										2.鑿	
s	s	時	^索											3.縮
dz	dz	入												

韻類			iok											
韻值			ɪɔk											
調類			陰入˨										陽入˧	
十五音韻母			恭菊							姜腳			恭局	
韻攝			通				江	梗		宕			通	
廣韻韻目			屋		燭		覺	昔			藥		屋	
等呼			合三	合四	合三	合四	開二	開三	開四	開三	開四	合三	合三	合四
b	p	邊												
p	p'	頗												
bb	b	門												
m	m													
d	t	地	竹築											
t	t'	他	畜											
n	n	柳												
l	l		忸										陸六	
g	k	求	菊							腳				
k	k'	去	麴		曲					卻				
gg	g	語												
ng	ŋ													
□	ʔ,○	英							益	約				育
h	h	喜	畜郁		旭									
tz	ts tɕ	曾	粥		燭囑	足				酌	爵嚼			
ts	ts' tɕ'	出		蹴蹙	觸	促粟	齪捉	尺			鵲雀			
s	s	時	叔淑	肅宿		粟						削	孰蜀	
dz	dz	入											肉	

韻類			iok					iek						
韻值			ɪɔk					ɪə̆k						
調類			陽入1					陰入						
十五音韻母			恭局		姜脚			經格						
韻攝			通		宕		梗	梗						
廣韻韻目			燭		藥		陌	陌			麥	昔		錫
等呼			合三	合四	開三	開四	開二	開二	開三	合二	開二	開三	開四	開四
b	p	邊						伯百						壁
p	pʻ	頗						拍			擘	碧	璧辟	甓僻
bb	b	門												
m	m													
d	t	地	逐		著燆						摘			的滴
t	tʻ	他												踢裼
n	n	柳												
l	l		錄綠		略掠									
g	k	求	局					格	戟		革隔			激
k	kʻ	去					劇	客喀	隙	虢				喫
gg	g	語	玉獄		虐									
ng	ŋ													
□	ʔ,○	英		欲慾		藥		啞			戹		益	
h	h	喜						赫嚇						
tz	ts tɕ	曾						窄			責	跖	積脊	績
ts	ts tɕʻ	出						坼			冊策	尺	刺	戚慼
s	s	時	贖屬	俗續								釋適	昔惜	
dz	dz	入	辱		若弱									

韻類			iek											
韻值			ɪək											
調類			陰入˦											
十五音韻母			經格										恭菊	巾吉
韻攝			梗	曾				通		宕	臻		通	臻
廣韻韻目			錫	德	職			屋	燭	鐸	櫛	質	燭	質
等呼			合四	開一	開二	開三	開四	合三	合三	開一	開二	開三	合三	開三
b	p	邊				逼								
p	pʻ	頗								粕				
bb	b	門												
m	m	門												
d	t	地		德得				竹						
t	tʻ	他		忒		敕飭								
n	n	柳												
l	l	柳										栗		
g	k	求				棘		菊						
k	kʻ	去	闃	克刻					曲					
gg	g	語												
ng	ŋ	語												
□	ʔ,○	英				臆抑								
h	h	喜		黑						郝				
tz	ts tɕ	曾		則	仄		即鯽		燭					窒
ts	tsʻ tɕʻ	出			惻測側								促栗	
s	s	時		塞	色穡	飾識植食	息	倏		索	瑟蝨			室
dz	dz	入												

韻類			iek											
韻值			ɪə̆k											
調類			陽入˥											
十五音韻母			經極											
韻攝			梗							曾				
廣韻韻目			陌			麥		昔			錫	職		
等呼			開二	開三	開	開二	合二	開三	開四	合四	開四	開三	開四	合三
b	p	邊			[2]白帛									
p	p'	頗												
bb	b	門	[入]陌			[入]麥脈					[入]覓			
m	m													
d	t	地	[5]澤擇					[5]擲			[2]敵笛			
t	t'	他	[5]宅											
n	n	柳												
l	l										[入][2]歷溺	[入][3]力匿		
g	k`	求										[2]極		
k	k'	去												
gg	g	語	[入]額	[入]逆										
ng	ŋ													
□	ʔ,O	英					[4][5]劃畫		[3]亦驛腋	[3]役疫			[3]弋	
h	h	喜				[2]核	[2]獲							[4]域
ɪz	ts tɕ	曾							[2]籍		[2]寂			
ts	ts' tɕ'	出												
s	s	時						[5,7]石射	[2]夕席					
dz	dz	入												

韵類			iek				
韵值			ɪə̆k				
調類			陽入1				
十五音韵母			經極			恭局	
韵攝			曾	通	江	通	
廣韵韵目			德	燭	覺	屋	燭
等呼			開一	合四	開二	合三	合三
b	p	邊					
p	pʻ	頗					
bb	b	門	墨默				
m	m						
d	t	地	特			軸	
t	tʻ	他					
n	n	柳					
l	l		勒	綠	犖		
g	k	求		局			
k	kʻ	去					
gg	g	語					玉獄
ng	ŋ						
□	ʔ,○	英		欲浴			
h	h	喜					
tz	ts tɕ	曾	賊				
ts	tsʻ tɕʻ	出					
s	s	時				熟	
dz	dz	入					

頁數 調類 韵類	陰平	陽平	上	陰去	陽去	陰入	陽入
m		98	98		98		
ng	98,99	99,100	100,101	101	101,102		
a (aq)	102,103	103	103,104	104	104,105	216,217	217
ia (iaq)	105	105,106	106	106	106	217,218	218,219
ua (uaq)	107	107	107,108	108	108,109	219	219
o	109	110	110,111	111	111,112		
ó (qó)	112	112,113	113	113	114	219,200	220
ió (ióq)	114	114,115	115	115	115	220	220,221
e (eq)	115,116,117	117,118	118,119	119,120	120,121,122	221,222	222
ue (ueq)	122,123	123	123,124	124	125	223	223,224
i (iq)	125,126	126,127	127,128	128,129	129,130,131	224	224,225
ui (uiq)	131	132	132,133	133,134	134,135	225	225
u (uq)	135,136	136,137	137,138	138,139	139,140,141	225	
iou	141	141,142	142	142	142,143		
ai	143	144	144,145	145	145,146		
uai	146	146,147	147	147	147		
au (auq)	147,148	148	148,149	149	149	225,226	226
iau (iauq)	149,150 ·	150	150	150,151	151	226	226
añ (aq̃)	151,152	152	152	152	153	226	
iañ (iaq̃)	153	153,154	154,155	155	155,156	226	
uañ	156	156,157	157	157,158	158		
oñ (oq̃)	158	159	159	159	159,160	227	227
eñ (eq̃)	160		160			227	227

頁數 調類 韻類	陰平	陽平	上	陰去	陽去	陰入	陽入
iñ (iq̃)	160,161	161,162	162,163	163,164	164,165	227	228
uiñ		165	165		165		
iouñ	165,166	166	166	166	167		
aiñ	167	167	167,168	168	168		
uaiñ (uaiq̃)	168	168	169	169	169	228	288
auñ		169	169	170	170		
iauñ (iauq̃)	170		170	170			228
am (ap)	170	171	171	171,172	172	228	229
iam (iap)	173	173,174	.174	174,175	175	229,230	230
im (ip)	175,176	176	176	177	177	230,231	231
(om)(op)	177	177				231	
an (at)	177,178	178,179	179,180	180	180,181	231,232	232
ian (iet)	181,182	182,183	183,184	184	184,185	232.233	233,234
uan (uat)	185,186	186	187	187,188	188,189	234	234,235
in (it)	189,190	190	190,191	191	191,192	235,236	236
un (ut)	192,193	193,194	194,195	195	195,196	236,237	237,238
ang (ak)	196,197	197,198	198	198,199	199	238,239	239
iang (iak)	199,200	200	200	200	200	240	240
uang(uak)	200		201		201	240	240
ong (ok)	201,202	202,203	203,204	204	204,205	240,241	241
iong (iok)	205,206	206,207	207	207,208	208	241,242	242,243
ieng (iek)	209,210	211,212	211,213	213,214	215,216	243,244	245,246

廈門音與十五音及廣韵比較表索引(乙)部首索引

[一] ㊀ 一235□7 一236tz5 丁209d8 七235ts7 ㊁三170s9 三151s10 下104h12
下121g,□,h8 丈167d3 又102d1 上208s10 上200s10 又167tz1 ㊂丑142t3
丐145g3 不237b4 不98□4 ㊃丕125p12 丘141k7 丙212b9 丙154b9
世129s4 又119s7 ㊄丢141d7 ㊅並215b9 又214b2

[丨] ㊀ 丩141g6 ㊂中205d11 又207d8 又214d10 ㊅串187ts11 串101g8 又101ts8

[丶] ㊁ 丸186□5 丸162□7 ㊂之126tz2 丹177d12 ㊃主137tz10 又202□10 丼177d11

[丿] ㊀ 乂120gg9 ㊁乃167n8 久142g3 久137g11 么150□1 么114□9 ㊂乏235h5
㊃ 乍104tz12 ㊆乖146g11 ㊈乘211s11

[乙] ㊀ 乙235□6 九142g3 九149g1 乜106bb5 乜222bb7 又227n10 ㊁乞235k8
也106□5 也105□1 ㊄乩126g9 ㊆乳137dz10 又138dz6 ㊉乾177g12 又182k7
乾156g5 ㊋亂188l7

[亅] ㊀ 了150l,11 ㊆事140s8 事146d,s10

[二] ㊀ 二130dz3 ㊁互111h10 五111gg11 五160ng1 井213tz1 井162tz12 ㊂亙214g4
㊅ 亞104□7 又104□9

[亠] ㊀ 亡202bb10 ㊃亥146h2 交147g12 亦245□7 亦218□12 ㊅享208h5 又207h6
京209g2 京153g5 ㊆亭211d8 亮208l10 亮200l,10

[人] ㊀ 人190dz2 人198l,1 ㊁仁190dz2 仆142h7 仆239p3 仇141g11 化108h3
介145g7 今175g12 今152d1 又190g1 ㊂付138h12 他112d11 又152t3
代146d1 代120d7 仗208d10 又207d6 以128□4 仔104□2 仙181s10
令215l5 仡238gg1 ㊃仰207gg6 件185g9 件156g2 伏140h3 又241b6
仲208d7 伊126□1 企127k12 份196h3 全186tz9 任177dz7 休141h6
伐234h12 ㊄伴187p9 又188p7 伴158p4 作219tz11 又124tz12 作241tz1

說明 例如“一235□7”即謂一字讀書音見於第二三五頁英母第七行;“下121g,□,h 8”即謂下字說話音見於第一二一頁求英喜三母之第八行也。餘可據此類推

住141tz 2 又139tz12 住108 d 6 佔174 tz9 又173 d 3 低116 d 2 低121g10
你163 n 7 位134□ 5 佗112 t 6 伸192 ts5 但180d12 似140 s10 佐113tz9
何114 h 4 佞215 l 5 余137□ 4 伯243 b 6(六)供207g10 又206 g 1 供214 g 6
又210 g5 使138 s 2 又139 s 5 使145 s 2 又145 s11 佛236 b 6 又237 h 4
又237h11 佛237b11 命215bb2 佾233□12 例122 l, 1 又 120l10 來144 l, 1
侃179 k 5 併214 b 2 併155 b 4 佩125 b 2 佳102g12 依126□ 4 侈127ts11
侍130 s 6 舍106 s 6(七)便181b10 又185 b I 便178b12 信191 s 7 信184s 10
俗243 s 2 俗221 s 3 促242ts 4 促244ts11 又238tz11 係121 h 6 又120h 12
侶140 l12 保113 b 5 俄112gg11 俊195tz 5 侵176ts 1(八)倦188g12 倉98 ts 5
又201ts 9 倚127□11 倚108□ 2 倭112□ 5 又122□ 9 借106tz 7 借220tz 9
倩155ts 4 俸205 h 3 又203 h 8 健185 g 6 又183g11 健156 g I 倒113 d 5
倒113d10 倫193 l 5 倪117gg 5 値232 d 7 倀206ts 5 候110 h 4 俱136 g 3
俺179gg12 修141 s 7 倣203h11 倍123b10(九)偸109t 11 偸148 t 3 倏244 s 6
偵209tz 6 偏181p10 偏160p11 候149 h 9 傀133 k 3 又122 g 6 又103 g I
又131 g9 停211 t 8 側244ts 3 做 113tz9 做124tz12 假104 g 7 又 103g12
假120 g I 又118g12(十)傑233 g 5 傍205 b 7 傍101b12 又99 b 10 偃183□ 6
傘179 s 5 又180 s 3 傘157s 12 傅111 b 6 備130 b 3 傲114gg5(十一)傳186 t 8
又188d12 傳100 t 4 傾209 k 7 傾211 k 7 僉173ts I 債145tz 8 債120tz 6
僅191g10 傷206 s 5 傷165s12 傻104 s 1(十二)僕241 b 5 僞134gg2 僚150 l 5
僑150 g3 僭175ts 1 儸231 s 1 僧210tz 3(十三)僻243p12 儉175 k 6 儉167 k 5
儀126gg11(十四)儒137dz5 優141□ 6 償207ts 2(十五)儡133 l, 3 儡119 l 5(十七)儳171 s 3
(十九)儻203t 10(廿)儼174gg5
[儿](一)兀237gg8(二)元186gg10 允194□ 6(三)兄209 h 3 兄153 h 6(四)先184 s 6 又182 s 1
先189s 11 光201 g 8 光 99 g 6 又200g11 充205ts11 兆151 d 7(五)兗183bb4
兌123 d 4 克244 k 2 兕140 s 6(六)兒126dz11 兎111 t 4(九)兜148 d 3(十二)兢210 g I
(十八)兢215 g 2 又213g 11
[入](一)入231dz2(二)內125 l 2 內146 l 3(六)兩207 l 6 兩102 n 1 又166 n 8

[八] ㊀ 八231 b 6　八223 b 4㊁公201 g 3　六242l,11　六239 l 8㊃共208 g 8　共199 g 8
㊄ 兵209 b 2㊅典183 d 7　其127 g 4　具141 g 2㊇兼173 g 3㊈異165□ 8冀128g 12

[冂] ㊂ 冊243ts 9　冊221ts 7㊆冒159m12

[冖] ㊇ 冢207 t 4　冥211 bb8　冥161m10　冤186□ 4

[冫] ㊂ 冬201 d 5　冬197 d 4㊃冰210 b 1㊄况204 h 7　冷213 l, 3㊇准194tz 5　凍204 d 3
凍199 d 1(十四)凝211gg11　凝183 g 3

[几] ㊀ 几128 g 1　凡186h12㊉凱144 k 7

[凵] ㊂ 出237ts 2㊅函171 h 1

[刀] ㊀ 刀112 d 7　刁150 t 1　刃177dz9㊁刈168ng8　分192 h 8　分192 b 8㊂切232ts12
刋177k 12㊃　186gg5　列233 l 5　刑211 h 8㊄初109ts 8　初123ts 1　別233 b 5
別232 b 3　判187 p 9　判157p10　利130 l 3　利146 l 8　刪178 s 1㊅刺139ts11
叉128ts 9　叉243ts11　刺218ts3　叉164ts 6　刷234 s 3　刮234 g 3　剎231ts 7
到113d10　到149 g 2　刻244 k 2　券188 g 3　券101 g 9㊆則244tz 2　前182tz12
前212tz 7　叉162tz 4　剉113ts 8　剄213 g 3　削242s 10　削218 s 7　剋107 k 5
㊇ 剟219 d 3　剔238t 12　剡157ts 4　剛201 g 9　剜185□11　剃129 t 6　剖111 p 1
㊈ 副139 h 2　剪183tz 5　剩238 b 6㊉剩192 s 3　創204ts 8　叉201ts11　割231 g 5
剬219 g 4(十一)剽115 p 5(十二)劃245□ 5　劃225□ 6(十四)劑116tz 3　劇243 k 5　劍174 g11

[力] ㊀ 力245 l, 10　力232 l 6㊂功201 g 3　加116 g 9㊃劣234 l 5㊄劫229 g 8　努159 n 7
助111tz12㊆勉183bb4　勁215 g 7　勃237 b 8　勅235d12　勇207□ 5㊇務139bb12
㊈ 勒246 l, l　動205 d 2　動199 d 9　勘171k11㊉勝214s 12　勞113 l, 1(十一)勤194 k 3
勦148tz 6　勢119 s 7　叉129 s 6(十三)勵120l,10(十八)勸188 k 3　勸101 k 9

[勹] ㊁ 勻194□ 2㊂包147b12㊉匏148 b 6　匏137 b 1

[匕] ㊂ 北241 b 3　北239 b 1㊈匙126s 11

[匚] ㊃ 匡201k10　匠208ts11　匠167 ts2㊄匣217□ 5㊇匪133 h 2(十一)匯125 h 3

[匸] ㊁ 匹235 p 7㊈匿2451 10　區163 b 4

[十] ㊀ 十231 s 2　十229tz 4　千182ts 1㊁午159ng7　升210 s 1㊂半187 b 9　半157b10
平161 b 6　卉229 s 1㊅卓240d11　卒236tz12　卑125b11　協230 h 7㊆南171 l, 1

⑩ 博241 p 1　博226 p 1.

[卜] ① 卜240 b 7② 卡184b12　外125gg1③ 占173 tz1⑥ 卦108 g 9

[卩] ② 卬202gg7③ 印191 □7　卯148bb11④ 危132gg1⑤ 即244 tz5　即218 tz5　卵187 1 1

卵102 n 5 ⑥ 卸106 s 7　邮237 s 3 卷 187 g 4　卷100 1 g2 又1011 g0⑦ 郤242 k 8

⑧ 卿209k2

[厂] ② 仄244 tz3　仄221 tz9　厄243 □9　厄221 □7⑧ 原186gg 10 厚112 h 3　厚149 g 10

厝138ts10⑩ 厲120 l, 10　曆217 l,10　厰166ts 8　厭174□10　又228□11　又173 □2

歷245, 1 9

[厶] ③ 去129 k 7　又138 k11⑨ 參170 ts8　又177s10

[又] ① 又142□11　叉102ts10　叉116 ts9　及231 g 2　及228g 12② 友142□ 3　反187 h 3

反213b10⑥ 取138 ts7　受143 s 1　叔242 s 1⑦ 叛188 b 7　叟111 s 1⑬ 叠216d 12

⑯ 叢202tz 2　叢197 tz8

[口] ① 口111 k 1　口148k12　叱240□ 5② 可113 k 4　史138 s 2　只127tz11　句139 g 1

叨112 t 7　古110 g 6　叫151 g 3　叫115 g 6　司126 s 3　又135s 10　叭231 b6

叭217 b 1　召150d12　又151 d 5③ 吉233 g 2　各219g 11　吐111 t 4　吏130 1 6

名211bb6　名154 m3　同202 d 2　同197 d 8　合229 h 1　合216 g 7　又228 g 6

向208 h 2　向166h11　又101 □5　又155 h 6④ 吻194bb7　吝191 l,10　吠134 h 9

吠134 b 9　君192 g 8　告113 g10　否128 p 1　吟176gg6　吞192 t 9　含171 h 1

吷240 g 6　吾110 gg1　呈211 d 5　呈154 d 2　吵148ts11　吵104ts6　吼111 h 1

吼148h12　吹131ts 4　吹116ts11⑤ 咄236d12　呪 142tz7　命155m9　呿102k11

咍143h 4　哋228 s 2　吳110gg 1　呵112 □6　呼109 h 7　又136 h 5　呼109 k 7

⑥ 哆106ts 4　哀143 □4　哇107 □1　咸171 h 3　哄204h12　品191 p 3　咨135tz 8

咽232□12⑦ 哿113 k4　哥112 g 6　哲232 d 8　哳226 tz5　哮147h11　哨151 s 1

唤187 h 9　哵241gg11　唐202 d 7　哭240 k 7　唉144 h 8　哶227 m4　又227m11

員186 □8　員116 □3⑧ 啜234 ts5　商206 s 5　唪203 h 6　唱208ts 2　唱166ts11

唯200 ts8　啄240 d 7　啄223 d 2　啞104□7,9, 又243 □6　又103□12⑨ 啼117 d 5

喢226 s10　喃171 1,3　善185 s 9　喫243k12　喜128 h 3　唾113 t 8　喪204 s 6

又201 s 9　喀243 k 6　喀227 k 3　喊171 h 7　喊175 h 3　喘194ts12　喘187ts 6

喝231 h 5　喝219 h 4　單177d12　單156 d 5⑩嗅142 h 7　嗟105tz 9　喉110 h 4

喉148 □8⑪嗽111 s 1　嗽220 s 7　嘉102g10　嗹182 l 1⑫　231tz 4　噍151 ts6

嘴132tz10　喉111 □1　喉148□12　噴193 b4　又192 p 8　又195 p 3⑬嘯151 ts3

噲173 tz1　嗷226 g 8　器128k12　嚌120 z12　噫126 □2　噪113ts10　噤176k10

又177 g 3　噤177 h 7⑭嚅208 h3　嚇243 h 6　嚇226h 12⑰嚶160 □4　嚴173gg10

嚨152 n 5　嚳238 k 8　嚼 242tz9⑱囀200□12⑲囊202 l 7　囊197 l 6㉑囑 242tz3

[囗] ② 囚141s12　四139 s 4　四129 s 1③团155 g 2　回123 h 3　因189□ 9④困195 k 3

⑤ 囷193 k 4⑦圂102 h 8　圃110 p 6⑧國241 g 2　圈186k11⑩圓186 □8　圓162□3

園186□10　圜100 h 3⑪團 186 t 5　團 156 t 9

[土] ① 土 110 t 6③圭123 g 7　又131g11　在146tz 1　在131 d 3　地121 d 2　地 125d7

又131 d 2④均193 g 2　坎171 k 6　坯126 p 6　坑160 k 6　坂187b3,8　坂157 b 5

坐114t z1　坐121tz3,7⑤坤192k 4　坳147□12　坩151k10　坡112 p 5　坦179 t 5

坪187 p 1　垂132 s 1　垂113 s 1　坱204 □9　又203 □9　坪211 p 2　坪161b,p6

又154 p 1　坼243ts 6　坼217 t11⑥垠193gg12　城211 s 5　城154 s 2　垤233d8

⑦ 埒235 l 1　埋144bb2　埋144 d 2⑧基126 g 2　堯150gg5　堂 99d10　執230tz11

堅182 g 1　堋153p12　域245h12　堆131 d 9　堆130 d 6⑨堪170 k 8　堤116 d 2

報113b10　堉119 s10　堉145s 10　塊147 k 6　塊119d11⑩堰183□10　塤192h10

塢110□ 6　塡182d,t12　塡196 t 4　塔228 t 7　塔216 t 8　塌228 l 7　塌226 n 9

塗110 d 1　塗110 t 1　塞244 s 2　又145 s 5　塞231t 12　又223 s 1⑪塲166 d 5

墜134 d 5　墊175 d 9　塵190 d 2　墟135h12　墓111bb10　墓205bb10⑫增210tz3

墳193 h 7　墨246bb1　墨239bb11⑬墾241h 1　壇178d 8　壇156d10　壁243b12

壁218 b 4⑭壓228□8　壓221 d 5　壙198 k 9⑮壘132l 12⑯壞147h10　壚171 t 1

壟203 l 6　又207 l 4⑰壤207dz 6

[士] ① 士140 s 9　壬176dz 6④壳239 k 4⑨壹235□ 7⑪壽142s 11

[夂] ⑦ 夏104h12

[夕] ① 夕245 s 7②外109gg 2③多112 d 6　夗194ts12⑤夜106□10⑧够111 g 9⑪夢204bb12

夢199bb8　夥119 h 3

[大] ㊀ 大145d12 大109 d 3 太145 t 3 夬147 g 4 夫135 h 2 天182 t 1 天160t 12
㊁ 央206□5 央 98□ 7 失128 s 1 又235 s 6㊃夷127□ 2 夾229 g 9 夾223k,gg7
又227ng5 ㊄奔192 p 8 奉205 h 4 奈168 n 4 奇126g 11 又125g10 奇105g 11
㊅ 契119k10 又232k 12 契124k10 奏111tz 7 奏149tz 4㊆套113t 10㊈奧113ng10
奢105 s 8⑪奪234d11 奬200tz 5

[女] ㊀ 女138 l 5㊁奴159 n 3㊂如137dz3 妄205bb5 妃131 h 8 奶161 n 3 又210 l 8
好113 h 5 又170 h 1 又159h10 又159 h 4㊃妥113 t 3 妨202h10 妖149□11
妒111 d 4 妙151bb6 妓130 g 1 妓125g10㊄妻116ts 2 又119ts10 姆 98 □ 3
妹165m11 妲231 d 5 始128s 3 委132□ 9 姊128t z 2 妾229ts 6 又229 t 6
姓214 s 2 姓163s 12 姐106tz5 又118tz10㊅姦178 g 1 娜159 n 6 娃107 □6
姜206 g 5 威131□ 8 姪236 d 8 姥110bb6 姻189□ 9 又182□ 4㊆娘207 l 2
娘166 n 5 姨127□ 2㊇娛137gg 5 婢130 b 2 婦140 h 4 婦140 b 4 婆112b10
娶141ts 3 娶109ts 1㊈娉209 p 4 嫂113 s 5 媪148□10 媒 98 h 1㊉媵192□ 3
嫐113 l 6 嫩195dz11 嫌173h11 媽103m12 媾111 g 7 嫁104 g 7 嫁120 g 1
⑪ 嫗110□12⑫嬴211□ 6⑬嫻167 n 9 嬰209 □5 嬰160□ 4 嬲150s 11⑭孀176tz10
⑮ 孏179 l 5⑰孃207dz2

[子] ㊀ 子138tz 3 子128dz4 又128tz 4 又155 g 2 孔203 k 3 孔197 k 3 又198 k 6
㊂ 存193tz 4 存193ts 4 孕192 □3 字141dz5 又140dz 7㊃孝149 h 3 孝104h10
孚135 h 2㊄孤109 g 7 季133 g 7 孟215bb1㊅孩144 h 1㊆孫192 s 4 孫99 s 5
㊇ 孰242 s11⑬學239 h 4 又241 h 9 學220 □4⑯孼 233gg5

[宀] ㊁ 宄 207dz4 宄200dz6㊂字130dz7 守142 s 3 守 142tz3 宅245 t 1 宅222 t 3
安177□12 安156□ 5㊃宏202h12 牢113 l,1 宋204 s 4 完186□ 5㊄宗201tz5
宕205 d 7 宜126gg11 宙142d11 定215 d 5 定155d10 官185g11 官156 g 4
㊅ 宣186 s 3 室244s 12 客243 k 6 客221 k 6 宮205g11 宮210g12㊆宴184□6
害145h12 宰144 tz 7 宰167tz12 家 102g10 家116 g 9㊇寂245 tz 9 宿242 s 2
寅 190□3 寇111 k 7 寄128 g 9 寄106 g 8 密 236bb4 密232bb4㊈寔236 s 9
寐 122bb1 富139 h 2 富139 b 2 寒178 h 8 寒 156g10㊉寘128 d 9 寬185k11

寬156 k 4 ⓫察 231ts6 察 239ts2 實236 s 4 寧211 l 8 寡157 g 8 寢176ts11
⓬ 審176s10 寫106 s 5 ⓭寰186 k 6 ⓰寶113 b 5 ⓱寵207 t 4
[寸] ❶ 寸 195ts3 ❻封201 h 6 ❼射245 s 6 又106 s 9 射 220tz6 ❽專 186tz2 尉 133□8
❾ 尊 192tz4 尋176 s 7 ⓫對133d10 對124 d 4 ⓭導114 d 5 導 109ts6
[小] ❶ 小150s10 小115 s 3 少150s12 ❸尖170tz12 又173 tz 2 ❺尙208s10 尙167 s 1
[尢] ❶ 尤141□11 ❹尨 197bb7 ❾就142tz12
[尸] ❶ 尸 125s12 尺 243ts10 又242 ts 6 尺220ts 8 尹 195□1 ❸尼 162 n 9 ❹屁129 p 1
屎151dz8 屎115dz11 局243 g 1 局246 g 2 尾119bb1,4, ❺屆 237k4 居 135g12
❻ 屎128 s 8 又 144s12 屏213 b 1 屏190 b 6 屋240 □7 ❼屐218g10 展183 d 4
屑232s12 屑237 s 6 又222 s 1 ⓬層211tz10 層180tz10 又179 tz3 ⓮履128 l, 1
⓲ 屬243 s 1
[屮] ❶ 屯192 d 4
[山] ❶ 山178 s 2 山156 s 7 ❸屹 238gg5 ❹岌 231gg2 岌 228ng4 岐128g12 岐106 g 3
❺ 岳239gg8 岭155n11 岵110 h 6 岡98 g 5 岸180gg11 岸158 h 5 ❻峙130 s 9
❼ 島113 d 5 峽229 g 9 ❽崔131 ts 9 崇 202tz3 崑192 k 4 崎106g11 崒237tz10
崙196 l, 1 又193 l 4 崩210 p 3 崩197 b 1 ❾嵐171 l, 1 嵌170k11 嵌171k12
❿ 嵯 112ts9 嵩 205s12 ⓫嶝214 d 4 嶄 171ts4 ⓬嶒211tz12 嶢 148gg7 嶓112 b 5
⓴ 巖 171gg4 巖173gg12
[巛] ❶ 川 186ts2 川 99 ts 4
[工] ❶ 工197 g 2 ❷巨 140g12 左 113tz4 ❸巧 148k11 巧104 k 6 又150 k 8 ❼差125ts 9
又102ts10 差 219tz9 又116ts9
[己] ❶ 己130tz10 又128 g 3 巴103 b 2 ❻巷199 h 3 ❾巽195 s 3
[巾] ❶ 巾193 g 1 市 228tz6 ❷布111 b 4 市 130ts9 ❸帆203 p 2 帆198 p 2 ❹希126 h 4
❺ 帖229 t 7 帕 136g11 帚 142tz3 帛245 b 3 帛222 b 3 帕120 p 2 又104 p 8
❻ 帝 119d10 帥237 s 1 又133 s 5 又124 s 5 ❼師135 s 7 師143s11 ❽常166 s 5
帳208 d 2 帳166d11 ❾帽 114bb5 帶145 d 3 帶108 d 7 ⓫幗241 g 4 ⓬幣119 b 8
⓮ 幫196 b 9 幫99 b 7

[干] ㊀ 干177g12㊁平211 b 2 平154 b 1㊂年1821,12 年162 n 4㊄幸216 h 6㊉幹180 g 3

[幺] ㊀ 幻189 h 5 又187h12㊁幼 142□9㊅幽 141□8㊈幾128 g5

[广] ㊃ 床202ts 9 庇129 b 1 庇129 d 1㊄庚160 g 6 府137h10 店175 d 1 底128 d 6

底124 d 1㊅庭211 d 8 庭154 t 5 度111d10 又241d11㊆庫111 k 4 唐99 d 10

座 114tz1 席245 s 7 席218s12 又 221ts2㊇庵 170□8 庸206□10 庶139 s 7

康201 k 9 康98 k 5 ㊉廓240k12(十一)廣203 g 9(十二)廢124 h 8 廚136 d 7 廝135 s 5

廟151 bb5 廟115bb8(十三)廩1761,10(二十二)廳209 t 8 廳153 t 9

[廴] ㊂ 巡193 s 6㊃延 182□8㊅建184 g 7

[廾] ㊃ 弄2041,12 弄199 l 7(十二)弊119 b 8

[弋] ㊀ 弋245□11㊂式 235s12

[弓] ㊀ 弓205g11 弓210g12 弔151 d 3 引190□12㊁弘202h11 弗237 h 4㊃弟131 d 1

㊄ 弧110 h 1 弦162 h 4㊅弩111,l,11 弭127bb12㊆弱 243dz3㊇張206 d 5 又165d12

㊈ 强207 g 2 强166 g 5 弼236 b 4(十二)彈178 d 8 彈158 d 5 又156d10(十三)彊167 g 1

(十四) 彌126bb12 彌 162m8(十九)彎 186□1 彎 100□2

[彐] ㊉ 彙134 l 7

[彡] ㊃ 形211 h 8㊅彥181gg5㊇彪141 b 8 彬189 b 8 彩144ts 7 彩167 s 12㊈彭211 p1

彭161 p 5(十二)影212□ 9 影100□9 又154□ 9

[彳] 往203□11 役245□ 8 役219□ 1㊄彼127b11 征209tz 6 徂109tz 7㊅很194h11

待146 t 2 律237 l 9 徒110 d 1 後112 h 2 後149□ 9㊆徙138 s 8 徙108 s 1

徐137ts 4 徑214 g 3 徑164 g 1㊇御140gg11 得244 d 2 得236 d 3 從207ts11

又206ts 2 又208tz9 又206tz10㊈復142h11 又241 h 6 又240 h 8㊉微127bb7

(十二) 德244 d 2 徵210 d 9(十二)徵115 k 6

[心] ㊀ 心176 s 1 必235 b 7㊂志129tz 2 忖194ts 4 忘202bb10 忙202bb7 忙197bb6

忍194 l 8 忍176dz12㊃忝174 t 6 忤159ng8 忸242 l, 1 忽236h12 忒244 t 2

忠205d11 忱176 s 6 念175 l 9 忿194 h 7 快147 k 7 快169 k 4㊄怕104 p 9

急230g 11 怯229 k 8 怞237 d 2 怵237 t 2 怖111 b 4 怒160 n 2 怠146 d 2

怡127□ 5 怙111g 11 又111h11 怎157tz 9 又167tz11 思139 s 6 又135s 10

性214 s 2　性163s 12　怪108g10　又147 g 8　怪124g 11(六)恚134 h 3　恢122 k 6

恩192□12　恃130 s 9　恪238 k 7　恁191dz3　态139tz 4　恐207 k 4　恥128 t 3

恨196 h 6　怨188□ 3　恭206 g 1　恰228 k 9　息236 s 1　又244 s 5　恬173t 11

恬175d 10(七)悠191,1 3　悚207 s 5　悉235 s 7　悄150ts10　患188 h 9　悅235□ 2

又233□ 7(八)惠135 h 1　悲125b12　悱133 h 2　悵208 d 2　悸133 k 7　情211tz 7

惄137gg5　惜243s 11　惜220 s 9　惡111□ 4　又241□ 1　惡219□11　惟127□ 3

又132□ 5(九)感171 g 6　惻244ts 3　愠195□ 7　愁141ts11　愉137□ 6　愍183bb12

惱113 l 5　惱169n 12　惶153h11　愧133 k 6　愛145□ 5　意129□ 2　愎236 b 9

愆181 k 9　慨145 k 5　愈138dz 6　惹106dz 4　又118dz 9　想207 s 7　想167 s 4

惰114 d 1　惰158 d 9(十)愷144 k 7　愕241gg11　慎191s 10　慁195h11　態145 t 5

慈136tz10(十一)慟204d12　慧135 h 1　慘171ts 6　憂141□ 6　慚171ts 2　慮140l,11

慾243□ 2　慢181bb6　慳182 g 3　慼243ts12　慼223 ts 3　慣187g11　慣169 g 3

慶213k11　慶155 k 3(十二)懈146 h 7　憑190 b 7　憬212g10　憐190 l,4　憲184 h 7

憊146 b 5　憨170 h 9　憤194 h 7　憖196 gg7　憔149tz12　憔148 tz2　憚180d11

(十三)憾172 h 7　憶235□12　應214□ 5　應191□ 9(十四)懇194k11(十五)懶168 n 1(十六)懸169h10

懷146h12　懷132 g 8(十七)懺172 ts 4(十八)懿128□12　懼141 k 2(十九)戀1881,12　又186 l,7

(廿四)贛204gg12

[戈](一)戈112 g 5(二)成211 s 5　成 154tz2　戎206dz11　戍139 s 9(三)我159ng6　我107gg12

戚243ts12　戚 223ts3(八)戟243 g 7(九)戡176d10(十)截 233tz8　截 217tz8　又223tz11

戰 184tz4(十二)戲128 h 9　戴145 d 5　戴119 d 6　(十三)又129d 10

[戶](一)戶111h11(四)所110 s 8　房202b10　房197 b 6(五)扃209 g 9　扁183 b 7　扁163 b 4

(六)扇164 s 2

[手](一)手142 s 3　手142ts 3　才 144tz1(二)扒237 b 5　扑240 p 7　打 152d8(三)扣111 k 7

扣104k11　扛201g12　扛98 g 10(四)抱114 p 6　扶136 h 7　批122p12　折 232tz8

承211s11　承190 s 7　扮181 b 2　抓170 n 7　抄147ts12　扳178 p 1　抗204 k 6

技130 g 1　找 149tz7　抑 244□4　拋147p12　拋103 p 3　投110 d 4　投148 d 8

把104 b 3　又103b12　把118b12(五)拓 219t11　抨161 p 7　拘136 k 3　拉2291,11

拌187p10　拙234tz5　抱149 p 6　拖107t10　披125p10　拗148□11　拒140g12

招149tz11　招114tz7　抽141 t 6　抽141 1,6　抵128 d 6　抵138 d 4　又124 d 1

拄141tz4　拄225 d 9　抹234bb2　抹219 bb3　拔234b11　拔225 b 5　又223 b 10

又219 p 6　拐147 g 2　拐169 g 2　拈173 1,3　拈161 n 2　拍243 p 6　拍216p11

押228□8　押216□9　拇138bb9　拂237 h 4　拂158b10(六)拯191tz4　括234 g 2

拱207 g 4　挑150 t 1　挑114 t 9　拳186 k 8　拳193g11　拭235ts,s12　按180□3

按158 h 5　持127tz4　又127 d 4　挖234□3　挖225□2　指128tz1　又128 g 1

指101tz3　又168tz2(七)挨143□5　捉242ts5　捐186 g 3　捕111b10　挹230□12

挽187bb3　挫113ts8　挺213 t 3　換187 h 9　又188 h 7　換158□4　捋235 1,1

捋238 1 2　挾229 g 7　又229 k 7　挾223gg8　又227ng6(八)排144 b 2　捉215 d 5

掾240 d 7　掩174□3　控204 k 3　捨106 s 4　掀181h12　捻175 1,1　授142s11

掛108 g 9　掠243 1,3　掠218 1 6　採144ts7　採167ts12　掌207tz6　掌200tz4

又166tz8　接229tz6　接224tz3　捲187 g 4　捲100g12　探170 t 8　又172 t 1

捧203 h 6　棒197p12　推131ts9　推116 t 8　又131 t 9　又116 t 4　掃113s10

掃149 s 2　捺232 1 2　捺219 1,7(九)提234tz1　揾195□3　揑230 1,2　揕177 d 1

揩143 k 6　揜174□7　握238□6　揖230□12　搜109s11　提117 t 5　揣131ts9

援186□10　提222 t 9　揭232k11　搖150□4　搖114□11　揮131 h 8　描114bb12

(十)搼239 1 4　揠231□6　搨216 d 8　搧221 g 7　搇177 k 1　搶207ts7　搶166ts9

損194 s4　損101 s 1　搔194p4　搬185b11　搬156 b 4　搭216d7　搥132d,t7

搦246 1,3(十一)摘243 d 9　摘218d,1,1　摸110bb1　摸158m11　摑157 n 6　摺224tz2

摩159m2　摻171s10　摧123tz3　摭235tz10　摹110bb1　撥234 b 2　搗131 h 5

(十二)撒231 s 5　撓169 n 8　撚183 1,7　撘228 d 6　播113 b 8　撟226 g 7　撲240p11

撮234tz2　撰189tz3　撐213t12　撐160 t 6　又163 t 9　擒176 k 6　擒162 k 6

撫137h10　又137bb10　撇232p12　撇234 p 8　撞205 d 8　撞102 d 2　撤232 t 9

撤219 s 7(十三)撼171 h 6　據139 g 9　擁207□4　擘243 p 9　擘221 b 7　擇245 d 1

擇217d11　又220 d 5　操112ts7　又113ts10　操147ts11　擔170 d 9　又171d12

擔152d11　又151d10(十四)擡144 t 1　擬128gg3　擲245 d 6　擲220 tz 6(十五)擻231 ts5

攃219ts4 擾150dz9 攀178p1 攄135t12 擺144b11●攔156n10●攘207dz2
攙170ts10●攝2291,s5 攝230s4 攜117h6●攤177t12 攤156t5 攣1861 8
(廿)攪150g8 攪104g6●攬171,1,7 攬152n7

[支] (一)支125tz10

[攴] (二)收141s6(三)改144g7 改123g11(四)放204h7 放198b11(五)故111g4(六)效149h7
致128d12(七)啟118k6 赦106s6 敘141s1 敗146b4 敏190bb11 救142g7
敕244t4 敎149g3 敎104g10(八)敞207ts6 敦192d4 敢171g7 敢179g11
又152g7 散179s5 又180s3 散157s3 又157s11(九)敬213g11(十)敷135h2
敲147k12 數110s11 又111s5 又240s11●敵245d9●整212tz12

[文] (一)文193bb7(八)斑178b1●斕1781 10

[斗] (一)斗111d1 斗148d12(六)料151l,8(七)斛239h7 斜106s1 又106ts1(十)斡234□2

[斤] (一)斤193g3(四)斧137b10(七)斬171tz10(九)新189s9●斷187d9 斷102d4

[方] (一)方201h10 方98h9 又99b8(四)於135□12(五)施125s10 施128s9(六)旅138l5
旁202b7(七)旌209s5 旋186s9 族241tz5(十)旗127g4

[日] (一)日236dz4 旦180d3 旦157d11(二)旭242h3 旨128tz1 早113tz5 早104tz5
(三)旱180h12 旱158□6(四)昔243s11 旻193bb10 昌206ts5 昂197gg6 又202gg7
昆192k4 明211bb2 明161m6 昏192h4 昏99h5 易129□12 易218□12
(五)春192ts6 是130s1 昧165m11 星209s8 星160ts9 映208□6 映155□3
昨241tz11 又105tz6(六)時127s4 晃203h9 晏180□5(七)晝142d7 晡109b7
晚187bb3 又179bb9 晚100m11(八)晶160tz8 普110p6 晴161tz9 景212g9
智128d9(九)暗171□11 暑138s5 暈196h3 暈102□9(十)暢208t2 暢208t1
●暴114b5 暮111bb10●暾192t4 曄229□5●曖145□3●曠204k5●曝241p5
曝239p12●曬145s9

[曰] (二)曲242k3 曲244k7(三)更209g1 更160g6 曷231h5(六)書135s12(七)曹113tz1
(八)最124tz3 替119t10 又129t9 替124t10(九)會125h1 又124g3 會120h,□8

[月] (一)月234gg12 月222gg11(二)有142□3 有140□4(四)朋211b10(六)朔240s11 朗2031,10
朗1981,3(七)望205bb5 望199bb5 (八)期126g2 朝149d11 又150d3

【木】㊀ 木241 bb5　木239 bb7　朮237 tz9　本194 b4　札231 tz6　未234bb11　末219bb6
未130bb11　未121bb12　又122 bb5㊁朴219 b12　朽142 h3　朶113 d3　杜111d11
材144 ts1　杉170s 10　束240s 10　杏215 h8　村192 ts4　村 99 ts5　杆168g10
又156 g5㊃杯122 b6　板179 b6　杭197 h6　枉203□11　枕176tz10　枝125tz10
果113 g3　林176 l,7　枚165m 9　又123bb3　枋 99 b8　又196 b11　松206s 10
松212 ts3　東201 d3　東197 d2㊄柔141dz11　柚142□12　柱151 t9　柵103 s5
柬179 g7　柺147 g2　柑170 g9　柘106 tz6　枯109 g7　柳142 l 3　柿130 k8
染174dz3　染163 n5　枯175tz12　枯173 d6　柄213b11　柄163p10　查103 ts7
又103 ts9　枷103 g7　枷117g11　柴144 ts3　柴103ts10　又103 ts8　相208 s3
又206 s6　相166 s1　又166 s12　桍149h11　桍149□11㊅栽143 tz4　桃113 t1
柩142g11　根192g 12　條150 d5　桓186 h5　桐197 t8　桌219d12　桂133g11
栓99 ts3　桔235 g9　桅132□3　株136 d3　又135 tz2　栗244l 10　栗232 l4
案180□3　案157□11　桑201 s9　桑 98 s5　格243 g6　又221 g6　校149 h7
又149 g3　核237 h8　又245 h4㊆梢147s 12　桿169 g1　栲113 k5　梔161 g4
梨144 l5　梏240 k9　梭112 s5　械146 h5　梅165m 9　梅 98 □1　桶203 t3
桶198 t6　梳109 s8　梳123 s1　梵188 h6　又189 h6　梯116 t2　梯131 t12
㊇ 棧211,l,10　椀157□2　椅127□11　棇175 t1　棒199 b4　棗113 tz5　棺156 g4
棠202 d7　棘244 g4　森176 s5　棼192 h8　植244 s4　棟204 d3　椎131 tz6
棍195 g3　極245g10　椒114 tz8　棉 162m2　椰106□1　棧184 tz9　棧181 tz1
棚211 b1　又211 b10　棚161 b5㊈槐146h12　楡137 dz5　楚110 ts8　楓 99 b9
楣127bb1　槩145 g5　業230gg6　楊166□6　椰99 n10　楮138 tz5　棄129 k1
楷144k10　楔201 tz3　楔197 tz2　楥184 h8　楥195 h9㊉榴161□9　榮211□4
榻228 t7　構111 g7　椽182 □9　槓101 g4　樓110 l,4　樓148 l,8　榜203b10
榜100 b8　樑207 l,2　樑166 n5　槍206 ts6　槍199ts12㊀樣208□11　樣167□2
槽113 tz1　標149b,p12　槾181 b7　樂149gg7　又170ng2　椿201tz12　橫211 h3
橫156h12　又168h12㊁橛234g12　機126 g4　樸209 t1　橘233 g4　橈150 dz3
橈114dz10　橋150 g3　橋114g10　樹139s 12　又141 s2　樹143 ts3　樣189 s1

樣169 s 6　檄171 g 7　橄171 h 7　又151g11⑬櫛233 tz 3　檁1761,10　檉209 ts6
樺194 s 6　檜122 g 7　檢174 g 3　檔204d10　檔198d10⑭櫃134 g 5⑮櫬191 ts5
⑯櫳207 1, 1　櫺185s 12　櫺156 ts6　又 99　s 2⑱權186 g 8

[欠] ㊀ 欠174k12㊁次139 ts6㊃欣176 h 2㊆欲243□ 2　欲246□ 2㊇款187 k 1　款157 k
欽175k12　欺126 k 2　欹125k10㊈歆175h12　歇232h11　歇220 h 10㊉歉168 h 3
歟174k6,8　歌112 g 6　歌107 g 4⑪歎180 t 3⑪歐140□ 3⑬斂174 1, 3⑱歡185h11
歡156 h 4

[止] ㊀ 止 128tz3　正 214tz1　正 155tz3　又 153tz7㊁此137ts12㊂步111b10㊃武137bb10
㊄ 歪146□11㊈歲119h12　又124 s 7⑭歸131 g 8

[歹] ㊀ 歹144 d 7　歹167 p 9㊁死138 s 1　死128 s 2㊄殆146 d 2　殃 206□5　殄 183 t 7
㊅ 殊136 s 7　殉 193 s 8㊇殘 178tz8　殘 178ts8　又156tz10㊉殞 194□5⑬殮17 41, 3
又 175 1,4⑭殯191 b 7⑰殲 173ts2

[殳] ㊄ 段188 d 7　段158 d 4㊅殷 193□3　殺 145 s 7　又231 s 6　殺219 s 5　又 144 t 6
㊆ 殼239 k 4㊈殿185 d 4　毀132 h 9⑪毅 121gg1

[毋] ㊀ 母 138bb9　又 113bb7㊂每165m10㊄毒241 d 8　毒239d10

[比] ㊀ 比130 b 4　又128 b 2

[毛] ㊀ 毛100 m 7　又159 m 1㊆毬136g12㊇毯 171 t 7　毯 179t11⑬氈 181tz9　氈160tz10

[氏] ㊀ 氏 130 s 1　民 190bb3

[气] ㊅ 氣129 k 3　氣133 k 9㊈氳 192□8

[水] ㊀ 水 132s12　水132tz12㊁求 141g11　汁 230tz1　永212□10㊂汎188 h 6　汙 135□2
汐222 s 5　江 196g12　池126 d 11　汞203 h 3　汗180h11　汗158 g 5　汝 138dz5
汝 138 1,5　又 137 1,9㊃泛188 h 6　汲230k11　沓229 d 1　沃 238□8　汚138□10
決234 g 8　沒237bb8　沁 177ts2　汪 201□8　沈 175t11　沙 102s10　沙107 s 2
沉176 d 6　沉174 d 2㊄波112 p 5　沿182□10　沮 110tz9　法 234h10　泰 145 t 3
沽109 g 7　河112h11　泊220 p 2　泣230k11　泔 171□9　治130 d 6　注138tz12
注138d12　沾173 d 1　又173 d 3　泥162 n 8　泥165 n 3　沫234bb11　沫222p10
泉 186tz9　泉156tz11　沸237 h 4　沸225b11㊅洧132□12　洋 166□6　洞 204d12

洞199d7 派145 p 8 洽230 h 8 洗183 s 7 洗124 s 1 又118 s 6 涎182 s 8
又182□8 津 189tz9 津189 d 9 活234h11 活219□6 (七)浪205 l, 7 酒 142tz4
浹228tz10 涇215g11 海144 h 7 浴 246□2 浸 177tz2 消 149s12 流141,l,11
流148 l, 9 浮 136h12 又 110h5 浮136p12 (八)清 209ts5 淑242 s 1 涉 230 s 4
淨 215tz7 涯 144gg3 淀164d12 深 175ts12 涸241 h 1 混195h12 淚134 l, 5
淹 173□1 又174□12 淋176 l, 6 淋 171,l,5 涼200 l, 3 又166 n 5 添 173 t 3
添 161 t 2 淡172d8,10 淺 183ts5 淺 163ts3 又 191k2 (九)滾194 g 4 溫 192□4
減174 g 8 湩210 l, 6 測244 ts 3 湽 135tz9 渠137 g 3 港198 g 5 湍185 t 11
溉145 k 5 湒230ts12 淵 182□2 湖 110□1 渡111d10 渴231 k 5 湛170 d 8
湀 176□7 湊111 tz 7 渣102tz10 渣 116tz9 湯 201 t 9 湯98 t 5 (十)滕211d10
溺245 l, 9 溼 230s11 滔 112 t 7 溯110 s 7 準 194tz5 滅 233bb6 滓 145tz2
溜142 l 7 滑237 g 8 滋135tz10 溪 116k2 溪122k12 溝109g11 溝148 g 3
(十一) 漕114tz5 漱149 s 4 漢180 h 3 潤196 l, 2 漾208□11 漂151 p 2 漂115 p 7
潁 213□2 潑234 p 2 潑219 p 3 瀾180 g 5 漆231ts11 漿 166tz1 漁137 h 3
澄211d11 漸 175tz7 漳199tz11 漬 139tz3 漲208 d 2 漲166d11 滿 187bb1
滿157m2 滷111,l,11 又110 l, 6 漏112 l, 2 漏 149 l,9 滴243d12 滴224 d 9
(十二) 澎 211p1 澈 232 t 9 潛 173tz9 澀 229s12 潰125 h 2 潔232g12 澇114 l, 5
潘185p11 潘 156p4 漚141□10 又 148□3 潮150 d 3 潮114 d 10 滯119d,t7
又122 d 1 (十三)濟119tz10 濃202 l, 6 澤245 d 1 激243g12 激 227ng8 濁 241tz9
濁239 d 4 (十四)濫172 l, 8 瀧163 ts 1 (十五)濺 158tz8 濾137 l, 7 (十八)灌157g10 (十九)灑104 s 7
灘 177t12 灘 156 t 5 (廿一)灞104 b 9

[火] (一) 火159 h 5 又119 h 3 (二)灰 122h6 灰136 h 6 又116h10 (三)災 143tz4 災115tz12
(四) 炕198 k 8 炎 173□8 炊131 ts 4 炒148ts11 炒 104ts6 炰147b12 炮149 p 3
(五) 炸 104tz7 炭 180 t 3 炭 157t11 (六)烏 109□7 烟 182□1 烟192h11 烘201 h 3
烘197 h 2 (八)烹209 p 1 然 182dz7 焮177 h 5 焦149tz12 焦103 d 4 無136bb7
又 113bb2 (九)煨 122□6 煮 138tz5 煩 186h10 煙 182□1 煖187 l, 1 煦138 h 6
煎181tz10 煎 156tz8 煞231 s 6 煞219 s 5 照150tz12 照 115tz4 (十)焰 175□5

熊206h11 熊176h9⑩熲213g4 熨237□4 燈210d3 燦180ts3 熱246s4

熱233dz5 熱219dz8 又235dz3⑪點174d6 燎150l,3 燉192d4 燃154h6

燕184□6 燕164□4 燒149s11 燒114s7 營211□7 營154□4⑬燥113s11

燭242tz3 燭244tz7 煮243d3 煮220d3⑭爐191tz,s11⑮爇232dz10爆240p4

爤115tz5⑯爐110l,1 爛180l,11 爛158n5⑰爨187ts9

[爪] ㊀ 爪150dz9 爪170n5㊃爭209tz11 爭163tz11 又155tz8 又160tz7 爬103b7,9.

爬117b11㊆覓245bb9㊇爲132□1 又134□2⑬爵242tz9

[父] ㊁ 父140h1 父121b9㊃爸105b2㊅爹105d8㊇爺106□1

[爻] ㊀ 爻169ng7㊆爽203s12㊉又爾163dz8 127dz11

[爿] ㊂ 壯204tz3㊃狀205tz6 狀102tz3 牀99ts,s12㊆將208tz3 又206tz6 將200tz9

⑬ 牆207ts3 牆166ts6

[片] ㊀ 片184p6 片164p4㊃版179b6,7.㊇牌144b3㊈牐217tz6

[牙] ㊀ 牙103gg7 牙117gg11

[牛] ㊀ 牛142gg2 又136gg12㊁牝192b1㊃物237bb11 物224bb12 又228m1㊅特246d1

㊇ 犂123l,8 牽182k1 牽178k3㊉犖241l9⑮犨141s11⑯犧125h10

[犬] ㊀ 犬183k8㊁犯189h7㊃狂202g10㊄狐110h1 狎229□3 狗111g1 狗148g12

㊆ 狽125b1 狷188g4 狹230h8 狹224□1㊇猗112□8 猜143ts4 猛212bb8

猛160m5 又162m11㊈猶141□12 猫170n4 猱113l,1 豬126d8㊉猷144gg1

猾237g8 獅135s7 獅143s11 猴110h4 猴148g8⑩獄243gg1 獄246gg5

⑬ 獨241d5⑭獲245h5 獵230l,10 獵217l,7⑮獸142s7⑯獻184h7

[玄] ㊀ 玄183h1㊅率237s1

[玉] ㊀ 玉243gg1 玉246gg5㊃玩187gg2 玩187□2㊄珂112k6 珊177s12 珉190bb2

珍189d8 又189tz8㊅班178b1 珠135tz2㊆現185h4 球141k11㊇琛175t12

琫203b3 琴176k6 琵127b2 琰174□4 琶103b7 又103b9 琶117b11

㊈ 瑕103h7 瑞134s2 瑗188□12 瑟244s9㊉瑳112ts6 瑱184t6 璃126l,11

璃118l,4⑩璀133ts3⑫璠196d9⑬璫186h4 璧243p11⑭瓊211k7 璽138s8

⑲ 瓚180tz4

[瓜] ㊀ 瓜107 g 1　瓜123 g 2(十一)瓢114p11(十四)瓣181 b 2

[瓦] ㊀ 瓦107□11㊅瓷136 tz9　瓶190 b 6　又179 b 4㊈甄186 tz2　甎99 tz4(十二)甑216 tz 2

(十三) 甓243p12　甓218p4,11　甕204□ 3　甕207□ 9　又214□ 7　又199□ 1

[甘] ㊀ 甘170 g 9㊃甚177 s 7　甚154s 12

[生] ㊀ 生160ts,s6㊅產179 s 7　產157s 4

[用] ㊀ 用208□ 9　用216□ 5　甪237 1,7

[田] ㊀ 田182d12　又185 d 7　田179ts 4　由141□12　甲228 g 8　甲216 g 9㊁町209 d 8

男 171,l,1㊃界145 g 7㊄畔188 b 7　留141,l,11　留148 1,9　畜242 h 1　畜242 t 1

㊅ 畢235 b7　異130□ 7　畦117 h 6　略243 l, 3　略220l,11㊆番186 h 4　畫245□ 5

又109 h 4　畫225□ 6　又134□11㊇當201d 9　又204 d 6　當101 d 4　又152d 2

又 98 d 5㊉畿126 g 4(十二)疃187 t 1(十四)疆206 g 5(十七)疊230d,t7

[疋] ㊆ 疏109 s 8㊈疐128t 12　疑127gg4

[疒] ㊂ 疝180 s 5㊃疤103 b 2　疢177 t 4　疫245□ 8　疥145 g 7　疥124 g 9㊄疿170 g 9

疾236 tz5　疸179 t 5　疲126p11　痀136 g 3　疼202 d 5　疼199 t 2　病215 b 2

病164 b 8　疱149 p 8　疱105 p 4　痂103 g 7　痂116 k 5㊅疵136ts 8　痔130 d 9

痎151 t 5　痕193 h 9　痠148g11　痎104 g 6㊆痞128 p 1　痢130 l, 3　痛204 t 3

痛 155 t7　痘112 d 2　痘149 d 9　痠185s 11　痠 99 s 1㊇痺129 b 1　瘀135□12

痲152m 6　又103m 9　痰171 t 2㊈瘟192□ 4　瘦111 s 3　瘦180 s 2㊉瘡 98 ts 8

瘥112tz12　又145 ts8(十一)瘺117 g 9　癀202 h 8　瘴208 tz2(十二)療150 l, 7　又151 l, 5

(十三) 癖218 p 4(十四)癰217 k 9　癡126 ts2(十五)癧195□ 2(十六)癩209□10　癬183 s 5(十七)癮210□ 5

(十九) 癲182 d 1

[癶] ㊆ 登210 d 3　發234 h 4　發225b10

[白] ㊀白 245 b 3　白222 b 3　百243 b 6　百217 b2 ㊁皂114 tz6㊂的243d12㊃皋202 h 8

皆143 g 6㊆皓114 h 6

[皮] ㊀ 皮126p11　皮118p2,4㊄皰149 p 8　皰105 p 4

[皿] ㊀ 皿212bb9㊂盂 136□7㊃盃122 b 6　盆193 p 4㊄盈 211□6　盎 208□4　盍 229□2

又228 k 7　益243□11　益 242□7㊅盌 187□1　盒 229□1　盛215 s 6㊆盜114 d 5

㊇ 盟211bb2　盞 179tz7　盞157tz4㊈盡 192tz1　監 170g11　又172 g 4　監151g12

❿盤186 p5 盤156 b9⓭盪204 t6 盪101 t4

[目] ❶目241bb7 目239bb9❸直236 d9 盲203bb1 又211bb1 盲161m5❹盼180 p6
眅179 p6 省212 s8 省162s11 眉127bb1 眉144bb5 盾194t4,5 看180k3
看157k11❺眞189tz8 眠182bb12 又190bb4 眩183 h1 眩190 h5❻眷188 g1
眼179gg7 眼213gg8 衆207tz8 又214tz10❼睏195 k3❽督240 d9 睡133 s4
睆118gg7❾睫234tz1❿瞎231 h7 瞌228 k7 瞌223 k6⓬瞪160 d6 瞞186bb5
瞪210 d9 又216 d1 瞪161t12⓭瞬195 s4 又194ts10⓮矇198 k9⓯矍240 g2
⓱矚229 l,5 矚227 n9

[矛] ❶矛169m7❹矜176 k3

[矢] ❸知125d10 知143tz9❹矧190s11❼短187 d1 短118d8,11❽矮123□12⓬矯150 g9

[石] ❶石245 s6 石221tz1❸矻238gg4 又236gg12❹砂116 s9❺砥128 d1 砧175tz12
破113 p8 破108 p4❻研183gg9 研213gg9❼硝149s12 硯185 h4 硯164h12
❼硬215g,gg4 硬164ng7❽碘183 d7 碑125b10 碇214 d3 碇155 d5❾碧243p10
碟225 d1 碗187□1❿磕229 k2 碾183l10 磋112ts6 碻226 k6 磁136tz10
磁132 h6 碼152m9 碼118bb12 磅201 p9 又205 b7⓫磬214 k3 確238 k6
磨114bb1 磨107bb9⓬礁149tz12 礁103 d4⓭礅226 k3 礎110 ts8⓮礙146gg1
礦204 g1 礦157 g7⓯礬186 h10

[示] ❶示130 s3❸祁127 g1❸祀146ts9 祀146s9❹祈127 g6 ❺神190 s2 祖110 tz6
祠136 s10 祚111tz10❻祥207dz3 祭119tz8 祟133 s7 票151 p2 票115 p7
視130 s3❼祲176ts1❽禁177 g1❾福240 h8 禍114 h2 禍121□4⓫禦140gg12
⓬禧126 h2 禪182 s7⓭禮118 l,6

[禾] ❶禾112h10❷私135 s8 禿237 t7❸秉212 b9 秀142 s8 和112h10 又114 h1
和118 h3❹秋141ts7 科112 k5 科116k12❺秦190tz3 租109tz7 秖143d12
秘128b12 乘216s1 秧98□7 秩233d11 秤214 ts5 秤191ts9❻移126□12
❼程211 t5 程154 d2 又161 t8 稈169 g1 稀126 h4 稅124 s6 稅120 s4
❽稠141d11 稗146 b6 稟191 b3 稚130 d3❾種207tz4 又207 tz10 種213tz6
又214tz6 稱210ts1 又214ts5❿稾113 g5⓫積24t3z11⓬穗134 s6⓭穢124□8

䅿244 s 3　䅿236 s 2⑬穩 194□4

【穴】㊀穴233 h 9㊁究142 g 7㊂穹205k11　空201 k 3　空197 k 2㊃窆184b11　突237 d 8

穿 186ts2　穿 216ts4　又 158ts1　又101ts10㊄容206□10　窄 243tz6　窈 150□8

宙237 z2　宙225 b 7㊅窒244tz12　窕 150t11㊆窘194 k 5　窗201ts12　窗 196t12

㊇窟236k12㊈窪114□11㊉窮206g11⑪窩 112□5　窺131 g 5⑫竄 187ts9　竅151 k 3

竆212 g 1⑬竈113tz10　又 149tz2

【立】㊀立231 l,2㊃竚104 p 3㊄站175 d 2　站172tz11㊅章206tz5　章165tz12㊆竣 195tz6

童 202d2㊈竭233 g 5　端185d11

【竹】㊀竹242 d 1　竹244 d 6㊃笑 151ts1　笑 115ts5　笐 101□2㊄笛245 d 9　笥139 s 6

笮 155ts1　笱111 g 1　笞 126 t 2　笨 195b12　符136 h 7　笠 230 l,3　笠223l,12

㊅答228 d 6　筍194 s 6　筋193 g 3　策243 ts 9　第120d12　筐210 k 7　等 213d5

等180 d 1㊆筯140 d 2　節232tz12　節 223tz5　又 231tz8㊇箠 118ts1　箚 228tz9

箋 182tz1　箇113 g 9　箇117gg10　管187 g 1　管204 g 2　又 100g10　算 187s10

算101 s 7㊈範189 h 7　箴 176tz4　箸130 l12　箍109 k 7　箭 184tz5　箭 164tz3

箱206 s 6　箱166 s 1　篇181p10　篇160p11　篋229 g 7　篋223 k 8㊉築242 d 1

篡187ts11　篩143t11　篦224bb11　篆189 d 4　篤240 d 9⑪簣221 d 7　簡179 g 7

簡213 g 8　蔣 207tz7　簪 134h12　篷 197p8　簇 240ts7⑫簞175 d 8　簪 170tz8

又 173tz7　又 176tz4　又 173tz4⑬簿111p11　簷 173 l,9　簾173 l,8　簸113 b 8

簸108 b 4⑭籍 245tz7　籌141d11　纂187ts10　籃 171 l,2⑮籤 173ts2　籠 202 l,2

⑯籬 107l,10

【米】㊀米 128bb6㊃粉194 h 7　粒 231 l,2　粒 230 l,3　粕 241 p 1　又244 p 8　粕219b11

㊅粟244ts11　又 242ts4　粟242 s 4　粥 242tz1㊇粿119 g 3　精 209tz5　精 160tz8

又 153tz8㊈糈136 s 2　糉 204tz3　糉 199tz1　糊 110k1　又110 g 1㊉糍 127tz5

糖 202 t 7　糖 99 t 10⑪糝171 s 6　糞 195h7　糞195 b 7　糟 112tz7　糟147tz 11

糜126bb11糜 118bb4,5⑬糴218d11⑯糶 151 t 3　糶 115 t 6

【系】㊀糾142 g 5㊂紀128 g 3　紇237h12　紂143 d 1　紅202 h 2　紅 197□8　約 242□8

又 220□7㊃級230g11　素111 s 4　紐 142 l,3　納 229 l,1　純193 s 5　紊 196bb3

紗102s10 紗116 s 9 紡203h11 紡198 p 4 索244 s 8 又241 s 1 索219s11

㊄ 紹151 s 7 組110tz6 紺234tz9 紳189 s 8 紙127tz11 紙108 tz 1 紫127tz12

紬141 t 6 累134 l,2 終205tz11 絃182h12 細119s10 細124s10 ㊅絮139s10

統203 t 7 絨206dz11 絳198g12 絲126 s 3 綁198 b 3 絜233 h 8 絕235tz2

絕222tz8 結232g12 結231 g 8 絞148g11 絞104 g 6 ㊆綏131 s 7 綈125t12

又125h12 經209 g 8 經160 g 9 絹188 g 2 絹191 g 8 ㊇綺127k11 綜204tz4

緊190g12 維127□3 綴234d5 綹142 l,3 綾211,l,11 綾190 l,7 綰187 g 7

綰158 g 7 網203bb11 網198bb4 又199bb6 ㊈緞188d8 緩188□8 練185 l 4

編181p10 緡183bb2 緰119t10 緝230ts12 緘173 g 5 綠243 l,1 綠246 l 2

線184 s 5 又180 s 8 線158 s 2 ㊉縈182□10 縊145□10 縷138 l 6 縛241b10

縛239 b 6 縣185 h 5 縣169 g 5 ㊀縲112 s 7 總203tz3 總198tz6 繃209p11

繆142bb1 縮241s12 繁186h10 縱201tz7 又207ts11 又206ts2 績243tz12

績221tz8 縫197b11 又199 p 8 ㊁繞150dz9 繫126□7 織235tz12 繚150 l,6

繒210tz2 ㊂繩211s11 繩190tz7 繋120h12 繳150g11 繭179 g 8 繹218□12

繡142 s 8 ㊃繽189 p 9 纏182 d 7 纏162 d 1 ㊄繼119g10 續243 s 2 ㊆纖173 s 2

纓153□ 8

[缶] ㊀ 缶111 h 2 ㊃缺234 k 8 缺221k12 又224 k 7 ㊇罐187 g 9

[网] ㊂ 罕179 h 5 ㊄罡201 g 9 ㊇置129 d 2 罪125 tz 3 罩104d10 ㊈罰234h12 署140s 11

㊉ 罷105 b 3 罵104m12 又153 m 3 ㊁罾178tz 6 ㊃羅112,l,11

[羊] ㊀ 羊207□ 3 羊166□ 6 ㊁羌206 g 5 ㊂美128bb 1 ㊃羓103 b 2 ㊄羞141 s 7 羞141ts 7

㊅ 羡189 s 1 ㊆義129gg11 羣193 g 4 羣196 g 5 ㊀羲125h10 ㊂羶181 s 9

[羽] ㊀ 羽138□ 6 羽137□10 ㊃扇184 s 4 翁201□ 3 翁197□ 2 翅128 ts9 又128 t 9

㊄ 習231 s 3 ㊅翕230h11 ㊇翠133 ts 7 ㊉翰180 h 3 ㊀翱112 g 7 ㊁翻186 h 4 ㊁翹124□ 3

㊆ 耀151□ 6

[老] ㊀ 老148 l,10 又113 l,5 老149 l,6 考113 k 5 ㊃者106 tz4 耆127 g 1

[而] ㊀ 而127dz 4 耍107s 11 耐168 n 5

[耒] ㊃ 耙104b12 耙121 b 8 耕209g11 耕160 g 7 ㊇耦159ng9 ㊉耨160 n 3

[耳] ㊀ 耳128dz3 耳163dz,n7 ㊃耽170d8 耿212g11 ㊆聖214 s 1 聖155 s 3 ㊇聚141 tz 3

㊉ 聘214 p 3 (十一)聰197 ts 2 聯182 l,7 聳207ts12 聳214ts11 聲209 s 6 聲153 s 7

(十二) 職235tz12 聶229 l,5 (十六)聽214 t 3 聽153 t 9

[聿] ㊀ 聿236□ 7 ㊆肄165□ 7 ㊇肅242 s 2

[肉] ㊂ 肛201g12 肝156 g 5 肘142 t 6 肘142 n 6 肚111d11 又110 d 6 ㊃肸235 h 7

育242□12 肘204p11 肴169ng7 肩182 g 1 肩210g11 肯213 k 5 肯180 k 1

㊄ 胛229g10 胤191□11 胄142d11 胡110□ 1 胃134□ 7 胞147b 12 脈227m 7

胥136 s 1 胎143 t 4 胎115 t12 又116 t 7 肺133h 12 肺129 h 5 背124 b 4

背120 b 3 胚126 p 6 胚117 p 1 ㊅胴177 d 8 脂125tz12 能211,l,10 脈245bb4

胸205h11 胸210 h 5 脊243tz11 脊235tz11 又218 tz3 脆134 ts1 脆119 ts9

又119ts12 ㊆脫234 t 2 脣193 d 5 脛215 g 5 脰149 d 9 脚103 k 6 脖147p12

脖103 p 3 ㊇腕187□ 2 脾126b12 腆183 t 7 腋245□ 7 腔206 k 7 又201k12

腔200 k 1 又166 k 3 ㊈腺180 s 8 腹238 b 9 腸99 d 11 腳242 g 8 腳220 g 7

腰149□12 腰114□ 8 腫207 tz 4 腫213 tz6 腮126ts 5 又126s 10 ㊉腿133 t 3

膏114 g 5 又112 g 7 (十一)膜227m 2 膓207 d 2 膠147g12 膠103 g 3 (十二)膳184s 12

膨205 p 9 臆244□ 4 (十三)臂128b10 膾124 g 3 膿197l 10 臍144 tz4 膽171 d 7

膽152 d 7 臉174 l, 8 臉184 l, 2 (十四)臏192 b 1 又190b12 臘230 l 9 (十五)臕149b11

臕114 b 7 (十六)臚110 l,2 (十八)臟101tz12

[臣] ㊁ 臥114gg 1 (十一)臨176 l 6 臨174 l 2

[自] ㊀ 自140tz 5 ㊃臭142 ts 7 又149 ts 5 臬233gg8

[至] ㊀ 至128tz12 ㊇臺144 d 1 ㊉臻189tz10

[臼] ㊀ 臼143 g 1 臼140 k 4 ㊃舀166□10 ㊄舂206 tz1 舂210 tz5 ㊆與139□ 8 舅140 g 4

㊈ 興214 h 5 又210 h 9 ㊉舉138 g 5 (十二)舊142g11 舊140 g 3

[舌] ㊀ 舌233 s 5 舌224tz10 ㊄甜173t 11 甜161 d 2 ㊉舘187 g 1 (十二)譖165 tz2

[舛] ㊅ 舜195 s 4 ㊇舞137bb10

[舟] ㊀ 舟141 tz6 ㊃航202 h 7 般185b 11 般156 b 4 ㊄船186 s 8 船193tz11 舵114 d 4

舵108d12 ㊅艇213 t 3 ㊆艄149 s 3 ㊉艙201 ts9 艙98 ts 5 (十四)艦172l,12

[艮] ㊀ 艮195g10 良207 l,2 ⑪艱178 g 2

[色] ㊀ 色244 s 3

[艸] ㊁ 艾156 h 3 ㊂芒197bb 6 芋141□ 2 芋112□ 1 ㊃芬192 h 8 芻109 tz 9 芮125dz 4
芙136 h 7 芟178 s 5 芹194 k 3 芳201h10 芳196p 11 花107 h 1 花123 h 2
㊄ 芾133 h 8 茂112bb2 苛112 k 6 茅 98 h 2 苦110 k 6 苗150bb 4 英209□ 2
英160□ 6 苔143 t 4 苔 127 t 8 若243dz 3 若108dz11 又153 n 3 茄116 k 5
又115 g 1 又117k11 ㊅范189 h 7 茗213bb3 荊166 g 4 茴123 h 3 茲135tz10
荀193 s 6 荐184 tz6 茶 103 z7 茶117d11 草113 ts 5 草148ts10 荒201 h 8
荒 98 h 6 又 99 h 6 ㊆莽203bb10 莎112 s 5 荷112□ 6 萋116 ts 2 莖209g 11
莘189s 10 莊201tz11 莊 98 tz 8 莉127,l,1 莉165 n 4 莫241bb11 莫220bb2
㊇ 菁160ts 9 萍211 p 8 菩110 p 1 萬165ts12 菜145 ts5 萩206s 12 萎131□ 5
又132□11 菌192 g 6 又194k10 華107 h 7 又108 h 3 葵132 g 5 葵123 g 5
菊242 g 1 菊244 g 6 ㊈蓄143tz10 葩103 p 2 葺230ts12 葉133□ 2 葬204 tz 6
葱201 ts 3 葱197 ts 2 葧225 b 8 萬181bb8 葡110 b 1 又137 b 7 落220 l,2
又241.l,11 董203 d 3 董198 d 6 著139 d 7 又243 d 3 著220d11 葉230□ 5
葉221 h 4 ㊉蔀112 p 3 蔭177□ 1 蔑233bb8 蒙202bb2 蒲110 b 1 蒯147 g 3
蒼203ts10 蕁241gg11 蒜187 s 9 蒿112□ 7 又112 h 7 蒿158h12 蓋145 g 3
又228 k 7 蓋172 k 2 又108 g 7 ⑪蔣166 tz9 蔗106 tz6 蓮182l,12 蔡145 ts 3
⑫ 蕞134 tz8 蕉114 tz8 蕊132l,12 蕩205 d 7 蔬123 s 1 蕭115g 10 ⑬蕊129□ 8
蕘210□ 4 薑165g 12 薩231 s 5 薪137 tz 3 薄241b11 薄220 b 2 薦184 tz6
薦214 tz9 薛232 s 9 又122 b 2 薛224 s 4 藏202 tz7 又205 tz7 藏101 k 4
又101tz12 ⑭薰192 h 8 藍152 n 4 藍 171,l,2 藉106tz10 ⑮藕170ng3 藐150bb10
藝120gg11 藩186 p 4 藥243□ 4 藥220□12 藤211d10 藤190 d 8 ⑯蘋190 b 3
蘇109 s 7 藹144□ 9 蘭178 l,8 ⑰蘖172 tz3

[虍] ㊁ 虎110 h 6 ㊂虐243gg 3 ㊃虔182 k 7 ㊄處138 ts5 又139 ts 7 ㊅虛135h12 ㊇號114 h 5
號148□ 5 ㊈虢243 k 8 ㊉盧110 l,1 ⑫虧131 k 4

[虫] ㊁ 虬142 g 1 ㊂虹216 k 3 ㊃蚊194bb9 蚊198bb 7 蚤148tz10 ㊄蛙142tz10 蚶170 h 9

蛇105s12 蛇107 tz8 蛋180d3 又180d12㊅蛩206k1 蜓160□9 蛙107□7

蜈228ng5 蛛136d3 又135d2㊆蜃190s11 蜀242s11 蜂201h6 蜂197p5

㊇蜜236bb5 蜞127k4 蜻209ts8㊈蝨244s9 蝨231s10 螢169m9 螢169m7

蝶230d7 蝶218□8 蝦103h7 蝦117h11㊉螻183□6 蟯206k3 融206h12

螢211□9 蚤148tz10⑪螯236d10 蟀203bb10 螺112l,10 螺11717,8⑫蟲206t11

蟲197t9 蟯150gg9 蟯114gg10 蟬184tz3 蟹146h7 蟳176s7 蟳176tz7

⑬蠅190s7 蠍232gg11 蟬182s7 蠟230l,9 蠟217l,3 蟶178t7 蟾178s8

蠹145s6 蟻127gg11 蟻106h12⑭蠔113h1 蠔113□1⑮蠢194ts5 又194t5

⑱蠶171ts1 蠶179ts2⑲蠻178bb10

[血] ㊀血233h1 血225h4 又223h9

[行] ㊀行202h7 又215h1 又197h6 又211h1 行153g10㊂衍185□1㊄術237s9

㊅街116g1 街122g11㊆衙103gg7 衙117gg11㊇衛171h4 衛171g4㊈衝206ts1

衝125□4⑱衢137g5

[衣] ㊀衣126□4㊂衰194g4 衫170s10 衫151s12 衰122s8 袂120bb11 袁186□10

衷205t11 表150b9 表115b2㊄袋146d1 袒179t5 袢188p5 袪135k12

袪135k3 袖142s8 又142s12 被129b,p11 被121p11 又122p4㊅裂224l10

袷228k9 袷216k10 裁144ts1 又144tz1㊆補110b6 裒110b4 裌223g7

裝98tz8 袴108k5 又111k4㊇製119tz7 裱150b12 褖234d2 裼243t12

裼221d8㊈褒112b7 褌192g4 褌99g5㊉褫127t11 褪195t3 褆101t11

⑪襉213g7⑫襌172d9 襖113□5 襤207g6⑬襟175k12⑭襪222bb11 襺163dz6

⑮襯214ts8 襯167ts10⑯襲231s3⑰襻180p5

[襾] ㊀西116s2 西143s8㊂要151□1 要222bb2㊅覃171t1 覃176tz8⑫覆238p9

⑬覈128g11

[見] ㊀見184g6 見164g4㊃規131g5㊈親189ts9㊉覬145k1⑪覷112l,5 覷167m7

⑬覺238g6⑭覽171,l,7⑱觀185g11

[角] ㊀角238g6㊄解144g11 解123g12㊅觥202g1⑬觸242ts3 觸238d10

[言] ㊀言182gg11㊁計119g10㊂訕180s5 訓195h7 討113t5 記129g2㊃設232s8

訛112gg10 訣234 g 8 訝104gg12 許138 h 5 許110 k 9 訥237 1, 8 訥225 d 8

㊄ 詛110tz10 詑 104 t 7 詉103 1,7 詁111g11 訶112h11 詞136s10 診190tz11

訴111 s 4 詠215□3 詐 104tz7 証214 tz 1 評211 p 2㊅詰233 k 2 該143 g 4

詹 173tz1 誕180d11 試129ts,s2 詭132 k 9 詩126 s 2 詼122 k 6 詼116g10

話109 h 5 話 125□8㊆誥113k10 誣136bb7 誌 129tz2 誦208 s 9 誑204 g 7

誇107 k 1 誓 120s10 誨124 h 4 認191dz11 又192dz3 語138gg5 又137gg9

說124 s 6 又234 s 5 說221s11㊇諄192 tz 6 談171 d 2 課 113 k 8 調150d1,4

又151 d 8 請 213ts 1 請154ts8 誰132 s 4 誰 134 tz5 諒 2081,10 論 195 1,3

又 193 1,4 又 1951,11 誘 142□4㊈諷203 h 4 諭141dz2 諧144 h 2 諸 241,1,11

諮 150□4 諜110bb5 諫180 g 5 謁232□11 謝 106s10 謝106tz10 諸 135tz3

又135tz12㊉謄 211t10 謗204 b 6 諂 174 t 3 謚 121 s 2 謎 165m3 謙 173k3

譁240 g 3 講198 g 5 講200 k 7㊀證214tz12 謹191 g 1㊁譚171 d 1 譎244 s 4

謬 143bb2 譖 177 tz6 謳109□11㊂警 212g9 譬128p10㊃護111h10 譴184 k 5

又183 k 5㊄讀 241 t 5 讀 239 t 7㊅變184 b 4 變164 b 2 讎141s 11㊆讖172 ts 6

讒170ts10 又171tz,ts3 讓208dz10 又2081 10 讓167 n 1㊇讜203d 10 讚180 tz3

讚157tz11

[谷] ㊀ 谷240 g 7㊉谿231 h 9

[豆] ㊀ 豆112 d 2 豆149 d 9㊂豈128 k 5㊃豉165 s 5 豉162s 10㊇豎141 s 4㊉豏153□ 2

㊀ 豐201 h 4㊇豔175□ 6

[豕] ㊃ 豚193 d 4 豚193 t 4㊄象208 s12 象167 ts 4㊆豪113 h 1㊈豫140□11

[豸] ㊀ 豸127d11 豸 108 t 8㊂豺144 ts 2 豹104b 10㊄貂150 d 1㊅貌170m 2㊈貓150bb4

貓103bb11

[貝] ㊀ 貝124 b 3㊁負140 h 4㊂貢204 g 3㊃賀114 h 3 貧190 b 2 販188 h 3 貪170 t 8

責243 tz 9 貶184 b 1 貫187 g 9 貫101 g 6 貿226bb4 貨120 h 5 又159h11

㊄ 貰135 tz5 貸146 d 1 貴133 g 8 買123bb12 又167m 9 貯138 d 5 貯124 d 2

貼 229 t 7 貼216t 12㊅資135 tz 8 賈103g12 賃177dz 7 費133 h 8 賊246 tz 1

賊232 ts5㊆賓189 b 9 賒105 s 8㊇賢182h12 賚146 1,1 賜139 s 3 賞207 s 6

賞166 s 8 賤185 tz1 賤158 tz 8 賣 168m7 又125bb 6 賠123 b 3 賠117b12

貿128tz12 又235 tz6 ㊈ 賭110 d 6 賴109 l 3 賴168 n 4 ㊉ 賽145 s 5 贅124 tz 6

㊀ 贈215tz12 贊180tz 3 贊130tz11 ㊂ 贏154□3 贍172 d 5 又175 s 4 贖243 s 1

㊂ 贓205 tz 7 又201 tz 9 贓98 tz 5

【赤】 ㊀ 赤218 ts 2 ㊃ 赧 179 l,6 ㊆ 赫243 h 6

【走】 走111 tz 1 走148tz12 ㊁ 赴138h12 ㊂ 起128 k 3 赶157 g 3 ㊄ 趁 191 t 6 趁179t 10

又 180 t 9 ㊆ 趕179 g 5 越226ts11 趙115 d 9 ㊇ 趣139ts10 ㊉ 趨136 ts 4

【足】 ㊀ 足242 tz 4 ㊄ 跖243tz10 跛113 p 3 ㊅ 跟192g12 跳 151 t 4 跬219h 10 路111,l,10

蹬206 k 4 跪134 g 4 ㊆ 跨108 k 3 踞130 g 5 ㊇ 踝107h11 踏229 d 1 踏217 d 4

踢243 t 12 踢 232 t 1 ㊈ 蹄123 d 8 蹂142dz 3 ㊉ 蹉113 ts 9 蹇183 g 4 蹋229 d 2

蹖 150 l,2 蹣186bb5 蹙242 ts 2 ㊂ 蹻149k12 蹴242 ts 2 躄232p12 躄234 p 8

㊂ 躋116 tz 2 躁113s 10 ㊃ 躔182 d 7

【身】 ㊀ 身189 s 8

【車】 ㊀ 車135g12 又 105ts8 軋 234□7 ㊁ 軌132k12 軍192 g 8 ㊂ 軒181h12 ㊄ 軸246 d 4

軫190tz11 ㊅ 載 145tz5 較149 g 3 較238 g 6 ㊆ 輒229 d 5 輓 179bb9 輕209 k 5

輕189k12 ㊇ 輩124 b 4 輪 193 l,5 輦 183 l,4 ㊈ 輻 228□2 輸136 s 3 輭 187 l,4

又 187dz4 輮100n12 ㊉ 輿 137□4 ㊀ 轆 241,l,5 轉 187tz6 轉 100d12 ㊂ 轍233 d 5

轎151 g 5 轎115 g 8 ㊃ 轟209□12

【辛】 ㊀ 辛189 s 9 ㊅ 辟243p11 ㊆ 辣 232 l,2 又 235 l,4 辣 219 l,7 ㊈ 辨185 b 9 辦181 b 2

㊂ 辭136s10 辭127 s 5 ㊂ 辯 185b10 辯165 b 1 ㊃ 辮185 b 9

【辰】 ㊀ 辰109 s 2 ㊂ 辱243dz1 ㊅ 農 202 l,5

【辵】 ㊂ 迄235gg8 ㊃ 近196 g 8 返100d11 迎 211gg2 又215gg2 迎 154ng1 ㊄ 迦105 g 7

㊅ 逃113 d 1 迹 218dz3 追131 d 6 速240 s 7 迷 117bb5 迷 117bb2 逆245gg2

逆222 g 6 送204 s 3 送199 s 1 退 124 t 4 又 133t10 退 119t11 又 120 t 3

㊆ 逸 236□5 逋110 b 1 造 114tz5 逞212t12 逢202 h 6 達232 d 2 逐243 d 1

逐239 d 8 連 182 l 7 連162 n 1 通 201 t 3 通 197 t 2 這105 tz8 這 128tz7

又 116 tz6 ㊇ 進 191tz7 進 164tz5 遇139gg12 透111 t 7 透149 t 4 ㊈ 遂134 s 6

運 196□3 遁195d12 道114 d 6 逼244 b 4 渴 231□5 過113 g 8 過120 g 5

又107 g 3❿遨 113gg1 遣 183k5 遜195 s 3 遞120d12 又121 d 6 遠 187□3

又189□ 2 遠102 h 6⓫適 243s10 遭 112tz7 遮 116tz6 又105dz8 遮 105tz8

⓬遴146 h 6 遹 168m6 遲127 d 1 選187 s 5 還212 h 5 遵 192tz7 遷181ts10

遺 132□5⓭避129b12⓯邊182 b 1 邊160b12⓳邏 114,1,3 邐 127,1,11

[邑] ❶ 邑230□11❹邪106 s 1 邦196b12 那152n10 那113 d 4 又153 n 4❺邱135 k 4

邸128 d 6 邳 125p12❻耶 106□1 郁242 h 1❼郗 125h12 郡196 g 3 郝244 h 8

郎202 l, 7 郎99 n 10❽郵141□11 部111b11 郭 240g12❾都109 d 7❿鄉206 h 5

鄔 137□8 鄒109tz12⓬鄧215d12 鄭164 d 9⓭鄰190 l, 2 鄙128 p 1

[酉] ❶ 酉 142□4❷酋 141s12❸酌 242tz8 配124 p 4 配 120p3❺酥109 s 7 酣170 h 9

❻ 酬 141s11❼酵 152g12 酷 240k9 酸185s11 酸 99 s 1❽醅123 b 3 醋 111ts4

醉 133tz7❾醜142 ts 3 醒213 s 3 醒 163ts2⓫醬 208tz3 醬 166tz12⓬醯116 h 2

醫 126□2⓲釁191 h 6

[釆] ❶ 采 144ts7⓭釋 243s10

[里] ❶ 里 128 l,3❷重206 d 9 又208 d 8 重212 d 2 又 199d10❹野 106□5❺量167n 1

⓫ 釐 127 l,4

[金] ❶ 金 175g12❷釘214 d 3 釦111 k 8 釵 143ts7 釧 188ts1 釣151 d 3 釣115d 6

❹ 鈔 149ts3 鈁201 h 1 鈐173 k 8 鈕142 l, 3 鈞 193 g 2 鈍195d 11 鈎109g 11

鈎148 g 3❺鉛182□10 鈸219 b 6 鈴 211,1,8 鉎160 s 6 鉋149 b 7 鉏 109tz8

鉗173 k 8 鉛162 k 5 鉢234 b 2 鉢219 b 3❻銅197 d 8 鋆210 k 6 銀 194gg1

銑183 s 7 銃 203 t 5 又214ts10 又 207ts8 銖 136 t 3 又136 s 7 又 135tz2

❼ 銳 125dz5 鋤 137 t2 鋪111 p 4 又109 p 7❽鋸139 g 9 錦 176g10 錘 132 t 1

鋼101 g 4 錫218 s 4 錐 131tz6 錯 241ts1 錯113ts12 錢 182tz8 鏤162tz,□2

鍵185 g 8❾錄243 l, 1 鍊 185 l 4 鍛 187 t9 鍾 206tz1 鍾 102tz5 鍼 173tz6

又175tz12 鍋 112□5 鍋116□12❿鎮191 d 6 鎖113 s 3 鎬113 g 5 鎔 166□7

鏤110 l, 3⓫鏖 112□7 鏨 172tz8 鏡155 g 3 鏗206 k 8 又182 k 6 鏗200 k 2

鏇 185tz3 鏇188tz11⓬鐃169 n 7⓭鐵 232t12 鐵 224 t 6 鐳132 l, 7 鐺 209 t 1

鐸214d11 鐶186 k 6⓮鑄138tz12 鑑172 g 4⓯鑠240 s 1⓱鑲206 s 6 鑲166 s 1

⓱ 鑾186 l,5　鑽 187tz9　鑽 101tz6　鑼112,l,11⓳鬘241ts11　鬘 239ts5

[長] ❶ 長207 d 2　又207 d 6　長99 d 11　又166 d 8

[門] ❶ 門193bb4　門 100m5❷閃174 s 3　閃224 s 4❸閉129 b 6　間 196bb3　間 102m9

❹ 閔190bb11　悶195bb11　閏196dz2　又196 l,2　間 178 g 2　間 210g10　開143 k 4

開131k10　閒167 g 6　又 180g6　又178h10　閒178□10　又212□4,6❺閘229□3

閘 217tz5❻閩 179bb1　閧 193bb7　閣228 k 6　閣219g11　閨131g11　閨117 g 3

❼ 閱 233□7❾闌 228□3　闈116 s 6　闈 171□8　又171□11　闊234 k 2　闊219 k 3

❿ 闃 244k1　闕234 k 4　闔228 k 7　闔 201ts2　又158 ts 3⓫關185g12　關 168 g 9

⓬ 闥 231 t 5　闞171h10　又171k12　又172 h 4⓭闢183 ts 4

[阜] ❹ 阪187 b 8　阨221□ 7　防202h10　防100 h 1　阮187□ 3　又187gg3　阮100□11

❺ 阻110 tz 8　陂125p10　附139h12　阿112□ 6　阿104□ 4❻陋 112,l,2　陌245bb1

限181□,h3　降197 h 7　降198g 12❼陰175□12　除137 d 3　陛 122 b 3　陣191d10

陣196tz 7　院185□ 2　院164□11❽隆206l,11　陸242l,11　陪123 b 3　陵211,l,11

陶113 d 1　陳190 d 2　陳179 d 1❾隄 117 t 5　陽207□ 3　階143 g 6　隊134d10

隍202 h 8❿隘145□ 9　陷172h11　隙243 k 7　隙217g12　隔243 g 9　隔221 g 7

⓫ 際119 tz 8　障208 tz2　障166tz11⓬隨132 s 2　險174 h 3⓮隱195□ 2⓱隳122h10

[隹] ❷ 隻218 tz2❹集231 tz3　雀242 ts9　雁181gg1　雅103ng12　雄206h11　雄190h10

又212□ 1❺雉130 d 5　雍205□11❽雕150 d 1❾雖131 s 7❿雜229 tz1　雞116 g 2

雞122g12　雙201 s 12　雙196s 10　離126l,11　離 129l,11⓫難178 l,8　又180l,11

[雨] ❶ 雨137□10　雨112 h 1❸雪234 s 6　雪221s 10❹雲193□ 7　雲193 h 7❺雹226 p 2

雷132 l,7　電185 d 4　零 179l, 4❼震191 tz6❽霍240h12　霜145 b 4　霎229ts,s9

❾ 霜201s 11　霜 98 s 8⓭霰180 s 7　露111,l,10⓮霸104b 9　霽119tz10

[青] ❶ 青209 ts8　青160 ts 9❽靛181 d 4　靜215tz10　靜164tz10

[非] ❶ 非131 h 8❼靠113k10

[面] ❶ 面185bb1　又192bb2

[革] ❶ 革243 g 9❹靴105h10　靳191g12❺鞅208□ 3❻鞋144 h 3　鞋123□ 6　鞍177□12

鞍156□ 5❼鞘115 s 5❾鞭181b10　鞦141 ts7❿鞵240g 12⓯韉233bb10

【韋】㊀ 韋133□ 1㊇韓178 h 8

【音】㊀ 音175□12㊃韵196□3(十三)響200 h 4

【頁】㊁ 頃213 k 2　頂213 d 3㊂須136 s 4　頊177h12　項199 h 4　順196 s 2㊃頑186gg 6

頒178 b 1　頌208 s 9　頓195 d 3　頓101d11㊄頗113 p 3頭2121,12　領154 n 7

㊅ 頽144 h 1　頽147 h 1㊆頸215g10　頷172□ 9　頰229 g 7　頭 110 t4　頭148 t8

㊇ 顆123 d 3　顒206gg9㊈顏178gg9　顒135s 11　又143 s 4　題117 d 5　題123 d8

額245gg 1　額218 h 9㊉顛191 s 7　顛182 d 1　願189gg2(十二)顧147gg(十二)9顧111 g 4

(十三) 顫224 s 8(十四)顯183 h 7(十八)顳230dz 4

【風】㊀ 風201 h 4　風 99 b 9㊄颯228 s 6㊈颺155□12

【飛】㊀ 飛117 b 4

【食】㊀ 食244 s 4　又236 s 9　食219 tz 2㊁飢125g12㊃飫139□ 9　飪176dz10　飩 195 t 8

飭244 t 4　飲176□10　飲1751,12　飯187 h 3　又189 h 2　飯102 b 6㊄飴127□ 5

飽148b11　飽104 b 6　飾244 s 4　飼140 s 7　又141 s 5　飼130 ts 7㊅餉208 h 2

蝕225 s 2　餅213 b 1　餅154 b 8　養208□12　又207□ 7　養166□ 9㊆餓114gg 3

餐177ts12　餃123 1 9　餑237 p 8　餘225g12㊇館187 g 2㊉餡172h 11　餡153□ 1

(十一) 饕154tz11　饅178bb11　饅190bb9(十二)饌188tz10　饌102 tz7

【首】㊀ 首142 s 3

【香】㊀ 香199h11　又165h12(十一)馨209 h 8　馨153 h 9

【馬】㊀ 馬152m 9　又103m12　馬118bb12㊁馮202 b 4　馮197 b 9㊃駁240b11　駁238 b 6

㊄ 駝112d11㊄駭144h10㊆駷144gg 7㊇騎126k 11　騎106 k 2㊉騰211 t10　騰161 t11

騷112 s 7(十一)驅136 k 3　驕149g 11(十三)驗175gg 4　驛245□ 7　驚209 g 2　驚153 g 5

(十四) 驟112 tz7

【骨】㊀ 骨236g 12㊃骰110 d 4　骰148 d 8㊆骸162g 11　又160 g 5(十三)髓136ts10　髓119 ts 2

體118 t 6　體124 t 1

【高】㊀ 高112 g 7　高168g11

【髟】㊄ 髮234 h 4㊆髽107 ts1㊇鬃201 tz 5　鬃197 tz 4　鬆201 s 5　鬆197 s 4(十二)鬚170 s 9

(十三) 鬟141 ts 9

【鬥】㊀ 鬥111 d 7㊄鬧149 1,7(十一)鬮149 d 4(十六)鬭148 k 4

[鬯] (十九)鬱237□4

[鬼] ㊀鬼133 g 2㊃魂193 h 4 魁122 k 6㊇魏134gg7

[魚] ㊀魚137 h 3 魚127h10㊃魯 110 l,6㊄鮑148 b 1㊅鮝207 s 7 鮡 150 t 5 鮭117 g 6
鮭123 g 7 鮫147g12 鮫103 g 3 鮮183 s 5 又181s 10 鮮160ts11 鯗107 s
鯉128 l,3 鯽244 tz5 鯽236 tz1 鯫109tz11㊈鰕201 tz 3(十)鰥186 g 1 鰻178bb1
鰻156m 9(十二)鱗190 l, 2 鱗 179 l 1 鱔 184s12 鱒101tz11(十三)鱟149 h 9

[鳥] ㊀鳥170 n 6㊁鳩141 k 7㊂鳶181□11 鳳205 h 1㊃鴆 177 t 1 鴉 103□7㊄鴟125ts12
又125d12 鴨 228□8 鴨 216□9 鴦 206□5 鴦 166□2㊅鴿228 g 6㊆鵠240,
鵝112gg11㊇鵬211 p10 鵲242 ts 9 鵪 173□4 鵪 182□5 又 178□4 鶯209
鷥126 s 3 又136tz10(十)鶴241h11 鶴220 h 4(十一)鷗141□10(十三)鷹 210□1(十七)鸚209□11
(十八)鸛 118,l,4

[鹵] ㊈鹹171 h 3 鹹174 g 1 鹻161 g 1(十三)鹽 173□9

[鹿] ㊀鹿 241,l,5㊇麗120,l,12㊈麝106 s 9(二十二)麤109 ts 7

[麥] ㊀麥245bb4 麥 222bb4 又222bb12㊃麩185bb4㊆麵109p10㊇麴242 k 1 麴 2[illegible]8 k9
麵164m12

[麻] ㊀麻 152m6 又 103m9 麻 103bb9 又 157m1㊂麼 227m1 又227m12㊇靡127bb11

[黃] ㊀黃202 h 8 黃 100□6

[黍] ㊂黎 117,l,5㊄黏 173,l,8 黏162 n 5

[黑] ㊀黑244 h 2㊃默 246bb1㊅黠231 h 6㊇黨203d10㊈黯171□10(十一)黴 147□5

[黽] ㊀黽190bb12(十二)鼈232 b9 鼈224 b 5

[鼎] ㊀鼎213 d 3 鼎154d10

[鼓] ㊀鼓110 g 6㊇鼙127 b 9

[鼠] ㊀鼠 138ts5

[鼻] ㊀鼻236b11 鼻165 p 6㊂鼾156h10

[齊] ㊀齊 117tz5 齊 123tz8㊂齋 143tz6

[齒] ㊀齒 128ts3 齒128 k 3㊃齗 194gg3㊅齧232gg12 齩169ng11 齩105 g 5㊆齪242 ts 5
齪240ts11㊈齷183gg4

[龍] ㊀龍 206,l,9 龍 212,l,2 ㊅龕170 k 8

[龜] ㊀龜131 g 7 龜135 g 6

ACADEMIA SINICA

THE NATIONAL RESEARCH INSTITUTE

OF

HISTORY AND PHILOLOGY

MONOGRAPH A

No. 4

PHONETICS AND PHONOLOGY

OF

THE AMOY DIALECT

BY

LO CH·ANG P·EI

PEIPING

1930